POVOS INDÍGENAS ENTRE OLHARES

POVOS INDÍGENAS ENTRE OLHARES

André Roberto de A. Machado e Valéria Macedo
(Org.)

edições Sesc

Editora Unifesp

Apoio:

Preparação Silvana Vieira
Revisão André Albert, Lígia Gurgel
Capa Ricardo Kawazu
Projeto gráfico e diagramação Negrito Produção Editorial
Foto pp. 2-3 Mídia Ninja/Mobilização Nacional Indígena/
Apib Comunicação, Creative Commons (CC BY-SA 2.0).

Dados Internacionais de Catalogação na Publicação (CIP)

Povos indígenas entre olhares / André Roberto de Arruda Machado; Valéria Macedo. – São Paulo: Edições Sesc São Paulo; Editora Unifesp, 2022
312 p. il.

ISBN 978-65-86111-96-5 (Edições Sesc São Paulo)
ISBN 978-65-56321-51-6 (Editora Unifesp)

1. Povos indígenas. 2. História. 3. Cultura. 4. Antropologia. 5. Política indigenista. 6. Povos indígenas nas Américas. 7. Povos indígenas no Brasil. I. Título. II. Machado, André. III. Machado, André Roberto de Arruda. IV. Macedo, Valéria. V. Curso de extensão universitária Povos Indígenas entre Olhares – Universidade Federal de São Paulo (Unifesp).

P8799 CDD 301.3

Ficha catalográfica elaborada por Maria Delcina Feitosa CRB/8-6187

Apoio Fapesp
As opiniões, hipóteses e conclusões ou recomendações expressas neste material são de responsabilidade do(s) autor(es) e não necessariamente refletem a visão da Fapesp.

Edições Sesc São Paulo
Rua Serra da Bocaina, 570 – 11º andar
03174-000 – São Paulo SP Brasil
Tel.: 55 11 2607-9400
edicoes@sescsp.org.br
sescsp.org.br/edicoes
/edicoessescsp

Editora Unifesp
Universidade Federal de São Paulo
Rua Sena Madureira, 1500 – 5º andar
04021-001 – São Paulo SP Brasil
Tel.: 55 11 5576-4848 ramal 8393
www.editoraunifesp.com.br
@EditoraUnifesp
@EditoraUnifesp
@editoraunifesp
Editora associada à ABEU Associação Brasileira das Editoras Universitárias

Nota dos editores

Esta coletânea de artigos origina-se num curso de extensão da Unifesp que propõe uma reflexão interdisciplinar de historiadores, arqueólogos, antropólogos e especialistas na área da educação e da saúde, buscando constituir-se em um panorama histórico e atual sobre a situação indígena no Brasil.

Os organizadores reuniram treze artigos que se dividem em duas partes: 1) Atualidade, atuação e presença indígena no mundo contemporâneo e 2) Povos indígenas fazendo e refazendo história, que busca pensar os povos indígenas na história desde o período das colonizações portuguesa e espanhola na América. Assim, os artigos tratam de temas tão diversos quanto as formas de representação dos indígenas na literatura e em documentos históricos; a importância da geopolítica ameríndia durante a colonização; os mecanismos de resistência contra o desaparecimento das etnias e para sua inserção na sociedade contemporânea; o enriquecimento cultural propiciado pelo convívio com a alteridade; e possibilidades de ressignificação das formas de organização social no mundo, no tempo e no consumo, entre outros.

As Edições Sesc, editora do Sesc São Paulo, instituição promotora de bem-estar e desenvolvimento humano que busca combinar prática com pensamento crítico, trazem a público essa reflexão em parceria com a Editora da Unifesp – Universidade Federal de São Paulo, instituição comprometida com a pesquisa, a produção de conhecimento e a difusão deste em prol da sociedade.

Diante do momento desafiador e de ameaças concretas postas atualmente, este livro busca se unir às muitas vozes que continuarão reivindicando, ecoando e fortalecendo os direitos, os saberes e as conquistas históricas indígenas.

Sumário

Introdução

Este não é um livro apenas sobre olhares. É também a história de encontros, de escutas e de muitos diálogos sobre e com os povos indígenas. Particularmente, resulta de um diálogo interdisciplinar entre antropólogos, historiadores, historiadores da arte, educadores, profissionais da saúde e professores indígenas.

Mais objetivamente, este livro ganhou forma no curso de extensão universitária "Povos indígenas entre olhares", que teve a sua primeira edição na Universidade Federal de São Paulo (Unifesp) em 2016. Reunimos pesquisadores da Unifesp que de alguma forma estivessem ligados à temática indígena para criar um curso interdisciplinar que pudesse ser oferecido a um público amplo e não especializado. Buscávamos responder a várias demandas. De um lado, no que diz respeito à questão, a formação inicial de graduandos e graduandas em cursos de ciências humanas não raro é incipiente ou inexistente, mesmo depois da aprovação da lei nº 11.645/2008, que determinou a obrigatoriedade do ensino na educação básica da história e cultura afro-brasileira e indígena. Se hoje, mais de uma década depois dessa lei, o repertório nas graduações costuma ser deficitário nesse tema, não é difícil imaginar a urgência na criação de cursos de formação continuada para professores e professoras em exercício. Igualmente, o curso pretendia melhorar a qualificação de funcionários públicos, membros de organizações não governamentais, jornalistas, entre outros que tivessem atividade profissional ligada aos povos indígenas.

Por fim, cabe registrar que esse curso de extensão nasceu praticamente ao mesmo tempo que na Unifesp se constituía a Cátedra Kaapora, com algumas de suas idealizadoras como parte da equipe do "Povos Indígenas entre Olhares". A Cátedra Kaapora tem buscado trazer para a universidade o diálogo simétrico entre saberes acadêmicos e saberes contra-hegemônicos, convidando conhecedores de povos indígenas, quilombolas e de outras comunidades tradicionais ou periféricas na condição de professores e conferencistas. Por sua vinculação com a Kaapora, em todas as edições do curso houve momentos em que os alunos tiveram a oportunidade de ouvir lideranças indígenas expressarem, por elas mesmas, reflexões sobre os seus saberes, suas histórias e seus desafios. O livro reproduz essa orientação, contando também com textos escritos por uma professora do povo Guarani de São Paulo e um professor do povo Paiter Suruí de Rondônia.

As edições do curso permitiram aos autores e autoras chegar ao formato que apresentamos aqui: textos que buscam atingir um público não especializado e também se fazer instigantes para aqueles que já estão envolvidos com a questão indígena. Este livro contém, em linguagem acessível, não só uma síntese do que há de mais relevante sobre diversos temas, mas também reflexões originais de autores e autoras com larga trajetória de pesquisa. Dessa forma, temos convicção de que ele é uma importante contribuição para a formação continuada de professores da educação básica, ao mesmo tempo que será útil para graduandos e pós-graduandos, sobretudo pelo seu diálogo interdisciplinar. Além disso, e não menos importante, esperamos que cative leitores que têm apenas um interesse difuso nessa temática.

***

O volume está dividido em duas partes. A primeira delas, "Atualidade, atuação e presença indígena no mundo contemporâneo", oferece aos leitores um amplo leque de assuntos relacionados à temática, passando por movimentos organizados desses povos, debates sobre o aprendizado de história e cultura indígenas no ensino básico, os impasses da educação diferenciada indígena, as políticas específicas de saúde e educação, além de reflexões centradas em debates atuais da antropologia e da história da arte.

O capítulo "Povos indígenas e a potência da diferença", escrito por Valéria Macedo, faz um convite aos leitores: experimentar o potencial reflexivo e criativo da diferença. A autora destaca o contraste entre as premissas ocidentais e aquelas predominantes entre povos indígenas, bem como o papel da diferença na produção de pessoas e relações. Para abordar a questão, o texto explora dois temas controversos: a antropofagia e o consumo de mercadorias entre os indígenas.

O capítulo "Protagonismo, direitos e política indigenista no Brasil contemporâneo", escrito por Marcos Pereira Rufino, aborda a questão ao longo do século XX, incluindo o período do regime militar e a Constituição de 1988. Inicialmente, o autor demonstra que os planos desenvolvimentistas e as grandes obras de infraestrutura e ocupação da Amazônia, elaborados pelo Estado brasileiro, afetaram drasticamente o cotidiano e as possibilidades de muitos povos indígenas viverem segundo os próprios usos e tradições. Ao mesmo tempo, mostra como nesse período nasce um movimento indígena organizado que permite, entre outras coisas, avanços importantes na Constituição de 1988 – avanços que, por causa de projetos de emendas constitucionais, projetos de lei e outras medidas que vêm buscando cerceá-los, se encontram seriamente ameaçados na atual conjuntura. Particularmente no período da pandemia de covid-19, desafios sanitários foram justapostos à devastação ambiental e a ameaças aos direitos indígenas garantidos na Constituição. Grandes mobilizações indígenas no Distrito Federal e nos territórios mostraram ao mundo a força dos cantos e dos corpos desses povos como armas de resistência.

"Por que ensinar história e cultura indígenas?", escrito por Antonio Simplicio de Almeida Neto, tem como foco as discussões em torno da lei nº 11.645/2008, que tornou obrigatório o ensino de história e cultura indígena nas escolas de educação básica. Relacionando visões amplamente difundidas sobre os povos indígenas a questões específicas da escola, o autor enquadra a discussão em dois eixos: os embates em torno do currículo escolar e os conflitos entre essas novas demandas e a cultura escolar.

"Escolarizar os Guarani ou 'guaranizar' a escola?" foi escrito por Poty Poran Turiba Carlos, autora do povo Guarani com vasta experiência como professora e gestora de unidades escolares públicas que oferecem a educação diferenciada indígena. Poty Poran nos apresenta um quadro das adversidades decorrentes da falta de incentivo governamental para a estruturação dessa política educacional, incluindo a carência de material didático diferenciado. A autora ainda aponta a importância do envolvimento da comunidade indígena em todos os assuntos concernentes à escola, questionando como, quando e se saberes tradicionais devem ser escolarizados.

No capítulo "Políticas de saúde e educação: conquistas e desafios dos povos indígenas na luta por seus direitos", Maria Cristina Troncarelli e Lavinia Oliveira remontam ao histórico e aos desafios em torno dessas questões com base na ampla experiência que têm nas respectivas áreas.

"Imagens, objetos e seus olhares: uma introdução às artes indígenas", escrito por Ilana Seltzer Goldstein, aborda formas expressivas de povos indígenas apontando suas singularidades e, ao mesmo tempo, buscando questões ou técnicas comuns a vários povos. Além disso, retoma a discussão sobre a pertinência do próprio uso do termo *arte* para se referir a tais formas expressivas, uma vez que, no Ocidente, *arte* costuma compreender um conjunto delimitado e excludente. Ainda, o capítulo trata de conquistas e impasses da proliferação de exposições e da grande repercussão de artistas indígenas no contexto contemporâneo.

A primeira parte do livro se encerra com o capítulo "Povos indígenas e sua disposição relacional: alguns aspectos do pensamento e da vida social", escrito por Rodrigo Barbosa Ribeiro, que apresenta questões relevantes e recorrentes nos mundos indígenas, como aspectos cosmológicos, formas de parentesco, trocas e outras ordens de relações.

Já a segunda parte do livro, "Povos indígenas fazendo e refazendo história", busca abordar aspectos históricos concernentes a esses povos. O capítulo "Presença e ausência dos indígenas na história do Brasil", escrito por Cristina Pompa, propõe explorar três planos desse problema, discutindo, em um primeiro momento, a operação historiográfica que resultou na invisibilização dos indígenas na história brasileira. Em seguida, como contraponto, demonstra as evidências da historiografia atual sobre o protagonismo indígena nessa história. Por fim, lembra como a imagem idealizada e distorcida dos povos indígenas foi transformada em símbolo nacional no século XIX e ainda hoje.

O capítulo "*Paiter de awe ytxa matehr ewe mã lade ewe tig*: a experiência Paiter Suruí a partir da pesquisa acadêmica sobre história e outros modos de aprender", escrito por Luiz Weymilawa Suruí, é baseado no próprio trabalho de conclusão de graduação do autor, originário do povo Paiter Suruí. O texto documenta uma interessante reflexão sobre o ingresso de indígenas na universidade e sobre as formas de dar potência ao diálogo entre os saberes tradicionais e os conhecimentos acadêmicos. Nesse caso específico, a história dos Paiter Suruí é o foco de construção.

"A grande jornada: a entrada do *Homo sapiens* nas terras baixas da América do Sul", escrito por Cláudia R. Plens, seleciona exemplos de sítios e tradições arqueológicas que representam a diversidade e a longevidade das ocupações humanas anteriores à chegada dos europeus no território brasileiro. Ao mesmo tempo, faz uma introdução sobre as mudanças climáticas do período pleistocênico para o holocênico para iluminar a compreensão do estilo de vida dessas sociedades e das razões que impulsionaram a migração delas para o último continente a ser ocupado, a América.

O capítulo "Os indígenas durante a colonização da América portuguesa", escrito por Fernanda Sposito, pretende superar a narrativa que reduz a colonização a uma história do genocídio indígena. Para além do inegável morticínio de muitos povos, busca-se demonstrar que os indígenas resistiram, sobreviveram e foram atores importantes durante toda a colonização.

O capítulo "Os indígenas durante a formação dos Estados nacionais na América e no contexto brasileiro", escrito por André Roberto de A. Machado, busca demonstrar que os indígenas não estiveram alheios à era das revoluções e à formação dos Estados nacionais na América. Depois de destacar a grande diversidade de situações dos povos indígenas no século XIX – que ia desde grupos com escassas relações com o mundo dos brancos até aqueles que moravam nas vilas e cidades –, o texto evidencia como em muitas ocasiões os indígenas se valeram dos debates e do vocabulário liberal para alargar os próprios direitos, o que não poucas vezes se chocou com o entendimento de legisladores que não pretendiam reconhecê-los como cidadãos. O texto faz ainda uma breve síntese sobre a importância do trabalho indígena no Brasil do século XIX.

Fecha o livro o capítulo "Ameríndia: temas para uma história indígena das Américas", escrito por José Carlos Vilardaga. Construindo um amplo mosaico, o autor demonstra, em um primeiro momento, a disparidade de situações dos povos indígenas nos diferentes países da América, tanto em proporção da população como em conquistas políticas, e depois retoma temas-chave como a mestiçagem e a construção dos Estados nacionais. Em uma narrativa que inverte a sequência cronológica dos eventos, o texto termina fazendo considerações sobre os povos mais frequentemente lembrados na América Latina – incas, maias e astecas –, questionando também as razões do maior interesse dos ocidentais por esses povos em detrimento de outros indígenas.

Esta publicação pretende, assim, somar-se às vozes e aos olhares que buscam contribuir para o conhecimento sobre a riqueza e a complexidade dos modos de viver e de pensar dos povos indígenas desde a colonização até os dias de hoje, bem como para o reconhecimento de seus direitos e de sua importância para todos nós. Esperamos que os diversos olhares deste livro possam trazer novas miradas e ampliar horizontes de possibilidades de ação e reflexão.

André Roberto de A. Machado
Valéria Macedo

Parte 1

Atualidade, atuação e presença indígena no mundo contemporâneo

Povos indígenas e a potência da diferença

Valéria Macedo

Os espelhos deveriam pensar duas vezes antes de refletir.

Jean Cocteau

A gente é outro diferente.

Karai Tataendy

Este texto convida a um movimento intrínseco à produção de conhecimento em antropologia, em que a alteridade – relação pautada pela diferença e a alteração – enseja deslocamentos em nossos modos de pensar, agir e experimentar o mundo. Ambas as epígrafes constituem seu ponto de partida, nos desafiando a *refletir*. O poeta e cineasta francês Jean Cocteau joga com o duplo sentido dessa palavra, remetendo tanto à projeção de uma imagem semelhante (*reflexo*) como ao pensamento (*reflexão*). Se tomarmos o espelho como um objeto emblemático do encontro colonial na América indígena, esse duplo sentido ganha ainda mais força. Bem sabemos que o espelho constitui uma das principais mercadorias transacionadas pelos europeus em históricas relações de aproximação, captura e dominação de corpos, terras, riquezas e conhecimentos indígenas. Ao mesmo tempo, pode ser uma metáfora de imagens projetadas pelos colonizadores sobre os povos subjugados, em que aqueles que não espelhassem o mundo europeu deveriam ser convertidos ou desaparecer.

Essa proposta de *refletir* – pensar, relacionando pela diferença – antes ou em vez de *refletir* – projetar uma identidade, buscando semelhança – é justamente o desafio de compor-se com outros, recusando a hierarquização ou homogeneização de conhecimentos. E aqui chegamos ao enunciado de Karai Tataendy, líder espiritual Guarani, em que a expressão "outro diferente" não constitui uma redundância e aponta, na verdade, a um outro conceito de *outro*, em que a diferença não é explicada pela *cultura* ou pela *ciência*, tal como é predominante no pensamento ocidental.

Ao longo do texto, o potencial reflexivo e criativo da diferença é buscado por meio de três movimentos: no contraste entre premissas predominantes no chamado Ocidente moderno e aquelas predominantes entre povos indígenas; na centralidade da diferença na produção de pessoas e relações entre os ameríndios; por fim, na possibilidade de experimentar uma diferença no interior de nosso próprio pensamento, colocando-nos em perspectiva ao fazermos do estranho familiar e, nesse processo, tornarmo-nos capazes de fazer do familiar estranho.

Dois temas que costumam provocar estranhamento serão mote desse exercício: a *antropofagia*, recorrente entre povos indígenas até os primeiros séculos de colonização, e o interesse pelo *consumo* de mercadorias na conjuntura contemporânea. No senso comum, a antropofagia costuma ser percebida como uma diferença incontornável em relação aos valores não indígenas, assim como o consumo de mercadorias não raro é condenado como uma perda inexorável de diferença, que alguns chamam de "aculturação". Buscando problematizar tais percepções, o que se sugere é uma correlação entre esses temas, já que ambos remetem à incorporação do outro e ao valor da diferença e da transformação em matrizes indígenas de pensamento. Contrastam assim com pressupostos identitários que predominam em nosso universo conceitual e valorativo, em que a diferença é condenada por uns – devendo ser superada pela integração dos indígenas como cidadãos indiferenciados na sociedade nacional – ou reverenciada por outros – devendo ser protegida e depurada de qualquer influência externa. Nem fusão, nem homogeneização, tampouco purificação e separação, para os indígenas geralmente a relação com o outro remete à possibilidade de diferir, colocando o mundo em movimento e multiplicando possibilidades de conexão, troca e transformação.

O texto busca assim compartilhar com um público mais amplo questões que vêm sendo abordadas na antropologia contemporânea, tomando como principal referência a obra de Eduardo Viveiros de Castro. Nos artigos desse autor, sobretudo em "O mármore e a murta: sobre a inconstância da alma selvagem" e "Perspectivismo e multinaturalismo na América indígena", estão densamente construídas ideias aqui introduzidas ao longo de três seções: a primeira volta-se para a antropofagia e conceituações da diferença que a ensejam; a segunda, para noções ameríndias de corpo e pessoa; e a última busca "pensar duas vezes" (como os espelhos deveriam fazer) antes de refletir ideias sobre consumo, conhecimentos e transformação.

Diferença como potência

"História verídica e descrição de uma terra de selvagens, nus e cruéis comedores de seres humanos, situada no Novo Mundo da América": assim o alemão Hans Staden começa o livro que publicou em 1557 sobre os nove meses em que viveu como prisioneiro dos Tupinambá que habitavam a costa do atual Sudeste do Brasil na época da chegada dos europeus a essas terras[1]. Ele foi um dos muitos estrangeiros que aqui estiveram por razões científicas, religiosas ou comerciais nos séculos XVI e XVII, deixando registros escritos sobre essa época.

Staden afirma que sua descrição é uma "história verídica", já que expressa sua experiência efetiva entre os Tupinambá. Contudo, suas interpretações revelam menos sobre esses que ele classifica como "selvagens" do que sobre o próprio Staden, ou sobre o olhar de um fervoroso luterano germânico do século XVI que demonizava os costumes indígenas que ele não compreendia.

Dentre esses costumes, talvez o mais desafiante para Staden e outros estrangeiros fosse aquele conhecido como canibalismo ou antropofagia: o consumo de carne humana por humanos. O nome "canibal" vem da

1. Hans Staden, *Hans Staden: primeiros registros escritos e ilustrados sobre o Brasil e seus habitantes*, São Paulo: Terceiro Nome, 1999, p. 29.

Figura 1. Gravura do livro de Hans Staden retratando o cronista no centro de uma dança das mulheres em uma aldeia Tupinambá.

palavra *caribal*, como os europeus que chegaram à América chamavam a população na região do Caribe que praticava antropofagia. Por sua vez, "antropofagia" tem origem nas palavras gregas *antropos* (homem, humano) e *phagos* (comer).

O francês Jean de Léry esteve no país em período próximo ao de Staden, entre 1557 e 1558, também vivendo quase um ano junto aos Tupinambá, porém não na condição de prisioneiro, já que os franceses tinham boas relações com essa população. De todo modo, Léry conta que passou por um grande apuro em sua primeira visita a uma aldeia Tupinambá, pois estavam festejando a morte de um inimigo e lhe ofereceram um pé assado da vítima para comer[2]. Ele confessa que não conseguiu dormir à noite, com medo de que também fossem devorá-lo. Entretanto, diferentemente de Staden, Léry não via os indígenas como selvagens cruéis

2. Jean de Léry, *Viagem à terra do Brasil*, São Paulo: Martins, 1972.

e desalmados. Em vários trechos do seu livro, os próprios europeus são descritos como mais cruéis e selvagens do que os ameríndios. Ele aponta, por exemplo, que a guerra entre os indígenas era movida pela busca de honra e imortalidade, enquanto as guerras europeias eram motivadas pela ganância por terras e riquezas materiais.

Temos aqui dois movimentos em relação à diferença: Staden e a maioria dos cronistas europeus reconheciam como monstruoso ou ignorante tudo aquilo que destoasse de seus próprios valores e costumes, enquanto Léry destoava dessa maioria por experimentar, em alguma medida, a potência reflexiva da experiência de alteridade, em que os próprios valores e costumes perdem o estatuto de universais ou inquestionáveis.

A própria humanidade dos indígenas era motivo de grandes debates entre os europeus, como aquele acontecido em 1550 e 1551 na cidade espanhola de Valladolid. Um dos participantes do encontro, o jurista Juan Ginés de Sepúlveda, defendia que os indígenas eram naturalmente inferiores e desprovidos de alma, sendo, portanto, legítimo o domínio sobre suas terras, corpos e riquezas. Já o frei Bartolomé de las Casas defendia a humanidade dos indígenas e a possibilidade de salvação de suas almas pela evangelização. A colonização era aqui justificada como meio de convertê-los em cristãos e ensinar-lhes costumes e valores dos "homens civilizados"[3].

Subjazia a essas diferentes posições, contudo, uma premissa comum: a diferença como um problema. Um problema insuperável para aqueles segundo os quais os indígenas eram animais e por isso podiam ser escravizados; um problema superável para aqueles que os viam como selvagens que poderiam ser cristianizados e civilizados. Nesta última versão, portanto, todos têm o direito de ser iguais, mas iguais àquele que lhes reconhece o direito...

O inverso se passa entre os indígenas, já que a diferença é justamente o que se busca no outro. A diferença é o que possibilita a incorporação de capacidades e conhecimentos e a transformação. Em vez da lógica da conversão, cujo pressuposto é que o melhor para o outro é ser como eu,

3. Sobre a controvérsia de Valladolid, ver por exemplo Tzvetan Todorov, "Igualdade ou desigualdade", em *A conquista da América: a questão do outro,* São Paulo: Martins Fontes, 2010.

prevalece no pensamento de muitos povos indígenas a premissa de que na relação com outro é que posso me transformar – não para ser igual a esse outro, mas para já não ser igual ao que eu era. Daí o valor da alteridade ser, entre povos indígenas, comumente muito maior do que o da identidade. Como aponta Viveiros de Castro[4], é sempre de fora que se captura o que constitui a pessoa ou o grupo: dos inimigos, dos animais, dos deuses, dos estrangeiros... Esse é o tema de muitas histórias indígenas que contam sobre a aquisição de coisas e conhecimentos nos tempos primordiais – como o fogo, cultivos, grafismos, cantos, armas, entre inúmeros outros. Nesse modo de pensamento, aquilo que cada um é resulta de suas relações com outros, seja por meio das lanças, seja por meio de alianças – isto é, pela guerra, pelos casamentos e outras formas de troca.

A antropofagia era central nessas incorporações, sendo uma prática comum a muitos povos no continente americano e alhures. A maioria dos registros de práticas antropofágicas que temos no Brasil é sobre populações do tronco linguístico Tupi que viviam próximo à costa. O prazer e a alegria em comer a carne do inimigo era o que mais espantava os europeus, segundo esses registros. E, mais que isso, a altivez daqueles que seriam devorados, pois sabiam que seriam vingados e consideravam mais honroso morrer no estômago do inimigo do que ser comido pelos vermes debaixo da terra. Entre populações Tupi, a morte de um inimigo era motivada pela vingança de uma morte passada de um parente ou aliado, que por sua vez levaria a uma morte futura, num ciclo de vinganças sem fim. Vingar os parentes era honrá-los e ser honrado, conferindo ao matador uma marca de distinção tatuada no corpo.

Além do reconhecimento em vida, aqueles que se vingavam garantiam a imortalidade do espírito após a morte do corpo, indo viver em uma terra em que não é preciso trabalhar nem fazer qualquer esforço para se conseguir o que se deseja. Ali não existe vida cotidiana, todo dia é de festa. Como nada envelhece, estraga ou tem fim, esse lugar foi tradu-

4. Eduardo Viveiros de Castro, "O mármore e a murta: sobre a inconstância da alma selvagem", em *A inconstância da alma selvagem – e outros ensaios de antropologia*, São Paulo: Cosac Naify, 2002.

zido como "Terra sem Mal"[5]. Mulheres, crianças e aqueles que não iam à guerra podiam ter acesso a essa terra da imortalidade consumindo a carne do inimigo, que era uma forma de honrar os parentes mortos pelo grupo daquele que acabara de morrer. Por isso a antropofagia acontecia em meio a grandes festas, com convidados de outras aldeias e muitos dias e noites de cantos e danças.

Quando um inimigo era capturado pelos Tupinambá, ele poderia ser devorado em alguns dias, meses ou até anos. Era comum que o guerreiro que o capturara deixasse o prisioneiro aos cuidados de sua filha, irmã ou outra parente, de modo a tratá-lo como *xerimbabo* (nome Tupi para animais domesticados) ou mesmo cônjuge. Mas isso não impedia que, mais cedo ou mais tarde, chegasse o dia de sua devoração. É certo que esses rituais variavam enormemente, sendo o relato que se segue uma combinação de eventos mencionados por Staden, Léry e outros cronistas.

No dia de sua morte, o prisioneiro era pintado e enfeitado por sua esposa de cativeiro e outras mulheres na aldeia. Também preparavam e enfeitavam a borduna com que ele seria morto. Enquanto isso, vinham chegando convidados de outras aldeias para juntos dançarem, cantarem, beberem e comerem sua carne. A bebida fartamente consumida na ocasião era o cauim, feita de mandioca, milho ou outro amiláceo que era mastigado pelas mulheres (geralmente as pré-púberes ou as mais velhas, por não serem associadas ao sangue menstrual). A saliva ativa o processo de fermentação do caldo, que tomado em grandes quantidades embebeda a todos, aumentando os ânimos para a festa.

Aquele que seria morto geralmente dançava, cantava e bebia cauim tão animado como os outros. Só depois de horas de festa ele era agarrado e amarrado na cintura com cordas de algodão ou de fibra de palmeira. Segundo relato de Léry em sua estadia com os Tupinambá, em vez de se desesperar, o prisioneiro costumava ameaçar os que estavam à sua volta, evocando os parentes do grupo que ele já devorara e anunciando que seus próprios parentes vingariam sua morte devorando outros tantos.

5. Ver, por exemplo, Hélène Clastres, *Terra sem mal: o profetismo Tupi-Guarani*, São Paulo: Brasiliense, 1978.

Figura 2. Os Tupinambá tomando cauim. Ilustração de Théodore de Bry para o livro de Jean de Léry, século XVI.

Após fazer ameaças circulando pelo pátio central, o prisioneiro tinha as cordas esticadas para que ficasse imobilizado. Mas ele tinha nova oportunidade de agredir aqueles que o comeriam, já que pedras e cacos de potes de cerâmica eram depositados ao seu lado para que ele se vingasse antes de morrer. Quando o prisioneiro já não tinha mais o que atirar nos demais, o guerreiro que o mataria – geralmente aquele que o capturou – chegava ao pátio, ricamente enfeitado de plumas e outros adornos. Iniciava-se então um diálogo cerimonial composto de acusações e promessas mútuas de vingança. Como enfatiza Viveiros de Castro, os inimigos encontravam-se assim enredados pelas vinganças, de modo que suas diferenças fossem sempre atualizadas, motivando a busca por novas incorporações de suas potências diferenciais[6].

6. Eduardo Viveiros de Castro, "O mármore e a murta", *op. cit.*

Figura 3. Xilogravuras do livro de Hans Staden mostrando diferentes momentos do ritual antropofágico Tupinambá.

Com sua borduna enfeitada, o matador esfacelava então o crânio do prisioneiro. As mulheres jogavam água fervente no corpo do morto para arrancar sua pele. Ele era cortado em pedaços e assado no moquém (estrutura de madeira suspensa sobre uma fogueira). Um ensopado era feito com os miúdos, consumido sobretudo por mulheres e crianças, que não participavam das guerras. O sangue era esfregado no corpo dos meninos para que fossem bons guerreiros quando crescessem.

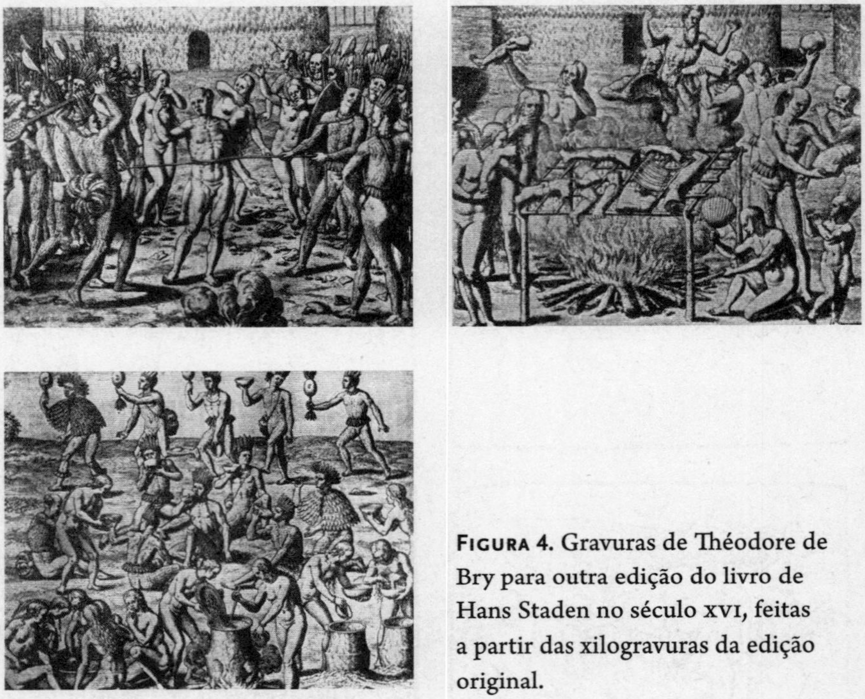

Figura 4. Gravuras de Théodore de Bry para outra edição do livro de Hans Staden no século XVI, feitas a partir das xilogravuras da edição original.

O único que não podia comer a carne era o próprio matador, o qual deveria passar um período recluso, pois sua subjetividade estava contaminada pela de sua vítima e ele poderia se insurgir contra seus próprios parentes. O matador experimentava essa alteração com maior intensidade, mas todos aqueles que comem o inimigo também passam a experimentar a condição de outro. Nesse sentido, é famosa a passagem narrada por Hans Staden sobre um diálogo com o líder Tupinambá Cunhambebe durante um ritual antropofágico. Este ofereceu um pedaço de perna humana ao alemão, que assim reagiu: "Um animal irracional não come outro animal igual a si e um homem deveria comer um outro homem?". Após dar uma mordida na carne, Cunhambebe teria dito: "*Jauára ichê*. Sou uma onça. É gostoso"[7]. Ao comer o inimigo, o guerreiro experimentava em si a potência predatória da onça, alterando-se.

7. Hans Staden, *Hans Staden, op. cit.*, p. 79.

Os crânios também eram exibidos com orgulho na aldeia, e os demais ossos podiam ser usados para fazer flautas e outros instrumentos, assim como os dentes para a confecção de colares. O inimigo capturado era assim integrado ao grupo como afim ("domesticado" como marido-cunhado-genro-xerimbabo) e depois incorporado aos indivíduos pela devoração e em adornos.

A potência transformacional do outro tinha como valor a possibilidade de não ser sempre o mesmo ou não ser um só. O canibalismo é a expressão mais radical desse modo de pensamento, o qual, no entanto, também podemos reconhecer no grande interesse pelos rituais cristãos e costumes europeus. Os registros deixados por missionários enfatizavam a facilidade e empolgação dos indígenas em aprender os cantos, adorar as imagens de santos, vestir roupas e trabalhar nas missões. Mas, como destaca Viveiros de Castro[8], com a mesma facilidade abandonavam santos, roupas e enxadas e voltavam satisfeitos para a mata e para seus modos tradicionais de viver e morrer – para desespero dos missionários!

Enquanto os europeus tentavam escravizar povos originários e/ou civilizá-los, convertê-los, os indígenas justamente se interessavam pela diferença do outro como modo de experimentar uma alteração em si mesmos. Em vez de identidade pela conversão, buscavam alteridade como possibilidade de transformação. Não se transformar no outro, mas por meio do outro, de modo a não ser mais o que se era antes. Nas palavras de Viveiros de Castro: "O outro não era um espelho, mas um destino".

Mesmo depois que as práticas antropofágicas deixaram de acontecer, em razão dos discursos, ameaças e punições dos colonizadores, o pensamento antropofágico de incorporação do outro continuou dando sentido aos mundos indígenas de outros jeitos. Longe de ser uma metáfora, a incorporação do outro como constituição de si remete à centralidade do corpo no manejo dessas diferenças.

8. Eduardo Viveiros de Castro, "O mármore e a murta", *op. cit.*

Corpos como incorporações

O que é um corpo? A resposta que muitos indígenas dariam a essa pergunta seria bastante diferente da resposta de não indígenas, cuja noção de corpo via de regra reconhece uma dimensão dada biologicamente, como um composto orgânico resultante do encontro de um espermatozoide e de um óvulo, no caso do corpo humano.

No universo conceitual de muitos povos originários, contudo, a humanidade não é algo dado ou determinado por uma composição bioquímica, e, sim, uma posição em uma configuração relacional, de modo que se é humano para uns e não para outros, sendo estes outros humanos para si – o que Viveiros de Castro chamou de uma *ontologia perspectivista*[9]. Esta concebe um mundo radicalmente relacional, em que não existe uma natureza dada sobre a qual sejam construídas representações, interpretações, culturas. O mundo e os seres não preexistem às relações, mas são constituídos por elas. Assim, não estão em jogo diferentes pontos de vista sobre o que é humano, mas diferentes corpos, que são construídos desde a gestação para compartilharem uma mesma humanidade com seus parentes, sua gente, sendo investidos de capacidades, propensões, modos de afetar e ser afetados, entre outras características que dão acesso a um mundo singular.

Um corpo é construído assim como um cesto, uma flauta, um colar, uma flecha ou outro artefato. O que cada povo indígena faz para construir corpos varia muito. Eles podem ser pintados, modelados, escarificados, tatuados, perfurados, esfumaçados, embebidos por resinas de plantas, cobertos de penas, entre outras práticas que são concebidas como modos de fazer o corpo ver, sentir e agir no mundo como os seus parentes, passando a compartilhar com eles uma mesma humanidade. Assim como o corpo não é biológico, tampouco o parentesco e a própria condição humana são assim concebidos.

Não só o que é visível faz parte da construção do corpo, mas também o que circula por dentro, como sangue, sêmen, comida e outras substâncias.

9. *Idem*, "Perspectivismo e multinaturalismo na América Indígena", em *A inconstância da alma selvagem – e outros ensaios de antropologia*, São Paulo: Cosac Naify, 2002.

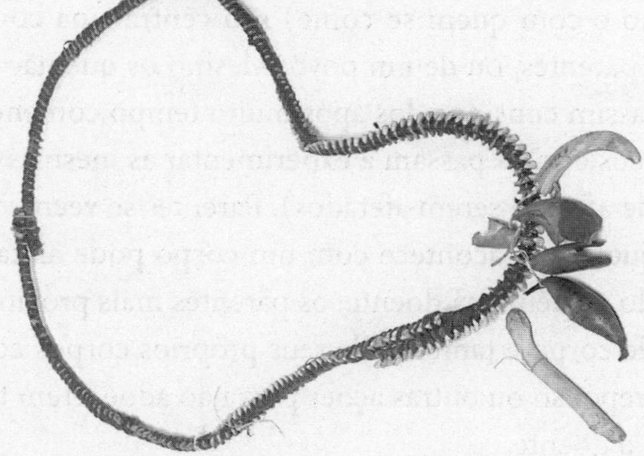

Figura 5.1. Dentes e unhas de animal presos a fibra vegetal de imbé.

Figura 5.2. Gah Té Iracema, liderança espiritual e política do povo Kaingang, exibe um colar que fez em 2021, durante ato de retomada da Casa do Estudante Indígena em Porto Alegre, RS. O colar é feito de cápsulas de bombas jogadas contra ela e outros indígenas durante os protestos do acampamento Levante pela Terra, em Brasília. Mais do que um adereço, o colar ativa capacidades pela incorporação da alteridade; no entanto, as tradicionais partes (dentes, crânios ou outras) de animais ou inimigos cedem lugar às peças bélicas de agentes estatais. O vermelho do urucum no rosto e as pintas em seu braço também remetem à incorporação de potências guerreiras da onça, assim como o maracá ativa a conexão com seres espirituais.

Em boa parte dos povos indígenas, práticas de comensalidade (o quê, quando, como e com quem se come) são centrais na constituição de um corpo de parentes, ou de um povo. Mesmo os que não são parentes passam a ser assim considerados após muito tempo comendo e vivendo juntos, pois seus corpos passam a experimentar as mesmas afecções (ou seja, modos de afetar e serem afetados). Parentes se veem vinculados de tal maneira que o que acontece com um corpo pode afetar os demais. Assim, quando alguém fica doente, os parentes mais próximos precisam cuidar daquele corpo e também de seus próprios corpos com alimentação especial, repouso ou outras ações para não adoecerem também nem prejudicarem o doente.

Quando alguém nasce, é preciso cuidar não só do corpo do bebê, mas também de seus pais ou irmãos, com alimentos e práticas específicas. Na mesma direção, quando alguém morre, os parentes passam a estar mais vulneráveis à morte e aos espíritos dos mortos. O próprio parente que morreu pode ser o perigo maior, já que pode sentir saudades dos vivos e querer levá-los para o mundo dos mortos. Para seguir vivendo com os parentes vivos, em boa parte dos povos indígenas é preciso "desaparentar-se" dos mortos. Por isso, é comum não pronunciar mais seus nomes, destruir ou enterrar suas coisas e imagens (como fotografias) e até deixar a casa ou a aldeia em que a pessoa vivia.

Assim como os mortos são outros, aquele que nasce tampouco já é uma pessoa. A construção de seu corpo como humano para sua gente vai sendo efetivada por procedimentos que variam muito, a depender do povo, como o recebimento de nomes, alimentos, substâncias e enfeites. Muitas populações ameríndias pintam seus corpos e objetos com desenhos que remetem a cobras, onças, peixes, tartarugas e uma infinidade de outros animais e seres. Esses desenhos, mais do que embelezar os corpos, os investem de qualidades e capacidades desses seres. A pintura também é agenciada pelo seu cheiro, que pode atrair ou espantar espíritos, por exemplo.

Também adereços corporais ativam no corpo capacidades, como uma melhor audição no caso dos discos auriculares, ou capacidade oratória no caso dos discos labiais, ou ainda a valentia de aves de rapina pelo uso de cocares ou outros enfeites plumários, entre outras possibilidades que variam muito entre os povos. Mais do que enfeites, pinturas e artefatos são assim formas de construir e transformar pessoas. Em algumas populações, são também modos com que as pessoas expressam quem são, em que fase da vida estão e a que grupo ou família pertencem.

Seja como for, um corpo está sempre conectado a outros corpos, e sua construção pode se iniciar antes do nascimento, com práticas e cuidados durante a gestação. A passagem da infância para a vida adulta é outro período crítico do ciclo de vida e costuma ser cercada de cuidados, em razão das transformações que se experimentam no corpo e na posição da pessoa no coletivo. A voz começa a engrossar, e os pelos começam a crescer. No caso das meninas, a menstruação é vista como uma passagem fundamental da posição de criança à de adulto.

As mulheres menstruadas devem tomar uma série de cuidados. Isso porque, segundo muitos povos, o cheiro do sangue atrai certos espíritos, como aqueles que habitam as águas e a floresta. As moças menstruadas que andarem perto de rios, cachoeiras ou na mata podem ter seu espírito capturado, incorrendo em transformações nos afetos que compõem seu corpo, podendo deixar de reconhecer seus parentes como humanos ou de ser reconhecida por eles. Há muitas e muitas histórias sobre esse tipo de acontecimento entre povos indígenas.

Narrativas ameríndias sobre os tempos primordiais contam que não havia diferenciação estabilizada de espécies, de modo que todos eram gente, se comunicavam e se reconheciam como tal. Tais histórias relatam acontecimentos que incorreram na diferenciação das espécies, as quais passaram a ter diferentes corpos e não mais se reconhecer mutuamente como humanas ou compartilhar a mesma linguagem. Mas aqueles que vemos como animais ou outros seres, ou que não vemos por serem espíritos, podem ver a si mesmos como humanos e nos ver como animais, ou ver nossas almas como corpos, entre outras possibilidades de um mundo que não existe independentemente da perspectiva daquele que vê. E essa perspectiva depende do corpo que se tem.

A centralidade do xamanismo nesses universos indígenas se situa justamente pela capacidade do xamã – ou pajé, termo de origem Tupi mais conhecido no Brasil para referir-se à condição desses sujeitos – de comunicação e agência junto a seres outros, de modo análogo aos seres primordiais e seus corpos transformacionais. Os xamãs podem ver outros seres como estes se veem (como humanos), operando uma espécie de *diplomacia cósmica,* na expressão de Viveiros de Castro[10], de modo a resgatar componentes dispersos da pessoa (como sua alma ou princípio vital), expulsar agentes agressores ou transitar entre mundos e tempos.

Há ocasiões, contudo, como em sonhos ou rituais, ou então em uma caminhada solitária na mata, em que pessoas e seres outros podem se comunicar em uma mesma linguagem. Essa comunicação pode ser boa ou muito perigosa, provocando doenças, mortes ou transformações na pessoa que é vítima desse encontro. Como vimos, a humanidade não é algo substantivo, mas uma posição em uma relação, que pode ser perdida caso a subjetividade do sujeito seja agenciada (frequentemente pela captura da alma e decorrentes alterações no corpo-afeto) por espíritos, animais e outros seres. Pode-se assim passar a vê-los como humanos e, concomitantemente, a ver os parentes como animais ou espíritos.

Os adoecimentos são concebidos por muitos povos indígenas como agressões (não raro retaliações de seres que se sentiram agredidos em seus corpos ou domínios), cujos agentes podem até ser da mesma coletividade, como os feiticeiros que inserem corpos estranhos no corpo da pessoa. Assim, a doença pode ser experimentada como uma situação de alteridade e inimizade dentro e fora dos corpos, implicando desafios e sofrimentos, mas também aprendizados, novas capacidades e vínculos.

Não por acaso, a maioria dos xamãs atribui sua iniciação nas artes de curar a uma situação de adoecimento, em que experimentou uma quase morte. Concebida como uma transformação, a morte permite acessar outras perspectivas, que no caso dos xamãs são reversíveis por sua capacidade de ir a outros corpos e mundos e deles voltar.

Assim como para muitas populações indígenas o parentesco deve ser construído pela constituição dos corpos em um mundo povoado de diferenças, os adoecimentos e seus tratamentos implicam o manejo dessas

10. *Ibidem.*

diferenças e de seus efeitos transformacionais dentro e fora dos corpos. As relações com os não indígenas – assim como outras gentes visíveis e invisíveis – aproximam alteridade e alteração, nas quais se pode tanto adoecer como aprender.

No que diz respeito aos *nossos aprendizados* a partir do universo conceitual indígena concernente ao corpo e às doenças, um deles é justamente repensar o regime de verdade que orienta em grande medida a produção científica, cuja premissa predominante se fundamenta numa assimetria do tipo "nós sabemos, eles creem". Ou seja, um regime de verdade em que outros modos de conhecer são enquadrados no domínio das "crenças" ou "representações" de uma realidade supostamente acessada pela investigação científica. Por sua vez, o pressuposto em muitas populações indígenas é a multiplicidade irredutível de corpos e mundos, os quais se afetam mutuamente, demandando alianças e o manejo constante das diferenças – mas não sua superação, aniquilação ou hierarquização.

Conhecimento como transformação

É apenas pelo que os indígenas têm ensinado sobre seus modos de ver, de fazer e de conhecer, em que a valorização da diferença é atual e atuante, que são possíveis aprendizados sobre corpos e relações na vida das aldeias hoje em dia, assim como sobre significados da antropofagia para os antigos ameríndios na costa brasileira – e sempre de modo parcial, pois nunca conseguimos compreender e traduzir outro universo conceitual sem partir do nosso. Para vários deles, o consumo da carne do inimigo é algo que hoje também causa estranhamento. Indignação e estranhamento muito maiores, porém, causam aos indígenas e a muitos não indígenas os milhões de ameríndios que foram mortos desde a chegada dos colonizadores europeus. Mortos por armas de fogo e pelas doenças trazidas da Europa, armas invisíveis para as quais os corpos indígenas não tinham defesa, como sarampo, tuberculose, gripe, varíola, catapora, entre outras. Tal violência era motivada sobretudo pela conquista de terras, recursos naturais e mão de obra escravizada ou extremamente barata.

Não há dados precisos sobre o número de pessoas que viviam no Brasil antes da chegada dos europeus, mas estimativas recentes sugerem que nas terras baixas sul-americanas houvesse entre 8 e 10 milhões, distribuídas por mais de mil povos. Se compararmos com os dados do censo de 2010, 817.963[11] pessoas se declararam indígenas no território brasileiro, mas parte significativa delas já não sabe qual é o povo de seus ancestrais. Isso porque muitos dos que sobreviveram aos massacres e epidemias perderam suas terras e foram afastados de seus parentes, precisando trabalhar para os brancos e viver de acordo com seus costumes. Não são raras as pessoas que ouviram de suas avós que a mãe ou avó delas era indígena e foi "pega no laço" para viver com os brancos...

Esse último censo estimou a existência de 305 povos vivendo no Brasil. Essa lista não é fixa, pois essas coletividades participam de redes de trocas e transformações, nas quais povos se formam, se transformam ou se dividem em outros povos ao longo de sua história. Construir cercas, ou identidades como cercas, é coisa de brancos! Muitos e muitos desses povos, contudo, foram mesmo aniquilados ao longo de nossa história. De modo que podemos chamar o que se passou no Brasil e em toda América de *genocídio*: o extermínio ou tentativa de extermínio de povos.

Não apenas o genocídio, porém, vitimou os povos originários, mas também o que Pierre Clastres chamou de *etnocídio*[12]: o extermínio ou tentativa de extermínio de modos de vida e pensamento, isto é, a morte étnica ou cultural. Bem sabemos que a colonização do Brasil foi marcada por práticas e instituições etnocidas, muitas delas impondo aos indígenas a conversão à fé cristã, a proibição do uso da língua nativa, assim como formas de trabalho, escolarização e outras atividades segundo padrões não indígenas. Ainda, aldeamentos forçados em missões obrigavam a convivência e casamentos entre pessoas de diferentes povos, dificultando a manutenção das línguas e a continuidade das tradições e conhecimentos.

11. IBGE, "Censo demográfico 1991/2010", disponível em: <https://indigenas.ibge.gov.br/graficos-e-tabelas-2.html>, acesso em: dez. 2021.

12. Pierre Clastres, "Do etnocídio", em *Arqueologia da violência,* São Paulo: Cosac Naify, 2004.

Muitos personagens dessa história colonial buscavam justificar suas ações com suas melhores intenções, seja alegando procurar "salvar a alma" dos indígenas – discurso ainda presente entre muitos missionários –, seja alegando ajudá-los a ingressar na "civilização", mesmo que os indígenas não compartilhassem esse projeto. Como vimos, os indígenas queriam, sim, incorporar saberes e coisas dos não indígenas, mas jamais para acabar com a diferença em relação a eles, e, sim, como modo de diferir.

Ao longo da história da colonização portuguesa na América e, posteriormente, já no Império do Brasil e no regime republicano, práticas genocidas e etnocidas não pararam de acontecer. Nas leis e nos órgãos oficiais de proteção aos indígenas, até um período muito recente, anterior à Constituição de 1988, a condição de indígena era tomada como provisória, cabendo ao Estado auxiliar sua transformação de "silvícolas" em "cidadãos civilizados" por meio de empregos, educação escolar e um modo de vida como o dos outros brasileiros. Tal postura estava baseada na ideia, que se fortaleceu na Europa durante o século XIX, de que os indígenas são a "infância" da civilização. Portanto, ser um cidadão adulto com plenos direitos implica deixar de ser indígena. Esse discurso que justifica o extermínio da condição indígena interessa sobretudo a fazendeiros, garimpeiros e outros que querem as terras dos indígenas e as riquezas que há nelas. Também o Estado e a iniciativa privada têm interesse em construir estradas, barragens, portos e outros grandes projetos que podem destruir as matas, os rios e o modo de vida de muitas comunidades indígenas e outras populações tradicionais.

Essas populações nunca deixaram de resistir a tais empreitadas. A partir da década de 1970, particularmente, lideranças indígenas e aliados não indígenas passaram a se organizar e exigir mudanças na política. Foi graças às reivindicações e à atuação dessa rede que a Constituição de 1988 reconheceu aos povos originários o direito de viver de acordo com seus usos e tradições, sendo obrigação do Estado garantir as condições de sua reprodução física e cultural. Muitas leis e políticas foram criadas após a Constituição de modo a garantir direitos diferenciados a esses povos. Infelizmente, contudo, nem sempre são efetivadas como estavam previstas no papel... E, nos últimos anos, mesmo o que está no papel vem sendo ameaçado por Propostas de Emenda à Constituição que visam mudar o processo de reconhecimento e demarcação de terras, transferindo sua responsabilidade do Poder Executivo para o Legislativo, no qual interesses ruralistas e avessos aos direitos indígenas têm grande influência.

A despeito da conjuntura adversa a seus direitos, a população indígena vem crescendo, e já não se fala mais em seu fim. Como mencionado, desde a Constituição de 1988 muitas leis, projetos e eventos culturais vêm sendo feitos para a proteção e valorização de seus modos de existência. Continuamos, porém, com um desafio. Já não se quer matar a diferença, mas por vezes se busca estancar o pensamento antropofágico que a move. Se antes os colonizadores europeus e depois o Estado brasileiro achavam que o melhor para os indígenas é que deixassem de ser indígenas, hoje em dia muitos defendem a ideia de que índios "autênticos" não deveriam usar ou ter interesse por roupas, celulares, aparelhos eletrônicos, comida industrializada e tudo que é produzido pelos não indígenas. E aqui de novo se nega aos povos indígenas o direito ao pensamento antropofágico de incorporação do outro.

Entre as comunidades indígenas, o interesse e o consumo das coisas e saberes dos brancos é acompanhado por reflexões e receios sobre seus efeitos transformativos. Há indígenas que comentam que estão virando brancos, sobretudo pela ingestão crescente da comida industrializada. Como vimos, a comida faz e transforma modos de afetar e ser afetado que singularizam os corpos. O "virar branco", portanto, diz respeito a transformações nos modos de afetar e ser afetado, a disposições e capacidades, e não a perdas culturais sobre um corpo humano biológico universal, como é pressuposto no pensamento ocidental hegemônico. Como expressa José Antonio Kelly[13] em seus aprendizados com os Yanomami, bem como Aparecida Vilaça[14] em relação aos Wari', entre outros antropólogos que

13. José A. Kelly, "Notas para uma teoria do 'virar branco'", *Mana*, Rio de Janeiro: 2005, n. 11, pp. 201-34.

14. Aparecida Vilaça, "O que significa tornar-se outro? Xamanismo e contato interétnico na Amazônia", *Revista Brasileira de Ciências Sociais*, São Paulo: 2000, n. 44, pp. 56-72; *idem*, "Fazendo corpos: reflexões sobre morte e canibalismo entre os Wari' à luz do perspectivismo", *Revista de Antropologia*, São Paulo: 1998, n. 41, pp. 9-67.

vêm refletindo sobre a questão, a ênfase enunciativa recai antes no "virando" do que no "branco", ou na experiência transformacional mais do que no termo que a encerraria. Enquanto os indígenas seguirem virando (brancos, espíritos, animais e quaisquer outros), poderemos reconhecer a potência da alteridade em suas conceituações, baseadas em um universo radicalmente relacional.

Muitos indígenas ainda destacam a reversibilidade dessa transformação, já que, assim como os xamãs podem se comunicar com diferentes seres assumindo suas formas expressivas e afectivas, o mesmo se pode fazer com os brancos. Ou seja, em algumas configurações relacionais se pode virar branco, mobilizando um modo específico de socialidade, que não é acionado em outros contextos. Mas é preciso manejar as incorporações de modo a não virar branco completamente, o que implicaria a impossibilidade de seguir virando outros.

A fixação da identidade buscada pelos brancos pode ser associada à sua visão da natureza como algo inerte. Como apontou Davi Kopenawa[15], grande xamã Yanomami, os brancos são incapazes de perceber os espíritos pela fixação de seu pensamento nas mercadorias, que tratam como se fossem suas namoradas. À produção dessas mercadorias Kopenawa associa a potência patogênica da fumaça que sai das fábricas, adoecendo o mundo todo com sua poluição, e que emana dos produtos industrializados, adoecendo os corpos desde os primeiros contatos.

Em meus aprendizados com os Guarani em São Paulo, a potência patogênica e definhante das mercadorias também é bastante tematizada. Particularmente no que diz respeito à comida, alguns Guarani apontaram a diferença entre *alimentos vivos* e *alimentos mortos*. Como me explicou Karai Ryapua, morador de uma aldeia na capital paulista, o *alimento vivo* é o que tem espírito. É preciso estabelecer uma relação com o dono-espírito do alimento para consumi-lo, e mesmo antes, para caçá-lo, pescá-lo, coletá-lo ou cultivá-lo. Entre os Guarani, a caça costuma se dar por armadilhas, sob alegação de que o animal cai nela quando o dono-espírito já

15. Davi Kopenawa e Bruce Albert, *A queda do céu: palavras de um xamã Yanomami*, São Paulo: Companhia das Letras, 2015.

o deu para o caçador. Usos indevidos de seus domínios podem provocar retaliações desses espíritos, causando doenças e outras adversidades. Por isso o aprendizado dessas relações, muitas delas mediadas pelos *karai*, líderes espirituais, é fundamental para a vida nesta terra onde *aquilo* que se come é ou foi *aquele* que se come. São necessárias ações de dessubjetivação desses outros para que possam ser consumidos como alimento; entre os Guarani, tais ações são protagonizadas pelo sopro de palavras, cantos e fumaça do *petỹgua* (cachimbo).

No caso de alimentos produzidos e embalados nas fábricas, essas relações com os donos-espíritos encontram-se perdidas ou eclipsadas, o que leva esses alimentos a serem considerados *mortos*. O mesmo ocorre com os remédios da farmácia, também chamados de *mortos*, em contraste com os remédios da mata (*ka'aguy moã*). Há muito os Guarani conhecem esses produtos e relacionam-se com eles, dada a proximidade de boa parte das aldeias com cidades e estradas. Mas nas aldeias que ficam em centros urbanos é mais intenso o consumo de bolachas, refrigerantes, salgadinhos, salsichas, macarrão, suco em pó e outros alimentos ultraprocessados, em razão da exiguidade da terra e da urbanização crescente do entorno. O que os brancos classificam como alimento ultraprocessado é aquele em que justamente não se tem acesso aos *processos* que o trouxeram à existência, a seus vínculos, sua proveniência e, portanto, suas potências afectivas.

Desse modo, enquanto *alimentos vivos* demandam processos de dessubjetivação para que possam ser consumidos sem retaliação de seus donos-espírito, no caso de comidas industrializadas o perigo é justamente a desconexão com os donos. Não se sabe de onde vieram, quais relações incorporam, e, portanto, seus efeitos nos corpos têm potencial fantasmagórico que alguns Guarani aproximam aos *ãgue*, espíritos dos mortos que vagam pelos lugares e pelas pessoas, decompondo-as. Nas aldeias em que já não se pode prescindir desse *alimento morto*, contudo, práticas de comensalidade entre os parentes buscam atenuar os efeitos *do que* se come por meio do *como* e *com quem* se come[16].

16. Temática abordada em Valéria Macedo, "Alimento morto e os donos na cidade: comensalidade e alteridade em uma aldeia guarani em São Paulo", *Etnográfica*, Lisboa: 2019, n. 23, pp. 605-25.

FIGURA 6. Mulheres Guarani lutando pela demarcação das terras indígenas em manifestação no Pateo do Colégio, na região central da capital paulista.

Assim como os brancos tendem a considerar o consumo de mercadorias aculturação – por desconhecerem as conceituações indígenas que dão sentido a esse consumo –, também tendem a conceber os indígenas na cidade como supostamente alheios ao próprio mundo. Os brancos costumam espelhar o próprio universo conceitual – os próprios indicadores de desnutrição, mortalidade, salubridade e outros que associam à *vulnerabilidade social* – na avaliação daquilo de que os indígenas estão privados ou de que precisam ser providos. Retomando Clastres, a tendência predominante no pensamento não indígena é reconhecer a diferença do outro como falta, carência, incompletude. De modo que caberia a nós, da "grande civilização ocidental", supri-los, ensiná-los, convertê-los. Mas o Yanomami Davi Kopenawa e o Guarani Karai Ryapua são dois dentre muitos outros indígenas que ressalvam que, se não fossem seus rezadores-pajés-xamãs e os espíritos que os auxiliam, este mundo há muito teria sucumbido pela ignorância e brutalidade dos brancos. Aliás, os discursos científicos sobre mudanças climáticas, sobre a crise sanitária trazida pela pandemia de covid-19 e sobre o perigo de colapso do planeta reiteram a seu modo o que esses xamãs indígenas vêm dizendo há muito tempo.

Mas, assim como os indígenas não constituem um bloco monolítico de pensamento, os brancos tampouco o são. O movimento artístico modernista nas décadas de 1920-30 é um exemplo de incorporação do pensamento antropofágico como importante fonte de inspiração, particularmente na obra de Oswald de Andrade. Como projeto de nação, o movimento propunha incorporar referências europeias não para copiá-las ou para nos transformar em europeus, mas para nos transformar através deles em outros, em composições que incluem a incorporação de referências de matriz indígena, africana e outras, fazendo dessa multiplicidade nossa singularidade. É famosa a expressão de Oswald de Andrade: "*Tupi or not Tupi*", alterando os termos da expressão shakeasperiana "*To be or not to be*" ("ser ou não ser") para talvez superar essa dicotomia, já que se pode ser uma coisa e outra, experimentando a diferença como um modo de transformação, reflexividade e criatividade.

A multiplicidade como singularidade, contudo, não implica uma composição estável ou na qual as diferenças sejam acomodadas num todo a que muitos chamam "mestiçagem". Os indígenas nos apontam outras possibilidades, cuja engrenagem é o diferir, de modo a não domesticar nem estabilizar a diferença. Ela existe para nos interpelar, colocando mundos em conexão e instaurando tensionamentos criativos.

A diferença sem troca não é diferença, ou é uma diferença que não produz transformação e conhecimento. Assim como não se deve exigir que os indígenas deixem de ser indígenas, não se deve esperar que sejam sempre iguais às nossas projeções estereotipadas: nus, na mata, de penas e flechas. Cabe a eles escolher o que e como incorporar as coisas e conhecimentos dos não indígenas. Impor que eles sejam sempre os mesmos, ou que sejam iguais a nós, são duas formas de matar a diferença. Um mundo assim vale a pena?

Concluo com a resposta dada pelo antropólogo francês Claude Lévi-Strauss[17], em uma conferência realizada em meados do século XX para a então recém-fundada Organização das Nações Unidas (ONU), sob o

17. Claude Lévi-Strauss, "Raça e história", em *Antropologia estrutural II*, Rio de Janeiro: Tempo Brasileiro, 1993.

impacto do final da Segunda Grande Guerra e o trauma do Holocausto. Lévi-Strauss defendeu que a maior riqueza dos povos e sua contribuição para o progresso da humanidade não é a soma de suas descobertas e conhecimentos, mas a diferença entre eles, pois sem a diferença não existe troca nem criatividade para novas invenções. O valor da diferença está na possibilidade de o pensamento se colocar em perspectiva e assim estar sempre em movimento, desestabilizando certezas e ampliando horizontes.

A antropologia nasce no século XIX como ciência comprometida com projetos colonialistas euroamericanos, construindo conhecimentos *sobre* o outro por meio de tipologias classificatórias e imagens exotizantes. Mas, como aponta Viveiros de Castro[18], ela pode ser também a busca de descolonização do pensamento, construindo conhecimentos *com* o outro, deixando-se atravessar por outros modos de pensar o mundo e de se pensar – e agir – no mundo.

Para saber mais

ANCHIETA, José de. *Cartas, informações, fragmentos históricos e sermões (1554-1594)*. Rio de Janeiro: Civilização Brasileira, 1933.

CARNEIRO DA CUNHA, Manuela (org.). *História dos índios no Brasil*. São Paulo: Companhia das Letras, 2012.

_______. *Cultura com aspas*. São Paulo: Cosac Naify, 2009.

CLASTRES, Pierre. *A sociedade contra o Estado*. São Paulo: Cosac Naify, 2014.

DA MATTA, Roberto; SEEGER, Anthony; VIVEIROS DE CASTRO, Eduardo. "A construção da pessoa nas sociedades indígenas brasileiras". *Boletim do Museu Nacional*. Rio de Janeiro: 1979, n. 32, pp. 2-51.

FERNANDES, Florestan. *A função social da guerra na sociedade Tupinambá*. São Paulo: Edusp/Livraria Pioneira, 1970.

_______. *A organização social dos Tupinambá*. São Paulo: Hucitec, 1989.

GALLOIS, Dominique Tilkin; MACEDO, Valéria (orgs.). *Nas redes Guarani: saberes, traduções, transformações*. São Paulo: Hedra, 2018.

GOLDMAN, Marcio. "Quinhentos anos de contato: por uma teoria etnográfica da (contra)mestiçagem". *Mana*. Rio de Janeiro: 2015, n. 21, pp. 641-59.

GUARANI, Jerá. "Tornar-se selvagem". *Piseagrama*. Belo Horizonte: 2020, n. 14, pp. 12-9.

18. E. Viveiros de Castro, *Metafísicas canibais: elementos para uma antropologia pós-estrutural*. São Paulo: Cosac Naify, 2015.

Krenak, Ailton. "O eterno retorno do encontro". Em: Novaes, Adauto (org.). *A outra margem do Ocidente*. São Paulo: Minc-Funarte/Companhia das Letras, 1999.

Lagrou, Els. *A fluidez da forma: arte, alteridade e agência em uma sociedade amazônica (Kaxinawa, Acre)*. Rio de Janeiro: Topbooks, 2007.

Lima, Tânia Stolze. "O dois e seu múltiplo: reflexões sobre o perspectivismo em uma cosmologia Tupi". *Mana*. Rio de Janeiro: 1996, n. 6, pp. 21-47.

_______. "O que é um corpo?". *Religião e Sociedade*. Rio de Janeiro: 2002, n. 22, pp. 9-20.

Mello e Souza, Laura de. *O diabo e a Terra de Santa Cruz*. São Paulo: Companhia das Letras, 2009.

Montaigne, Michel de. "Dos canibais". Em: _____. *Ensaios*. São Paulo: Abril Cultural, 1972.

Nunes, Eduardo. "Aldeias urbanas ou cidades indígenas? Reflexões sobre índios e cidades". *Espaço Ameríndio*. Porto Alegre: 2010, n. 4, pp. 9-30.

Sztutman, Renato. *O profeta e o principal: ação política ameríndia e seus personagens*. São Paulo: Edusp, 2012.

________; Perrone-Moisés, Beatriz. "Notícias de uma certa Confederação Tamoio". *Mana*. Rio de Janeiro: 2010, n. 16, pp. 401-33.

Thevet, André. *As singularidades da França Antártica*. Belo Horizonte: Itatiaia, 1978.

Viveiros de Castro, Eduardo. *A inconstância da alma selvagem e outros ensaios de antropologia*. São Paulo: Cosac Naify, 2002.

_______; Taylor, Anne Christine. "Um corpo feito de olhares". *Revista de Antropologia*. São Paulo: 2019, v. 62, n. 3, pp. 769-818.

Créditos das imagens

Figuras 1 e 3: Gravuras de Hans Staden/acervo da autora.

Figuras 2 e 4: Gravuras de Théodore de Bry/acervo da autora.

Figura 5.1: Foto de Harold Schultz (1947)/acervo MAE – Museu de Arqueologia e Etnologia da USP.

Figura 5.2: Foto de Alass Derivas/@derivajornalismo, 2022.

Figura 6: Foto de Vitor Vieira, 2015.

Protagonismo, direitos e política indigenista no Brasil contemporâneo

Marcos Pereira Rufino

Discutir os problemas e temas pertinentes aos povos indígenas no Brasil no período que se inicia no século XX nos obriga, para os fins deste capítulo, a realizar uma seleção cautelosa daquilo que poderemos tratar em um curto espaço. Afinal de contas, estamos falando de uma diversidade sociocultural muito significativa: são mais de 250 povos espalhados por todo o território nacional, falando mais de 150 línguas. Sendo impossível explorar a história, as transformações sociais e a situação atual de cada um desses grupos, nos cabe, portanto, uma estratégia analítica que permita vislumbrar, mesmo que de maneira generalizante, as condições e circunstâncias políticas e sociais que os afetam hoje.

Nas próximas páginas passearemos brevemente por um conjunto de temas e problemas relacionados à política indigenista do Estado brasileiro a partir do século XX e também ao protagonismo dos indígenas na produção e condução de um movimento indígena autônomo, caracterizado pela criação de organizações políticas próprias e pela aliança com os setores sociais mais progressistas da sociedade nacional brasileira. Mencionaremos alguns dos grandes episódios de violência contra os indígenas, como aqueles produzidos pelas frentes econômicas de expansão sobre os seus territórios ou pelas grandes obras de infraestrutura impulsionadas a partir da ditadura militar de 1964, mas também avanços importantes nos direitos indígenas, sobretudo em decorrência da promulgação da Constituição de 1988 e da ratificação da Convenção nº 169 da Organização Internacional do Trabalho (OIT) pelo governo brasileiro, em 2002.

Trataremos sucintamente da "viagem de volta" ou do "reaparecimento" de muitos povos que julgávamos não mais existir, como também das questões colocadas pela presença crescente de indígenas nas cidades. Por fim, citaremos as ações do governo Bolsonaro no campo do indigenismo e os desafios que uma administração claramente anti-indígena traz para a realidade dessas populações.

Uma política indigenista oficial

O ano de 1910 marca o início de um período importante para a redefinição da postura do Estado em relação aos povos indígenas presentes nos limites do território brasileiro. Esse é o momento em que a política indigenista passa por uma forte centralização, por meio da criação do Serviço de Proteção aos Índios e Localização dos Trabalhadores Nacionais (SPILTN). Esse órgão, do qual estrutura, organograma e objetivos antecedem a Fundação Nacional do Índio (Funai) que conhecemos hoje, tinha como um de seus pressupostos a proteção da integridade física dos indígenas juntamente com a sua incorporação à força de trabalho nacional. Com sua criação, o Estado assumia para si a responsabilidade pelos indígenas, esvaziando as atribuições e prerrogativas antes concentradas nas organizações religiosas católicas.

Proteção física dos indígenas e sua transformação em trabalhadores nacionais compunham um binômio que marcaria a ação do Estado por muitas décadas. Esse binômio expressava também um conjunto de representações sociais sobre os indígenas muito difundido em diversos setores da sociedade brasileira à época. Por um lado, podemos identificar o entendimento de que se deveria evitar o seu extermínio físico ou mesmo a violência que frequentemente se noticiava na imprensa sobre esses povos e, por outro, a percepção de que caberia ao Estado promover a sua integração à sociedade nacional, por meio do trabalho. Almejava-se o fim da alteridade cultural indígena (desejado por alguns ou visto como inevitável por outros) como condição necessária para a garantia de sua sobrevivência física (tornando-os úteis ao propósito do desenvolvimento econômico da nação). Mas, para entendermos melhor esse e outros pressupostos da política indigenista oficial que começava a se delinear nesse momento, precisamos recuperar parte do contexto histórico em que se deu a criação do SPILTN, em 1910.

Em finais do século XIX e começo do XX, assistimos a uma forte intensificação da expansão das frentes econômicas pelo interior do país. O mapa do desenvolvimento econômico nacional era muito distinto do que conhecemos hoje, e muitas das cidades e centros econômicos regionais que vemos espalhados pelo território nem sequer existiam. Essa expansão da atividade econômica era acompanhada por inúmeros episódios de atrocidades contra os indígenas, representados como empecilhos ao desenvolvimento e como ícones de um passado selvagem que a nação deveria superar. Frequentemente, as notícias sobre os confrontos entre indígenas e brancos nesse processo de "ocupação" das terras selvagens eram noticiadas pelos jornais, provocando debates acalorados entre aqueles que se irritavam com a resistência indígena ao "progresso" e outros que se indignavam com os relatos de violência que mostravam a brutal assimetria das forças em conflitos que, invariavelmente, resultavam no extermínio de populações indígenas inteiras, homens, mulheres e crianças.

O médico e professor alemão Hermann von Ihering (1850-1930), fundador e diretor do Museu Paulista (ou Museu do Ipiranga, como é mais conhecido), era o mais célebre indivíduo a defender o extermínio dos povos nativos. Von Ihering advogava a matança dos indígenas, na imprensa e na *Revista do Museu Paulista*, como uma ação necessária para a marcha da civilização no Brasil. Com essa mesma posição, encontrávamos muitos capitalistas, entre empresários e grandes proprietários de terra, que almejavam uma "limpeza" étnica, a fim de liberar o território para o desenvolvimento de seus empreendimentos país afora.

Contudo, o genocídio narrado pelos jornais, como também as denúncias feitas pela Igreja, por intelectuais e por organizações civis, comoviam uma parcela significativa da população, que se revoltava não apenas com o posicionamento impiedoso e cruel de figuras públicas como Von Ihering, mas sobretudo com a inação do Estado diante de tamanha violência. O recrudescimento desse sentimento de comoção ganhou força em 1908, quando o Brasil foi acusado publicamente de massacrar os seus povos indígenas em um importante congresso científico internacional dedicado ao estudo da realidade e diversidade cultural das Américas, o XVI Congresso Internacional de Americanistas, realizado em Viena.

Ao criar o SPILTN, o Estado brasileiro estava, portanto, procurando responder às fortes críticas que recebia interna e externamente por sua omissão em relação à violência sofrida pelos indígenas. Além disso, é importante considerar que muitos intelectuais, homens de letras, advogados, juristas e ao menos parte dos militares de alta patente eram, à época, influenciados pela doutrina positivista. Para os positivistas, que foram influentes na oposição à monarquia e na construção da República, as populações indígenas não deveriam ser classificadas como inimigas da civilização e muito menos das instituições republicanas, mas como povos arcaicos, aprisionados em um estado "infantil" de evolução política, social e econômica, que poderiam ser conduzidos, de forma paciente e ordenada, a estágios mais avançados de desenvolvimento. Note-se que o século XIX foi marcado pela hegemonia de diversas teorias evolucionistas e racialistas que geralmente se esforçavam por hierarquizar os povos em uma mesma linha universal de evolução histórica, que poderia ser segmentada em diversos estágios de desenvolvimento; nesses esquemas evolutivos, as populações indígenas eram representadas como um museu vivo dos estágios anteriores pelos quais a própria civilização ocidental teria passado.

Assim, caberia ao Estado garantir a integridade física dos indígenas, evitar as agressões que lhes eram impostas pelos agentes econômicos da sociedade nacional e propiciar as condições para que eles pudessem alcançar a civilização. O marechal Cândido Rondon (1865-1958) tornou-se o grande ícone dessa política. Responsável pela instalação de diversas linhas telegráficas no Centro-Oeste brasileiro e por expedições de exploração da região amazônica, Rondon era considerado o nome mais apropriado para organizar e dirigir o órgão indigenista oficial.

Não é difícil entender, portanto, que a política de proteção aos indígenas caminhe, nesse momento, de braços dados com o objetivo, claramente expresso no nome do órgão indigenista oficial, de transformá-los em trabalhadores nacionais. Por meio de sua conversão em força de trabalho nas diversas colônias agrícolas a serem estabelecidas pelo SPILTN,

Figura 1. Marechal Rondon distribui presentes para indígenas do povo Paresí, no Mato Grosso.

os indígenas seriam paulatinamente assimilados à cultura nacional. Ao se tornarem brasileiros e cristãos, abandonariam as práticas culturais e religiosas de seu "passado primitivo". Essa política assimilacionista não era propriamente uma novidade, pois muitas missões religiosas cristãs (como as conduzidas por missionários capuchinhos, franciscanos e jesuítas) assim já procediam por meio da reunião de grupos ou povos indígenas distintos em aldeamentos, onde se propagava o Evangelho e o valor do trabalho, reprimindo-se as práticas culturais nativas de toda ordem (os rituais, a circulação das cosmologias, as práticas funerárias, os ritos xamânicos e tantas outras). Entretanto, nesse início do século XX, o Estado republicano tomava para si a responsabilidade maior de integração e assimilação da diversidade nativa.

Em 1918, o órgão indigenista oficial muda o seu nome para Serviço de Proteção ao Índio (SPI), abandonando, ao menos em seu título, a tarefa de localização de mão de obra. Essa mudança vinha em resposta a muitas críticas sobre as prioridades do órgão no tratamento da questão indígena. Ele era frequentemente acusado de privilegiar a utilidade econômica da mão de obra indígena em detrimento de uma preocupação genuína com a vida ou dignidade desses povos. E é fácil notar como o Estado pensava os indígenas pelo viés da economia, ou da segurança nacional, pela maneira mesma como o SPI circulava em sua estrutura interna. Ao longo de três décadas desde sua criação, o SPI esteve subordinado ao Ministério da Agricultura, Indústria e Comércio, ao Ministério do Trabalho, ao Ministério da Guerra e ao Ministério do Interior.

Apesar da mudança de nome, o SPI continuava tratando os indígenas com base em um conceito genérico de indianidade, ignorando as inúmeras diferenças socioculturais e as muitas particularidades oriundas do contato com a sociedade do entorno, da história e da realidade regional de cada um desses povos. Continuaria a percebê-los, ademais, como seres transitórios, participantes de um estágio de evolução social que conviria superar. O Código Civil de 1916, por sua vez, forneceu o marco jurídico para que a política indigenista pudesse operacionalizar essa superação, por sua afirmação da incapacidade relativa dos indígenas. Sem a liberdade para exercer os atos da vida civil pertinentes a seu próprio destino, os indígenas são submetidos à tutela oficial do órgão indigenista.

A política indigenista receberia ainda muitas críticas nos anos seguintes, a ponto de o governo central aceitar formar um conselho superior de reflexão e gestão da ação indigenista oficial, ao qual o SPI estaria subordinado. Em 1939, é constituído o Conselho Nacional de Proteção aos Índios (CNPI), composto por antropólogos renomados, como Eduardo Galvão, Darcy Ribeiro, Heloísa Alberto Torres e Roberto Cardoso de Oliveira. Esse conselho foi responsável por questionar muitas das práticas sertanistas de atração e pacificação, herdadas da ação missionária nas décadas anteriores, como também a doutrina assimilacionista que caracterizava o SPI. Apesar de conceber a integração dos indígenas à sociedade nacional como inexorável, o conselho argumentava que tal integração não poderia constituir uma política de Estado. A crítica ao assimilacionismo feita aqui estava alinhada a um amplo debate internacional sobre a relação entre Estados nacionais e povos indígenas e autóctones no mundo, que resultou, duas décadas depois, na produção de importante instrumento normativo internacional, a Convenção nº 107 da Organização Internacional do Trabalho (OIT), "Sobre a Proteção e Integração das Populações Indígenas e outras Populações Tribais e Semitribais de Países Independentes".

Figura 2. Posto Indígena Duque de Caxias e pessoas do povo Xokleng, em Santa Catarina.

O ocaso do SPI e a criação da Funai

A constituição do Conselho Nacional de Proteção aos Índios e a crítica de seus intelectuais e acadêmicos não foram suficientes para mudar os rumos da política indigenista. O órgão responsável pela aplicação dessa política padecia com um quadro profissional sem formação e experiência para o trabalho com populações indígenas. Diversas denúncias de corrupção, promoção de trabalho escravo e violência contra os indígenas contribuíram para macular ainda mais a percepção pública de sua atuação. Somavam-se a isso os resultados paradoxais da aproximação de seus indigenistas às populações que deveriam proteger: epidemias, depopulação e fome. Não foi, portanto, sem razão que no começo dos anos 1960 uma Comissão Parlamentar de Inquérito foi constituída para investigar o órgão.

O golpe militar de 1964, com seu grande projeto de reestruturação administrativa do Estado, selaria o destino do SPI. Em 1967, é criada a Fundação Nacional do Índio (Funai), com o propósito de realinhar a política indigenista ao plano estratégico dos militares de fortalecer a presença do Estado no interior do país, mormente nas áreas de fronteira. A preocupação em tornar os indígenas "produtivos", por meio do fomento ao crescimento econômico para além dos grandes centros urbanos e áreas costeiras, continua presente nessa nova etapa do indigenismo oficial, mas a ênfase desse indigenismo militarizado será evitar que os indígenas sejam um problema para a segurança nacional e para o desenvolvimento da infraestrutura do país.

Os grandes projetos de infraestrutura e o programa estratégico de proteção das fronteiras e integração das diversas áreas isoladas do país ditaram a disposição da Funai no organograma do Estado brasileiro. As suas ações não poderiam infringir ou contradizer a atuação de outros aparelhos diletos dos militares: Conselho de Segurança Nacional (CSN), Plano de Integração Nacional (PIN), Instituto Nacional de Colonização e Reforma Agrária (Incra) e Departamento Nacional de Produção Mineral (DNPM). O Estatuto do Índio, promulgado em 1973, viria acentuar e dar respaldo legal a esses aspectos da política indigenista. Ele reafirma a sua perspectiva assimilacionista, contradizendo toda a crítica construída desde a época do Conselho Nacional de Proteção aos Índios, e determina que os indígenas, por serem um problema de segurança nacional, devem ser isolados das áreas de interesse estratégico para o Estado. O Estatuto também corroborou a centralização da política indigenista em Brasília, enfraquecendo a mediação de diversas organizações e entidades civis e religiosas que atuavam junto aos povos indígenas em programas de assistência nas áreas de saúde, educação e alimentação.

A imagem de eficiência gerencial e administrativa dos militares no campo do indigenismo, entretanto, ocultava uma grande fraude: por trás de todo o palavrório tecnocrata do governo, a Funai, presidida por militares de alta patente ao longo de quase toda a ditadura, repetia de forma eloquente a incompetência da política indigenista anterior. Profissionais não qualificados e em nada comprometidos com os indígenas ocupavam todo o amplo organograma do órgão, de sua direção às posições mais capilares de contato com as populações indígenas. Os postos de trabalho da Funai eram convertidos em moeda de troca e absorvidos pela lógica da política clientelista local, o que produzia situações mais do que paradoxais: o órgão oficial que deveria cuidar dos indígenas era conduzido, em muitas regiões do país, exatamente por aqueles que se enriqueciam com a invasão de suas terras e a exploração de sua mão de obra como trabalho escravo. Incompetência e má-fé explicam também a ausência de orientação antropológica no planejamento das ações e políticas dos militares junto às centenas de povos pelo país. Somou-se a essa administração caracterizada por "achismo" e arrogância o problema da falta de recursos, que amiúde dava à Funai um aspecto de órgão fantasma.

Um objetivo, contudo, a política indigenista militar cumpriu primorosamente: logrou retirar os indígenas do meio do caminho do desenvolvimento econômico. Grandes obras de infraestrutura, cuja execução impactou violentamente os indígenas, propagaram-se pelo interior do país, entre usinas hidrelétricas, estradas, portos, aeroportos, transposições hidrográficas e atividades de mineração. Hoje, sabemos que muitas dessas obras, cujas justificativas de execução eram duvidosas à época, constituíram sobretudo instrumentos para a transferência ilegal de recursos públicos para grupos privados, aliados políticos e figuras de apreço dos militares. A construção da BR-230, a Transamazônica, no início da década de 1970, foi responsável pela morte de mais de 8 mil indígenas e talvez seja um dos epítomes desse período. Entre obras bilionárias que não serviam a nada, obras que permaneceram inacabadas, tornando-se grandes elefantes brancos, e outras que apenas atendiam minimamente aos propósitos de sua execução, percebemos, como fator comum, o forte impacto negativo no meio ambiente, o dispêndio de quantias astronômicas de dinheiro público, a prática sistemática de corrupção e a violência contra os indígenas.

O indigenismo para além do Estado e os "amigos dos índios"

Durante a ditadura militar, o indigenismo oficial se viu obrigado a lidar com a emergência de um conjunto de entidades e organizações civis solidárias à causa indígena. Embora pequenas, pouco estruturadas e com parcos recursos humanos e financeiros, essas organizações estabeleceram uma rede política que se convencionou chamar "amigos dos índios". Seria inexequível, no escopo deste capítulo, relacionar todas essas iniciativas que, de maneira assimétrica, se desenvolveram ao longo dos anos 1970. Podemos, todavia, citar algumas experiências que se tornaram notáveis e que contribuíram para inspirar outras ações. Entre elas, temos as Comissões Pró-Índio (CPIs), com destaque para a CPI São Paulo e a CPI Acre, que reuniam profissionais e cidadãos preocupados com a causa indígena, como antropólogos, advogados, historiadores e jornalistas. As CPIs desempenharam um papel importante em publicizar os problemas vividos pelos indígenas nas grandes cidades, cujos moradores comumente nem sequer sabiam da existência deles no país. Além da produção de publicações e eventos, elas contribuíram para mobilizar uma rede de apoio indispensável para a formação posterior de diversas organizações não governamentais voltadas à "causa indígena". Os *Cadernos da Comissão Pró-Índio*, de São Paulo, trouxeram aportes importantes para a discussão acerca dos direitos indígenas à terra e outros temas que seriam debatidos na Assembleia Nacional Constituinte de 1987-88.

No campo da atuação missionária católica, são dignas de nota as experiências da Operação Anchieta (Opan) e do Conselho Indigenista Missionário (Cimi). Formada em 1969 por missionários jesuítas no Sul do país, a Opan (chamada hoje de Operação Amazônia Nativa) inovou ao romper com o proselitismo religioso e a prática da catequese, usual em muitas missões religiosas católicas até então. Fazendo uma crítica contundente às reduções e aldeamentos missionários que reuniam grupos indígenas distintos em um mesmo espaço (com o intuito de fazê-los abandonar as próprias práticas culturais e convertê-los ao cristianismo) e muitas vezes separavam as crianças dos pais, esses novos missionários propunham uma relação diferente da Igreja católica com os indígenas. Defendiam como tarefa primordial a luta pela vida dessas populações, ameaçadas por múltiplas frentes de exploração econômica e por grandes empreendimentos de infraestrutura criados pelo regime militar, e o respeito à sua diversidade cultural.

Impulsionado pela experiência da Opan, o Cimi nasce em 1972 e logo se torna uma referência nacional importante no campo da luta indigenista. Tornado um órgão anexo da Conferência Nacional dos Bispos do Brasil (CNBB) para a causa indígena, em 1975 o Cimi mobiliza uma vasta rede de missionários e militantes pastorais por todo o país, produzindo denúncias, relatórios periódicos sobre a violência contra os indígenas e uma prática sistemática de acionamento do Ministério Público, da imprensa e de outras organizações, alertando-os para o que acontecia nas áreas mais recônditas do país. O jornal *Porantim*, publicado até hoje, tornou-se um veículo de informação de visibilidade na rede de simpatizantes e militantes de movimentos sociais e organizações de direitos humanos. A grande exposição desses missionários na luta pelos direitos indígenas os tornou alvos frequentes da violência dos setores anti-indígenas. O padre salesiano Rodolfo Lunkenbein, o indígena Simão Bororo e o missionário jesuíta Vicente Cañas tornaram-se mártires desse novo momento da história missionária católica entre os indígenas. Os dois primeiros foram mortos em 1976, nas terras Bororo, em Mato Grosso; Vicente Cañas foi assassinado em 1987, também em Mato Grosso. Esse indigenismo missionário estava diretamente relacionado às transformações eclesiais do período, em especial com a ascensão da Teologia da Libertação e com as deliberações de eventos importantes para a Igreja católica na América Latina, como as conferências episcopais ocorridas em Medellín (1968) e Puebla (1979), que afirmaram o tema da "opção preferencial pelos pobres".

Além das CPIs já citadas, algumas outras organizações civis de apoio aos indígenas surgiram ao longo dos anos 1970-80. É muito conhecido o trabalho desenvolvido pelo Centro Ecumênico de Documentação e Informação (Cedi), cujo esforço de sistematização de dados e informações sobre a realidade dos indígenas de todo o país contribuiu para desvelar todo um universo de diversidade sociocultural ignorado pelo Brasil. O Cedi, que hoje integra o Instituto Socioambiental (ISA), é reconhecido por ter colocado, pela primeira vez, os indígenas no mapa do Brasil, de forma precisa e inequívoca. Por meio de uma vasta rede de colaboradores (entre pesquisadores e ativistas do indigenismo), da análise minuciosa

PORANTIM

EM DEFESA DA CAUSA INDÍGENA.

Xingu

Onze peões mortos: A versão dos índios

FUNAI anuncia volta do Summer: tradutores, geólogos ou espiões?

Assembléia Indígena em Maronawa, Acre fortalece a Unind

Localizados Tukuna desconhecidos na foz do rio Purus

FAZENDEIROS MANDAM PEÕES NA FRENTE E KAYAPÓ MATAM 20

Figura 3. *Porantim*, publicação mensal do Conselho Indigenista Missionário, fundada em 1979.

dos atos legais de demarcação e de sua equipe de antropólogos e cartógrafos, o ISA disponibiliza até hoje as informações atualizadas sobre o perímetro, a situação legal e o quadro de conflitos de cada território indígena do país. A série *Povos Indígenas no Brasil* é uma de suas publicações periódicas, na qual podemos encontrar tais informações, além de seu *website*.

O Centro de Trabalho Indigenista (CTI), nascido no final dos anos 1970, tornou-se conhecido por sua atuação com os chamados povos isolados, grupos que jamais tiveram contato oficial ou sistemático com segmentos da sociedade nacional e que, portanto, são excepcionalmente vulneráveis à violência de garimpeiros, madeireiros e grileiros de terra. Um de seus projetos, o "Vídeo nas Aldeias", tornou-se internacionalmente conhecido por utilizar o cinema não apenas como forma de divulgação da realidade indígena mas também como instrumento de resistência política e cultural apropriado pelos próprios indígenas, uma vez que um dos objetivos do projeto é a formação de cineastas indígenas independentes. O

"Vídeo nas Aldeias" tornou-se uma ONG independente do CTI e hoje disponibiliza uma plataforma de *streaming* com dezenas de títulos na internet. O CTI tornou-se uma importante referência por seu trabalho com as comunidades Guarani das regiões Sul e Sudeste do país. Essas comunidades eram praticamente ignoradas pelo órgão indigenista oficial e desprovidas, portanto, de qualquer política de assistência ou direitos fundiários.

O PROTAGONISMO INDÍGENA

Os anos 1970 não foram marcados apenas pela ascensão de diversas organizações civis de apoio, compostas por "brancos" – sobretudo advogados, antropólogos e outros humanistas formados pelas universidades. Essa década testemunhou algo novo no cenário do indigenismo: o advento dos embriões do que constituiria, anos mais tarde, um movimento indígena autônomo. Não podemos ignorar que muitas outras formas de resistência e ação política indígena ocorreram no país desde a chegada dos colonizadores europeus, mas o que vimos surgir nesse período diz respeito a uma forma específica de relação entre indígenas, Estado e sociedade nacional.

Em um dia ensolarado de abril de 1974, debaixo de algumas mangueiras no município de Diamantino, em Mato Grosso, pouco mais de vinte indígenas, lideranças dos povos Apiacá, Kaiabi, Tapirapé, Rikbaktsa, Iranche, Paresí, Nambikwara, Xavante e Bororo se reuniram pela primeira vez em um evento que se tornaria um marco simbólico para a história do movimento indígena no Brasil. A realização dessa primeira assembleia de líderes indígenas no país contou com o importante apoio dos missionários da Opan e do Cimi, que se encarregaram das ações logísticas necessárias para viabilizar o encontro. Nessa e em algumas outras assembleias que se seguiram, os missionários foram relevantes para o contato e a troca de experiências entre grupos indígenas distintos, operando como promotores de uma certa linguagem de organização política e de um repertório conceitual que pudesse permitir a interação dos indígenas com o Estado e o campo do direito.

Com o passar dos anos e o acúmulo de experiências, diversas associações indígenas surgem em localidades e com propósitos diferentes.

Muitas dessas associações atuam no âmbito local, como um instrumento de representação política de um dado grupo indígena; outras agem em uma esfera mais ampla, reunindo associações distintas em federações regionais. As lideranças indígenas vão assim construindo a própria história de protagonismo político em meio a alianças com organizações parceiras. A cada experiência, suas vozes são mais sonoras; a cada passo dado, os mediadores "brancos" se tornam menos necessários.

Em 1979, assistimos à formação da União das Nações Indígenas (UNI), primeira tentativa de estruturação de uma organização indígena nacional. Ela surge em um contexto de grande preocupação com o iminente risco de abandono das obrigações do Estado para com a política indigenista. Setores anti-indígenas no governo começavam a defender, um ano antes, a proposta de "emancipação" de alguns grupos indígenas, o que significava, em termos práticos, abandoná-los à própria sorte. Os grupos passíveis de emancipação seriam aqueles que se enquadrassem nas duas últimas posições de uma escala classificatória que seria criada pelo órgão indigenista e dividiria todos os indígenas de acordo com o respectivo grau de contato com a sociedade nacional: os arredios ou isolados, os não aculturados, os em vias de aculturação, os aculturados e os já integrados. Apesar de, à primeira vista, a ideia de emancipação soar como um avanço, se considerarmos que a grande maioria dos territórios indígenas estava sob o assalto de forças econômicas poderosas e ladeadas por jagunços e pistoleiros sem qualquer escrúpulo, sua efetivação poderia trazer efeitos catastróficos. Ademais, significava a perda de todos os direitos diferenciados, efetivando o projeto assimilacionista de incorporação dos indígenas à massa de cidadãos pobres do país. Em uma tentativa de chamar a atenção para a existência de povos indígenas no país e para as agressões e investidas contra eles que nunca apareciam na imprensa, a UNI veiculou algumas campanhas publicitárias.

As dificuldades acarretadas pela falta de infraestrutura, de recursos financeiros e de pessoal qualificado afetaram diversas organizações civis de apoio aos indígenas e muitas das associações indígenas criadas país afora. O funcionamento descontínuo e intermitente era uma realidade que não surpreende, dadas as condições históricas e sociais do movimento indígena nesses primeiros anos. Os problemas de gestão e a dificuldade de autossustentação dessas organizações, contudo, contribuíram para um aprendizado político significativo. Com o tempo, experiências malsucedidas deram lugar a práticas organizacionais mais estáveis, e obstáculos imensos se tornaram dificuldades transponíveis.

Entre as primeiras organizações indígenas a erigir alicerces sólidos estão entidades de âmbito regional ou macrorregional. Em vez de funcionarem no plano da representação individual de uma aldeia ou povo, elas congregam associações de uma mesma região, contribuindo para a partilha de recursos, conhecimentos e aprendizados entre o conjunto de membros. Frequentemente, essas organizações regionais agem como indutoras da criação de novas associações em povos que iniciam os seus contatos com o movimento indígena. A Federação das Organizações Indígenas do Rio Negro (FOIRN) é um exemplo paradigmático desse processo. Surgida em 1987 na região conhecida como Cabeça do Cachorro, no noroeste amazônico, a FOIRN articula diversas organizações oriundas de um conjunto de mais de vinte povos. Sediada em São Gabriel da Cachoeira (AM), município com a maior população indígena do país, ela fornece apoio logístico às associações filiadas e a mais de 750 aldeias. Além da elaboração de projetos de desenvolvimento econômico sustentável, como os que fomentam as práticas de comércio justo, a FOIRN assinou, em 2009, um Termo de Cooperação Técnica com o Instituto Socioambiental e a Funai visando a um novo modelo de gestão das Terras Indígenas da região, algo inédito na história.

Criada em 1989, no clima de euforia pós-constituinte da qual falaremos mais à frente, a Confederação das Organizações Indígenas da Amazônia Brasileira (Coiab) é outra organização consolidada e de relevância crucial para a indução do movimento indígena em sua vasta área de cobertura. Conta com quase uma centena de entidades filiadas, entre associações, federações e organizações indígenas voltadas a públicos específicos, como mulheres, professores, estudantes e artesãos. Tem sede em Manaus, mas também um escritório de representação em Brasília, de onde acompanha os principais movimentos que afetam a política indigenista oficial. Fora da Amazônia, outras grandes federações foram formadas, como a Articulação dos Povos e Organizações Indígenas do Nordeste, Minas Gerais e Espírito Santo (Apoinme), a Articulação dos Povos Indígenas do Sudeste (Arpinsudeste) e a Articulação dos Povos Indígenas do Sul (Arpinsul).

O aumento notável do número de organizações indígenas criadas a partir de meados dos anos 1980 não resultou apenas do processo de amadurecimento político do movimento ou da qualificação crescente de seus líderes e rede de apoio. Um evento de importância crucial para a história do Brasil também impactou expressivamente a vida dos indígenas: a formulação de uma nova carta constitucional.

Os indígenas na Constituição de 1988

A segunda metade dos anos 1980 foi marcada, no campo da luta indigenista, pelo envolvimento de múltiplos atores na construção do processo constituinte. Junto a muitas lideranças indígenas, a rede de organizações e entidades de apoio produziu uma célebre mobilização política que envolveu movimentos sociais, partidos, sindicatos, pastorais e setores sociais progressistas para discutir o teor e a configuração do que seria incorporado à nova Constituição. De maneira inédita, muitas organizações que mantinham relações tensas entre si – seja pelas diferenças na forma e pauta de atuação, seja pela disputa pelos mesmos recursos ou campo de ação – deixaram os antagonismos de lado e uniram-se em razão da oportunidade aberta pela reforma da Carta Magna. Afinal, a redação do capítulo voltado aos indígenas teria um impacto colossal na vida cotidiana desses povos, pois definiria os contornos legais de seus direitos, as obrigações do Estado e o caráter da política indigenista oficial.

A Constituição promulgada em 1988 avançou na ampliação dos direitos trabalhistas (com redução da jornada de trabalho, restituição do direito de greve e liberdade de associação sindical), sociais (previdência social, proteção à infância, assistência aos desamparados, transporte, lazer e outros) e civis (com a afirmação dos princípios de igualdade e liberdade, a livre manifestação do pensamento e outros avanços), a ponto de conferir-lhe o epíteto de Constituição Cidadã. Na mesma direção, ela promoveu um aperfeiçoamento extraordinário na esfera dos direitos indígenas. O capítulo VIII, intitulado "Dos índios" (no interior do título VIII, "Da ordem social"), trouxe inovações surpreendentes ao proclamar o direito à diferença e ao qualificar o direito indígena à terra como sendo de natureza originária.

Ao afirmar o direito à diferença, o Brasil rechaça de maneira peremptória qualquer orientação ou prática assimilacionista. Não se trata mais de conceber as realidades socioculturais indígenas como eventos transitórios, fadados a desaparecer pelo aumento do contato com a sociedade nacional ou em decorrência das forças do "progresso" histórico, tecnológico ou científico. A partir de então, as instituições culturais nativas, suas línguas, formas de aprendizagem, organização social, cosmologias e rituais devem ser respeitados por todos, cabendo ao Estado garantir que essas alteridades possam se manifestar em sua plenitude. Um dos efeitos do artigo 231 da Constituição foi o de eliminar o conceito de "capacidade relativa" dos indígenas, oriundo do Código Civil de 1917, tornando-os "adultos", capazes de se pronunciar diante das cortes e tribunais. Passou a ser permitido que os indígenas ingressem em juízo em defesa de seus interesses, encerrando a necessidade de mediadores e intermediários. Essa novidade do texto constitucional tornou-se um vetor importante para o surgimento de novas organizações indígenas, pois a possibilidade de servirem de instrumento legal e autônomo para os seus grupos abria-lhes muitas outras rotas de atuação além da própria representação jurídica, como a autonomia para a apresentação de projetos de sustentabilidade econômica e/ou ambiental, de educação, de fortalecimento cultural, de recuperação territorial e assim por diante.

A designação dos direitos à terra como *direitos originários* é outro aspecto plenamente arrojado da Constituição de 1988. Isso significa reconhecer que as prerrogativas territoriais indígenas são anteriores à formação do Estado no Brasil, constituindo uma realidade que independe de qualquer reconhecimento oficial. A demarcação de um território indígena, que produziu a figura da Terra Indígena, é apenas um mecanismo burocrático e legal utilizado pelo Estado para fixar de maneira precisa a sua localização e extensão, gerando assim um dado de referência para todas as outras instituições e órgãos oficiais pertinentes, visto que cabe à União a proteção da integridade territorial e ambiental dessas unidades. Uma vez homologadas, as Terras Indígenas são inalienáveis e indisponíveis, o direito dos indígenas sobre elas é imprescritível, e todo e qualquer ato jurídico que afete a posse indígena é tornado nulo e extinto.

Além da figura jurídica do direito originário, a Constituição define também que somente os indígenas têm a posse permanente de uma Terra Indígena e somente eles podem usufruir das riquezas presentes em seu solo, rios e lagos. Lembremos que a posse da terra significa o direito de uso e não a sua propriedade, que é exclusiva da União. Quanto aos recursos do subsolo e suas potencialidades energéticas, a atividade de pesquisa e lavra mineral deve obter autorização do Congresso Nacional, que por sua vez precisa ouvir as comunidades afetadas; e o mesmo ocorre com o aproveitamento dos recursos hídricos presentes em Terras Indígenas. Em todos esses casos, assegura-se aos indígenas a participação nos resultados econômicos dessas atividades. Outra peculiaridade notável do "capítulo dos índios" na Constituição é a forma como ele estabelece a área de identificação de uma Terra Indígena: não se trata de delimitar apenas os trechos territoriais ocupados ou habitados em caráter permanente pelos indígenas, mas igualmente as porções utilizadas em suas atividades produtivas, as que, segundo suas tradições, são imprescindíveis para a sua reprodução cultural e as que são indispensáveis para a manutenção do ecossistema e dos recursos ambientais que lhes permitam viver dignamente em conformidade com seu modo de ser.

Se o aperfeiçoamento dos direitos indígenas se resumisse aos avanços nesses dois eixos supracitados, direito à diferença e direito à terra, a Constituição de 1988 já poderia ser qualificada como um marco significativo na história dos indígenas no Brasil. Contudo, há ainda outros aspectos do texto constitucional de evidente importância para essas populações. Dentre eles, a determinação de que a legislação sobre os indígenas é assunto de competência exclusiva da União, a atribuição ao Ministério Público Federal da responsabilidade de defendê-los juridicamente e a prerrogativa de juízes federais no julgamento de qualquer processo ou litígio jurídico que os implique. Como discutimos anteriormente, todos esses avanços foram exequíveis em decorrência da robusta articulação política no processo constituinte, construída conjuntamente pela rede de organizações civis de apoio, pelo movimento indígena, por organizações sindicais, partidos de esquerda e setores progressistas da sociedade civil.

Não foram poucas as ações e iniciativas patrocinadas pelos setores anti-indígenas presentes na Assembleia Nacional Constituinte, contrários aos avanços que estavam sendo incorporados no mais importante documento legal do país. Parte da grande imprensa lançou-se em uma campanha espúria contra os indígenas e seus aliados, e, nesse quesito, é inolvidável a série de reportagens fraudulentas produzidas pelo jornal *O Estado de S. Paulo*, ao longo dos dias em que o "capítulo dos índios" estava sendo votado pelo plenário do Congresso. Em uma tentativa de convencer a opinião pública de que o país estava sendo tomado de assalto por interesses internacionais obscuros, o *Estadão* publica uma série de matérias de capa denunciando os avanços nos direitos indígenas como "A conspiração contra o Brasil", lançando mão, de maneira farta, de documentos falsos e narrativas mirabolantes que iam da "internacionalização da Amazônia" à perda da soberania nacional para as potências estrangeiras.

Nos anos que se seguiram à promulgação da Constituição, assistimos a muitas tentativas de retrocesso, gestadas por forças políticas e econômicas anti-indígenas cada vez mais organizadas e que atuam sincronizadamente no âmbito dos três poderes. Sobretudo no Congresso Nacional, notamos o afinco da bancada ruralista, que frequentemente apresenta projetos de lei que visam alterar a sistemática legal da demarcação das Terras Indígenas. Uma dessas últimas tentativas é representada pela Proposta de Emenda à Constituição (PEC) nº 215/2000, que transfere do Poder Executivo ao Legislativo a prerrogativa na condução do processo demarcatório, o que dificultaria severamente o reconhecimento de novos territórios indígenas pelo Estado.

Por sua vez, o Projeto de Lei Complementar (PLP) nº 227/2012 procura regulamentar, de maneira nociva aos indígenas, quais situações podem ser consideradas excepcionais no artigo 231 da Constituição. O artigo estabelece, como vimos, que são nulos e extintos quaisquer atos jurídicos que tenham por objeto a ocupação, o domínio e a posse das Terras In-

FIGURA 4. Povos indígenas na Constituinte (c. 1987-88).

dígenas ou mesmo a exploração das riquezas naturais de seu solo, seus rios e lagos, excetuando-se, porém, as situações de "relevante interesse público da União". A necessidade de regulamentar, por meio de lei complementar, o que deve ser considerado de relevante interesse público tem sido aproveitada pelos ruralistas e outros grupos para propor projetos de lei que escancaram interesses econômicos os mais variados sobre esses territórios. O PLP 227 inclui praticamente tudo o que se possa imaginar no entendimento dessa excepcionalidade, tornando banal e corriqueiro o que deveria ser permitido apenas em situações extremas: assentamentos rurais realizados por programas de reforma agrária e colonização; a exploração de jazidas minerais; o aproveitamento de potenciais hidráulicos; o uso e a ocupação de terras públicas destinadas à construção de oleodutos, gasodutos, estradas rodoviárias e ferroviárias, portos fluviais e marítimos, aeroportos e linhas de transmissão; concessões e alienações de terras públicas localizadas na faixa de fronteiras; as ocupações de terras públicas na faixa de fronteiras resultantes das formações de núcleos populacionais, vilarejos e agrupamentos urbanos; os campos de treinamento militar e as áreas destinadas às instalações policiais e militares, das Forças Armadas e outros órgãos de segurança; e os atos que tenham por objeto a legítima ocupação, domínio e posse de terras privadas no período que antecedeu a promulgação da Constituição. Essa última "excepcionalidade" constitui um escárnio explícito, pois revogaria quase todas as Terras Indígenas demarcadas, visto que elas incidem, em sua maioria, sobre territórios reivindicados por supostos donos ou posseiros.

Essas e muitas outras ameaças às conquistas dos povos indígenas na Constituição vêm à tona porque os governos federais pós-Constituinte flertam amiúde com essas bancadas organizadas no Congresso Nacional, utilizando os direitos indígenas como moeda de troca para viabilizar a aprovação de projetos considerados relevantes em seus planos de gestão ou mesmo para assegurar a sua "governabilidade". E, em todos esses governos, setores internos importantes parecem entender a "questão indígena" como um problema menor a lidar ou como um tema secundário, subordinado às pautas mais centrais e de interesse majoritário. Os indígenas e seus amigos, não obstante, estiveram sempre atentos a essas movimentações iniciadas logo no início dos anos 1990, impedindo a desarticulação da grande rede política que proporcionou essa ascensão no protagonismo indígena.

O fortalecimento do movimento indígena e o aperfeiçoamento de seus quadros, estratégias e formas de gestão vêm prosseguindo de maneira expressiva nos últimos anos. A proliferação de candidaturas indígenas nos pleitos eleitorais e o ingresso crescente de indígenas no ensino superior e nos cursos de pós-graduação em universidades públicas e privadas são indicadores desse protagonismo. Cada vez mais, vemos esses grupos atuando, com seus parceiros, na regularização fundiária de seus territórios, no que se convencionou chamar de "demarcação participativa". Em muitas regiões, associações e lideranças elaboram e conduzem projetos destinados a viabilizar a sustentabilidade ambiental e econômica das Terras Indígenas.

Identidades resistentes

Um processo histórico e social surpreendente é a "viagem de volta" que tem sido feita por dezenas de povos indígenas nas três últimas décadas.

Muitas dessas populações que no passado deixaram de se apresentar como indígenas aos brancos, em função da perseguição, da violência ou do preconceito sofridos, ou por terem sido forçadamente classificadas como "caboclas", tendo suas práticas culturais proibidas, declaram agora suas diferenças e alteridades como motivo de orgulho.

Esse processo de enunciação de alteridades culturais até então desconhecidas ou dadas por extintas implicou mais de cinquenta grupos indígenas desde a década de 1970, mormente na região Nordeste do país. Até mesmo no Piauí, único estado da federação onde não há Terras Indígenas demarcadas, há grupos reivindicando reconhecimento de sua indianidade. Essa "viagem de volta" não é um fenômeno absolutamente novo, pois algo parecido, mas em menor escala, já havia ocorrido nos anos 1920-40, com o reaparecimento dos povos Fulni-ô, Pankararu, Xukuru-Kariri, Kambiwá, Tuxá e Trucá. Entretanto, esse segundo ciclo histórico de ressurgimento de alteridades culturais tem mostrado uma nova realidade na dinâmica social das relações interétnicas. Em certa medida, esse processo de retomada de suas identidades culturais atesta as mudanças positivas no contexto das relações entre os povos indígenas entre si e com a sociedade nacional, que vimos acompanhando ao longo desse período. A estigmatização associada às representações sociais sobre os indígenas tem sido superada paulatinamente. Apesar do persistente preconceito sofrido por eles em muitas regiões, são perceptíveis as conquistas que vêm logrando em sua luta cotidiana.

Esse quadro de reaparecimento de alteridades culturais foi possibilitado não apenas pela mudança na percepção social e simbólica sobre os indígenas, que afetou segmentos importantes da sociedade nacional desde o período pós-Constituinte. É preciso mencionar uma inovação relevante no marco legal que trata do reconhecimento dos povos indígenas, introduzida pela Convenção nº 169 da OIT, realizada em 1989 e ratificada pelo Brasil em 2002. Intitulada "Sobre Povos Indígenas e Tribais em Estados Independentes", essa convenção determinou para os países signatários e membros da OIT, como o Brasil, que o critério fundamental para o reconhecimento oficial de uma dada população indígena deve ser a sua própria consciência de identidade cultural. Um grupo que entenda a

Figura 5. Lideranças indígenas do Acampamento Terra Livre em atividade no Congresso Nacional.

si próprio como diferente e se autorrepresente como portador de práticas culturais distintas deve ser respeitado em seu pleito. Nesse novo marco legal, temos o fim da prerrogativa do Estado em classificar as populações indígenas por meio de instrumentos muitas vezes arbitrários. Os laudos periciais antropológicos, como instrumento colonial de verificação, deixam de existir.

Evidentemente, isso não significa conceder reconhecimento formal a qualquer coletividade que, a seu bel-prazer, queira se "indianizar". Cabe ainda ao Estado aferir as condições em que a consciência de identidade cultural própria se dá, mas sem o uso de critérios externos a essa consciência e autorrepresentação. Se antes os indígenas precisavam de seus parceiros e aliados para terem alguma voz junto ao Estado, hoje eles falam por si próprios e se esforçam para controlar a narrativa sobre a história que estão construindo.

A política anti-indígena do governo Bolsonaro

Lideranças indígenas, indigenistas, pesquisadores e setores da sociedade civil aliados da causa indígena foram surpreendidos com a eleição de Jair Messias Bolsonaro para o comando do país, em 2018. Os discursos hostis aos indígenas marcaram a campanha eleitoral de sua candidatura e permitiam antever o desmonte que a política indigenista oficial sofreria a partir de sua posse. Trata-se da presidência mais anti-indígena de que se tem notícia na história da República, que se orgulha de não ter demarcado nenhum centímetro a mais de Terras Indígenas desde que chegou ao poder.

O ódio de Bolsonaro aos indígenas é antigo, presente nos discursos que fazia já no início de sua longa carreira de deputado federal. Foi ele quem, em maio de 1992, tentou extinguir a Terra Indígena Yanomami, pouco antes de sua homologação, por meio de um projeto de decreto legislativo na Comissão de Defesa Nacional da Câmara dos Deputados. Foi um deputado firmemente alinhado às bancadas ruralista e evangélica e aos interesses econômicos da indústria agropecuária, do grande latifúndio, da atividade madeireira e do garimpo ilegal. Com sua chegada à Presidência da República, esses segmentos passaram a atuar diretamente na gestão da política indigenista oficial, tornando assim os direitos indígenas e as políticas públicas voltadas à proteção da alteridade alvos fáceis para antigos inimigos.

Os ataques do novo Executivo federal aos direitos indígenas começaram já no primeiro dia de governo, por meio da Medida Provisória nº 870/2019, que estabelecia uma reorganização ampla dos órgãos da Presidência da República. A Funai deixaria de estar vinculada ao Ministério da Justiça e passaria a ser subordinada ao Ministério de Estado da Mulher, Família e dos Direitos Humanos, conduzido por Damares Alves, pastora batista conhecida por tratar aspectos das culturas indígenas como "aberrações" e tentar evangelizar esses povos a todo custo. Além disso, atendendo a demandas antigas de empresários e políticos cujas fortunas foram construídas sobre a exploração dos territórios indígenas, a Funai perderia suas atribuições no processo de demarcação das Terras Indígenas para o Ministério da Agricultura, Pecuária e Abastecimento (Mapa).

Os interesses políticos e econômicos abrigados no interior do Mapa são claramente antagônicos às necessidades e à pauta de direitos dos povos indígenas, e tal manobra visava exatamente obstruir novas demarcações.

Esse movimento ousado logo no primeiro dia de gestão foi posteriormente abortado, primeiro pelo Congresso Nacional, que modificou a MP, e depois pelo STF, quando o governo tentou reintroduzir essas mudanças por meio de outra lei. A derrota do governo evidenciou a importância da mobilização política dos indígenas e seus aliados desde a ditadura militar e as significativas conquistas fixadas na Constituição Federal. A Carta Magna serviu de farol para que outras instituições da República impedissem essas mudanças desatinadas na política indigenista oficial.

O governo, contudo, não se abateu e, de maneira mais efetiva, agiu em outra frente: a asfixia financeira do órgão indigenista. Apesar de ter sofrido com orçamentos exíguos em outros governos, a Funai nunca conhecera redução tão drástica nos recursos financeiros necessários para a realização de suas atividades fundamentais. Em 2019, presenciamos uma baixa execução recorde de recursos e um contingenciamento de mais de 90% de seu orçamento, o que resultou na desativação de postos e coordenações em áreas indígenas. A não contratação de novos servidores e o cancelamento de acordos de cooperação técnica da Funai com organizações sociais acompanharam essa estratégia de desmonte.

Pela primeira vez na história da Funai, o órgão indigenista declarou "desinteresse" nas ações jurídicas habituais de proteção à permanência dos indígenas em terras ainda não homologadas, mas que sofrem ações liminares na Justiça, o que abre a possibilidade de que esses indígenas sejam despejados por ações de reintegração de posse. Outra "inovação" perversa da política indigenista do governo Bolsonaro está em relegar os grupos indígenas fora de terras demarcadas à condição de não indígenas. O general Augusto Heleno foi claro ao afirmar que eles serão tratados como produtores rurais, ficando fora da jurisdição da Funai e da cobertura das ações do Estado em relação aos povos indígenas.

Não só a demarcação de novos territórios é enfaticamente barrada pelo governo: os grupos em Terras Indígenas já homologadas também sofrem ameaças graves. O PL 191/2020 permitiria, se aprovado, um conjunto amplo de atividades econômicas predatórias e de alto impacto social e ambiental no interior dessas terras, como a construção de obras de infraestrutura, o aproveitamento de recursos hídricos para produção de energia elétrica, a pesquisa e o cultivo de espécimes geneticamente modificados e a extração de petróleo e gás. Essa manobra legal resume a fúria anti-indígena presente em mais de trinta proposições legislativas apresentadas ao Congresso Nacional desde a promulgação da Constituição de 1988. Trata-se, evidentemente, de uma flagrante tentativa de descaracterização do capítulo 231 da Constituição Federal e seus dispositivos de proteção da integridade socioambiental dos territórios indígenas.

Com Bolsonaro no poder e a fúria anti-indígena que ele alimenta, os setores econômicos relacionados ao grande latifúndio, à mineração e à extração de madeira veem uma nova oportunidade de aprovar uma legislação que flexibilize os direitos indígenas consagrados e libere os seus territórios para a exploração econômica. Além das iniciativas próprias e inéditas do governo Bolsonaro, esqueletos da bancada ruralista e outros setores anti-indígenas têm sido desenterrados um a um, em um claro ambiente de "porteira aberta" na perseguição e aniquilamento dos direitos indígenas. O PL 490, por exemplo, que foi gestado em 2007 e recebeu 13 novos apensos ao longo do tempo, tendo sido arquivado e desarquivado três vezes, visa alterar um aspecto central da política indigenista, que é o respeito ao isolamento voluntário de alguns povos que vivem na região amazônica. Desde finais da década de 1980, o Estado brasileiro passou a respeitar esse isolamento em razão dos registros conhecidos das diversas situações em que o contato desses indígenas com agentes da sociedade nacional produziu tragédias sanitárias graves, levando, em alguns casos, ao desaparecimento de povos inteiros em menos de 48 horas após a interação. Ao extinguir as interdições ao isolamento e permitir que mesmo empresas e agentes privados façam contato direto com essas populações, abrindo a possibilidade concreta de extermínio cultural e físico de mais de 110 povos isolados, o PL 490 constitui hoje a maior ameaça aos povos isolados.

O PL procura ainda consagrar a figura jurídica do "marco temporal", que proíbe a demarcação de Terras Indígenas que não estivessem ocupadas até a data da promulgação da Constituição, 5 de outubro de 1988. Esse marco temporal é arbitrário e ilegal, pois ignora as diversas situações em que esses grupos foram expulsos de suas terras ou obrigados a partir em razão da violência e da perseguição perpetradas por fazendeiros e outras frentes econômicas. Puni-los por não estarem em suas terras naquela data é acionar a velha prática de culpar a vítima pela violência que sofreu.

O governo Bolsonaro, que logrou criar uma "política estruturada" de obstrução dos procedimentos formais necessários à demarcação, como denuncia o Ministério Público Federal, teria, com a aprovação do PL 490, outro importante instrumento em sua política de demarcação zero. Utilizado inicialmente pelo STF em 2009 na confirmação da demarcação da Terra Indígena Raposa Serra do Sol, homologada quatro anos antes, o "marco temporal", como afirmou o próprio STF em ocasiões posteriores, foi uma categoria jurídica pensada especificamente para aquela situação e não como um novo paradigma a ser incorporado pelo processo demarcatório usual. Entretanto, as forças políticas e econômicas anti-indígenas, reunidas agora no bolsonarismo, querem fazer do contingente uma regra universal.

Um capítulo à parte nessa lúgubre política indigenista diz respeito à inação do Estado diante da grave pandemia de covid-19 que assola o Brasil desde 2020. Entre os mais de 610 mil mortos no país até o momento em que escrevemos este texto, temos muitas vidas indígenas perdidas. Com seus ministros e aliados, o governo Bolsonaro minimizou a crise sanitária desde o princípio e levou o Executivo federal a uma posição flagrante de omissão e inação diante da rápida propagação da doença. Alçando a bandeira de teses obscurantistas e do negacionismo científico, Bolsonaro promoveu a contrainformação diante dos alertas da Organização Mundial de Saúde e de instituições científicas e autoridades de saúde do mundo todo ao difundir informações falsas sobre a gravidade da pandemia e os cuidados e práticas coletivas necessárias para a contenção da doença. Em diversos momentos, o próprio presidente tratou a doença como uma simples gripe e condenou as medidas para combatê-la, como o isolamento social, a utilização de máscaras de proteção e a administração de vacinas. Ao contrário, defendeu incansavelmente o tratamento precoce com substâncias que, comprovadamente, não têm nenhuma eficácia contra a doença.

O resultado desse negacionismo desmedido se revelou em poucas semanas após a entrada do vírus no território nacional. Hospitais lotados, profissionais de saúde exauridos, sobrecarga nos leitos de UTI, falta de cilindros de oxigênio e mortes. Mortes que levaram o sistema funerário ao colapso em algumas cidades. Mesmo com essa tragédia sobre o país, o presidente fez o que pôde para atrasar a imunização da população, propalando mentiras sobre as vacinas e protelando a assinatura de seus contratos de compra. Grupos indígenas também foram vitimados pela inação do Estado e pelas mentiras contadas pelo presidente. Orientados a não se isolarem, sem o acesso a máscaras e a leitos preparados para o tratamento da doença, tornaram-se presas fáceis do vírus. Pastores e missionários evangélicos vinculados a denominações religiosas que apoiaram Bolsonaro desde a primeira hora, e que atuam nos altos escalões do governo, tentam convencer os indígenas a evitar a imunização, argumentando que a vacina "não é de Deus" e que o vírus é incapaz contra aqueles que se converteram à fé no Deus de Abraão. Em meio à pandemia, a Coordenação dos Índios Isolados da Funai (CGIIRC), cujo comando foi dado a um missionário evangélico ligado às Missões Novas Tribos do Brasil, chegou a organizar uma expedição aos Suruwahás, grupo de recente contato do sul do estado do Amazonas, sem anuência prévia dos indígenas e sem o respeito aos protocolos de quarentena obrigatórios que se devem observar com povos isolados e de recente contato. O protesto das organizações indígenas, entre as quais a Articulação dos Povos Indígenas do Brasil (Apib), e a forte repercussão pública negativa do caso levaram o governo a cancelar a expedição.

Segundo a Apib, com base em dados da Secretaria Especial de Saúde Indígena (Sesai) e apurados pelo Comitê Nacional de Vida e Memória Indígena, são mais de 61 mil casos confirmados da doença entre indígenas e mais de 1.200 mortes, afetando 162 povos diferentes. A Apib lembra que o impacto da pandemia entre os indígenas é especialmente cruel quando se considera a vulnerabilidade imunológica desses povos, o despreparo dos aparelhos de saúde para lidar com a pandemia e fatores diretamente vinculados à ação do governo federal.

Além do importante atraso no início do programa nacional de imunização e do apoio governamental às missões evangélicas transculturais em sua livre circulação entre os indígenas, o governo favoreceu o aumento na intrusão das Terras Indígenas ao desmantelar a fiscalização oficial e prometer rever a demarcação desses territórios. É surpreendente que os povos indígenas no Brasil tenham que enfrentar a maior pandemia global das últimas décadas sob um governo empenhado em liberar a circulação predatória de agentes econômicos e religiosos em suas terras, mesmo naquelas dos povos isolados ou de recente contato.

Adiando o fim do mundo

Os povos indígenas, contudo, não observam impassíveis os ataques a seus direitos ou a inércia do governo em relação à pandemia. O ano de 2021 foi marcado pelas maiores mobilizações desde o processo constituinte, em finais dos anos 1980. Em 8 de junho, lideranças indígenas de todo o país ergueram, em Brasília, o acampamento Levante pela Terra, inicialmente com a presença de mais de 850 membros de 45 povos de todas as regiões do país. Denunciaram o PL 490, as ameaças aos povos isolados e a tese do "marco temporal". Em finais de agosto, 6 mil indígenas fizeram uma grande vigília na praça dos Três Poderes, o acampamento Luta pela Vida, para acompanhar diretamente a votação no STF do caso de repercussão geral que determinaria o futuro do "marco temporal". A votação foi adiada, mas os indígenas continuaram mobilizados. Em 7 de setembro, data em que a militância bolsonarista foi às ruas em apoio ao presidente, 4 mil mulheres indígenas, de 150 povos, participaram da II Marcha Nacional das Mulheres Indígenas, evento organizado pela Articulação Nacional das Mulheres Indígenas Guerreiras da Ancestralidade (Anmiga), em Brasília. Estavam lá para a retomada do julgamento do "marco temporal", mas também para denunciar a agenda anti-indígena do governo Bolsonaro e suas omissões quanto à pandemia entre os povos indígenas. Em todas essas mobilizações, as organizações indígenas cuidaram para que apenas aqueles completamente imunizados à covid-19 participassem dos atos, fazendo o uso de máscaras e respeitando as regras mínimas de distanciamento.

Figura 6. Mais de 4 mil indígenas, de cerca de duzentos povos distintos, participaram do 14º Acampamento Terra Livre em Brasília, em 2017.

***

A despeito do retrocesso que a política indigenista oficial vem sofrendo, o governo Bolsonaro e seus aliados evangélicos e ruralistas puderam perceber que não é tão fácil desmantelar os direitos e as garantias conquistados pelos povos indígenas nas últimas décadas. Os indígenas e seus aliados ergueram um legado materializado na Constituição Federal e na construção de uma rede ampla de agentes conscientes do importante lugar da diferença para o presente e para o futuro do país.

A Constituição define limites intransponíveis no campo dos direitos indígenas, obrigando as instituições da República a zelar pela integridade cultural e física dessas populações. Em uma situação em que o Executivo federal foi tomado por grupos políticos intolerantes à alteridade, tem cabido ao Ministério Público Federal, ao Supremo Tribunal Federal e mesmo ao Congresso Nacional atuar para conter os desvarios autoritários que ferem direitos consagrados. Para além desses agentes do Estado, o legado das lutas indígenas logrou também constituir uma rede de apoio que envolve diversas organizações não governamentais, movimentos sociais, partidos políticos, pesquisadores, advogados e jornalistas que monitoram com atenção as ações e políticas que afetam os indígenas no país.

O término do governo Bolsonaro será o fim de um pesadelo, mas as forças anti-indígenas continuarão a trabalhar para que os territórios desses povos cedam ao garimpo e a toda sorte de exploração econômica. Os indígenas, por sua vez, continuarão lutando, e há razões abundantes para crermos que a sua mobilização política, apoiada pelos amigos da causa, seguirá em marcha, agregando peso e volume ao legado já construído. Continuarão mostrando outras formas de ser e produzir, de perceber e viver. Seguirão adiando o fim do mundo.

Para saber mais

Araújo, Ana Valéria (org.). *A defesa dos direitos indígenas no Judiciário*. São Paulo: Instituto Socioambiental, 1995.

Carneiro da Cunha, Manuela. *Antropologia do Brasil: mito, história, etnicidade.* São Paulo: Brasiliense, 1987.

________. *Índios no Brasil: história, direitos e cidadania*. São Paulo: Companhia das Letras, 2013.

Krenak, Ailton. *Ideias para adiar o fim do mundo*. São Paulo: Companhia das Letras, 2020.

Luciano Baniwa, Gersem dos Santos. *O índio brasileiro: o que você precisa saber sobre os povos indígenas no Brasil de hoje*. Brasília: Secretaria de Educação Continuada, Alfabetização e Diversidade, 2006.

Oliveira, João Pacheco de. “Uma etnologia dos ‘índios misturados’? Situação colonial, territorialização e fluxos culturais”. *Mana*. Rio de Janeiro: 1998, v. 4, n. 1, pp. 47-77.

_______. *O nascimento do Brasil e outros ensaios: "pacificação", regime tutelar e formação de alteridades*. Rio de Janeiro: Contracapa, 2016.

Ricardo, Beto (org.). *Povos indígenas no Brasil – 2011/2016*. São Paulo: Instituto Socioambiental, 2017.

Rufino, Marcos Pereira. "O código da cultura: o Cimi no debate da enculturação". Em: Montero, Paula (org.). *Deus na aldeia: missionários, índios e mediação cultural*. São Paulo: Globo, 2006.

_______. "Índios, missionários e reviravoltas: reflexões sobre cultura e civilização". Em: Fernandes, Maria Fernanda Lombardi; Rovai, Mauro; Landini, Tatiana Savoia (orgs.). *Civilização: sentidos e paradoxos*. São Paulo: Editora FapUnifesp, 2014.

Souza Lima, Antonio Carlos de. *Um grande cerco de paz: poder tutelar, indianidade e formação do Estado no Brasil*. Petrópolis: Vozes, 1995.

Créditos das imagens

Figura 1: Foto de Luiz Thomas Reis, s/d/acervo Museu do Índio – Serviço de Proteção ao Índio.

Figura 2: Fotógrafo desconhecido, s/d/acervo Museu do Índio – Serviço de Proteção ao Índio.

Figura 3: Reprodução da capa de Porantim/acervo do autor.

Figura 4: Foto da Escola Brasiliense de Fotografia, 1987-1988/Acervo Senado Federal, Creative Commons (cc by-sa 2.0).

Figura 5: Geraldo Magela, 2015/Acervo Senado Federal, Creative Commons (cc by-sa 2.0).

Figura 6: Mídia Ninja/Mobilização Nacional Indígena/Apib Comunicação, Creative Commons (cc by-sa 2.0).

Por que ensinar história e cultura indígenas?

Antonio Simplicio de Almeida Neto

Não é *fake news*. Tampouco pós-verdade. Trata-se de realidade factual e objetiva: em 30 de abril de 2017, como foi amplamente noticiado, indígenas da etnia Gamela foram atacados no interior do Maranhão com requintes de crueldade, sofrendo golpes de facão e ferimentos a bala. Conforme dados do Ministério da Saúde sobre suicídio, entre 2011 e 2016 "a taxa de mortalidade entre os índios é quase três vezes maior (15,2) do que o registrado entre os brancos (5,9) e negros (4,7)"[1]; de acordo com o relatório *Violência contra os povos indígenas no Brasil,* publicado pelo Conselho Indigenista Missionário (Cimi) em 2016, dos 118 assassinatos de indígenas ocorridos naquele ano no Brasil, informados pelos Distritos Sanitários Especiais Indígenas (DSEI), 18 ocorreram no Mato Grosso do Sul e 44 entre os Yanomami (Roraima e Amazonas)[2]; confinando mais de 700 indígenas em uma área de 1,7 hectare, em 21 de agosto de 2018 o governo federal revogou a criação de novos limites para a Terra Indígena Guarani no Jaraguá, no município de São Paulo, alegando "erro administrativo" por ter sido demarcada "sem a participação do estado

1. Ministério da Saúde, "Ministério da Saúde divulga 1° boletim de suicídio no país; é a quarta causa de morte entre jovens", 21 set. 2017, disponível em: <www.saude.ms.gov.br/ministerio-da-saude-divulga-1-boletim-de-suicidio-no-pais-e-a-quarta-causa-de-morte-entre-jovens>, acesso em: ago. 2022
2. Cimi, *Violência contra os povos indígenas no Brasil: dados de 2016*, disponível em: <https://cimi.org.br/pub/relatorio/Relatorio-violencia-contra-povos-indigenas_2016-Cimi.pdf>, acesso em: dez. 2021.

de São Paulo"[3], o que inviabilizaria projetos de concessões privadas dos parques estaduais; os dados dos DSEI no relatório do Cimi aqui mencionado indicam que houve aumento da mortalidade de crianças indígenas menores de 5 anos de idade, de 599 óbitos (2015) para 735 (2016), tendo como causas prováveis: "pneumonia; gastroenterite de origem infecciosa presumível; pneumonia não especificada; septicemia não especificada; morte sem assistência; desnutrição proteico-calórica grave não especificada"[4]. Vidas precárias... eis uma expressão que possivelmente sintetiza essa pequena amostra de ocorrências trágicas que recaem sobre a população indígena no Brasil.

Desse modo, alguns questionamentos são pertinentes e mesmo inevitáveis quando se propõe um olhar minimamente sensível e crítico sobre a questão indígena no Brasil. Por que para alguns a vida dessas pessoas pouco ou nada importa? Por que essa violência não nos horroriza tanto? Por que é tão pouco noticiada? Por que não ganha maior repercussão no horário nobre dos meios de comunicação de massa? Por que tais informações não repercutem tanto quanto a morte dos não indígenas, mais especificamente dos brancos? Por que esses assassinatos brutais ou a simples falta de assistência à desnutrição de crianças indígenas são naturalizados? Por que o horror é admitido para determinado grupo social? Por que esses indivíduos parecem não ser vistos como cidadãos ou, simplesmente, como humanos? Por que a perda de suas vidas não é lamentada? Por que essas mortes não provocam forte comoção social? Enfim, o que torna essas vidas tão precárias?

No livro *Quadros de guerra*, ao discutir a violência presente nas relações sociais e políticas contemporâneas, a filósofa Judith Butler observa justamente o fato de que "há 'sujeitos' que não são exatamente reconhecíveis como sujeitos e há 'vidas' que dificilmente – ou, melhor dizendo,

3. G1, "Índios encerram manifestação e Parque do Jaraguá é reaberto em SP", 16 set. 2017, disponível em: <https://g1.globo.com/sao-paulo/noticia/indios-encerram-manifestacao-e-parque-do-jaragua-e-reaberto-em-sp.ghtml>, acesso em: ago. 2022.
4. Cimi, *Violência contra os povos indígenas no Brasil*, *op. cit.*, p. 16.

nunca – são reconhecidas como vidas"[5]. Embora todas as vidas sejam, por princípio, precárias, nem todas são percebidas ou reconhecidas como tais, de modo que apenas a algumas se confere valor, o que as torna passíveis de luto. No mesmo livro, Butler afirma que "sem a condição de ser enlutada, não há vida, ou, melhor dizendo, há algo que está vivo, mas que é diferente de uma vida. Em seu lugar, 'há uma vida que nunca terá sido vivida', que não é preservada por nenhuma consideração, por nenhum testemunho, e que não será enlutada quando perdida"[6].

Parece ser o esse o caso aqui discutido, o de um grupo social cuja perda não é passível de luto, cuja vida não é percebida como vida e, portanto, não nos afeta em sua precariedade, perda, sofrimento e dor, provocados pelos não indígenas ou pelo próprio Estado, que deveria protegê-los. Mais que isso, é como se tais vidas fossem "perdíveis", por assim dizer, e consideradas uma ameaça às outras vidas "vivas", de modo que sua destruição passasse a ser até desejável.

Consideramos que essas questões são graves e dizem respeito aos diversos âmbitos da sociedade, inclusive à educação escolar e seu currículo, seja porque o modo de socialização promovido pela instituição escola tornou-se predominante ou hegemônico ao longo do século XX e ainda o é nos dias atuais, como propõem autores como os sociólogos Guy Vincent e Bernard Lahire[7], seja porque aquilo que os alunos aprendem dentro e fora da sala de aula é aspecto constituidor daquilo que se tornam, de sua identidade e subjetividade e, portanto, da maneira como percebem a si e ao outro, com que lidam com essas precariedades.

O entendimento de que a educação escolar incide diretamente na construção das relações sociais tem implicações no sentido dado ao ensino de história e cultura indígenas, obrigatório por lei. Às perspectivas tradicionalmente propostas, de caráter determinista, essencialista e meramente conteudista, sugerimos uma abordagem que provoque o desloca-

5. Judith Butler, *Quadros de guerra: quando a vida é passível de luto?* Rio de Janeiro: Civilização Brasileira, 2015, p. 17.
6. *Ibidem*, p. 33.
7. Guy Vincent, Bernard Lahire e Daniel Thin, "Sobre a história e a teoria da forma escolar", *Educação em Revista*, Belo Horizonte: 2001, v. 33, pp. 7-48.

mento das representações que eclipsam a compreensão das precariedades mencionadas. É o que discutiremos neste artigo.

O currículo escolar e o aparente consenso

A Lei Federal nº 11.645/2008[8], que determinou a obrigatoriedade do "estudo da história e cultura afro-brasileira e indígena [...] em especial nas áreas de educação artística e de literatura e história brasileiras", conforme o texto oficial, guarda uma expectativa de rompimento com certa tradição no trabalho com a temática indígena presente no currículo escolar desde o século XIX, como bem notou a historiadora Circe Bittencourt[9]. Observa-se que, durante as décadas que atravessaram o século XX, a tradição escolar situou os povos indígenas quase que exclusivamente na colonização portuguesa na América, excluindo-os dos demais períodos históricos ou inserindo-os em conteúdos que tratavam do folclore nacional. Ilustra bem essa situação e nos causa estranhamento que, não obstante o intenso debate sobre currículo escolar das últimas décadas e a ampliação das pesquisas historiográficas, a proposta curricular "São Paulo faz escola", por exemplo, instituída pelo governo do estado de São Paulo em 2008, mostre exatamente esse tipo de abordagem tão criticada: os povos indígenas são invisibilizados ao terem sua existência histórica reduzida ao momento inicial da colonização portuguesa, sendo assim destituídos da condição de sujeitos históricos e de sua historicidade.

Também o "Referencial curricular do Rio Grande do Sul" de 2009, para citar outro exemplo, ao explicar o "rosto" da sociedade rio-grandense na introdução do caderno do aluno de 5ª e 6ª séries, cujo título é *Migrações, sociedade e história*, informa:

8. Disponível em: <https://www2.camara.leg.br/legin/fed/lei/2008/lei-11645-10-marco-2008-572787-publicacaooriginal-96087-pl.html>, acesso em: dez. 2021.
9. Circe Bittencourt, "História das populações indígenas na escola: memórias e esquecimentos", em Ana Maria Monteiro e Amílcar Pereira (orgs.), *Ensino de história e culturas afro-brasileiras e indígenas*, Rio de Janeiro: Pallas, 2013.

> Ora, para isso colaboraram estancieiros, fazendeiros, comerciantes, artesãos, escravos e operários. Além da "mistura" desses vários grupos sociais internos, o desenho de nossa sociedade foi influenciado pelas relações entre rio-grandenses, uruguaios e argentinos, e pela chegada de pessoas vindas de muito mais longe. Grupos étnicos como os africanos e os europeus, principalmente portugueses, espanhóis, italianos, alemães e poloneses. O resultado de tudo isso é o que caracteriza a sociedade da qual você faz parte: uma sociedade de muitos costumes e culturas diferentes, mas que convivem para formar a face de muitas cores do povo gaúcho[10].

Evidencia-se que, na concepção dos autores desse material didático, os indígenas estão simplesmente ausentes da referida "mistura" rio-grandense, embora haja uma fotografia de líderes indígenas Kayapó (que, por sinal, vivem muito longe do Rio Grande do Sul), numa atividade do mesmo material, que consiste em identificar semelhanças e diferenças entre esses povos e grupos asiáticos a serem pesquisados pelos alunos, com o propósito de discutir a "probabilidade de que os índios americanos tenham vindo da Ásia".

Constata-se assim a permanência dessa tradição nos conteúdos curriculares, ainda que haja determinações legais que indiquem mudanças e pesquisas acadêmicas que viabilizariam tais inovações, o que faz supor não haver consenso sobre o tema, além de razoável resistência para sua implementação. Estamos no terreno pantanoso do currículo, um "território contestado", na feliz expressão cunhada pelos pesquisadores Tomaz Tadeu da Silva e Antônio Flávio Moreira[11].

Convém esclarecer que as discussões sobre currículo escolar – sob certa compreensão teórica – não se restringem ao debate das disciplinas escolares e seus conteúdos, mas também envolvem suas implicações sociais e políticas, os aspectos metodológicos e as atividades da prática

10. Secretaria de Educação do Rio Grande do Sul, *Lições do Rio Grande – Referencial Curricular Ciências Humanas e suas Tecnologias*, 2009, p. 137. <http://www.educacao.rs.gov.br/pse/html/refer_curric.jsp?ACAO=acao1>, acesso em: 27/04/2014.

11. Antonio Flávio Moreira e Tomaz Tadeu da Silva (orgs.), *Territórios contestados: o currículo e os novos mapas políticos e culturais*, Petrópolis: Vozes, 2001.

cotidiana escolar, a organização do espaço físico e os projetos pedagógicos em sua dinâmica.

O problema e a disputa se fazem presentes no recente debate sobre a Base Nacional Comum Curricular (BNCC) e a Reforma Curricular do Ensino Médio, que diminuem a importância de algumas disciplinas escolares, como história e sociologia, e tornam incerta sua presença no currículo do ensino médio, diluídas e misturadas na área de ciências humanas e sociais aplicadas. Note-se que, se, por um lado, os professores são os sujeitos diretamente responsáveis pelo currículo trabalhado na escola – o "currículo ativo", como propõe o pesquisador Ivor Goodson[12] –, escolhendo conteúdos, materiais didáticos e atividades, conduzindo a aula e organizando as diversas dinâmicas pedagógicas, por outro, o chamado currículo oficial ou "pré-ativo", como é o caso da BNCC, vem sendo disputado acirradamente num intenso jogo político cujos contendores mais visíveis são Estado, editoras, universidades, associações, redes privadas de ensino, igrejas, sindicatos, imprensa, fundações privadas e Banco Mundial.

Não se trata, por certo, de um jogo que se possa chamar de democrático, dado que as relações entre os diferentes grupos sociais são bastante desiguais e assimétricas, de modo que alguns desses grupos têm à disposição todos os meios e possibilidades de difundir seu modo de pensar e seus valores sobre os demais. A definição do que deve constar no currículo, portanto, está inextricavelmente implicada nas relações de poder; não é fruto de decisão harmoniosa, mas decorre de imposição, hierarquia e submissão, geralmente percebida como uma evidência consensual. É assim que, por exemplo, os mentores da BNCC propugnam haver "aprendizagens essenciais que todos os alunos devem desenvolver" (versão final)[13] ou "conhecimentos essenciais aos quais todos os estudantes brasileiros têm o direito de ter acesso" (segunda versão)[14],

12. Ivor F. Goodson, *Currículo: teoria e história*, Petrópolis: Vozes, 1995.

13. Ministério da Educação, *Base Nacional Comum Curricular*, disponível em: <http://basenacionalcomum.mec.gov.br/abase/#introducao>, acesso em: 11/02/2022.

14. *Idem*, *Base Nacional Comum Curricular – proposta preliminar*, 2ª versão, p. 30, disponível em: <http://basenacionalcomum.mec.gov.br/images/relatorios-analiticos/bncc-2versao.revista.pdf>, acesso em: 11/02/2022.

escamoteando o fato de que não há nenhum consenso sobre o que seria "essencial" para todos os alunos e que qualquer currículo implica intensa disputa para definir quais conhecimentos são os legítimos, podendo ser objeto de estudo nas escolas, e quais devem ser excluídos – supostamente, não essenciais – desse campo.

Como propõe Tomaz Tadeu da Silva no livro *Documentos de identidade*, são as chamadas teorias tradicionais que tomam as próprias teorias como neutras, técnicas e desinteressadas e o currículo como algo dado, pronto, tácito, adequando-se, desse modo, ao *status quo*[15]. Vem daí o entendimento de que haveria conhecimentos "essenciais". E são as chamadas teorias críticas do currículo (surgidas nos anos 1960) e as pós-críticas (anos 1990) que inserem a cunha da dúvida sobre esse tema, questionando os processos de seleção de conteúdo e explicitando as relações de poder implícitas no currículo. Tais teorias também vêm demonstrando que, enquanto determinados temas se tornam objeto de estudo na forma de conteúdos "essenciais" para todos os estudantes, outros são simplesmente excluídos do mundo escolar, da sala de aula, dos materiais didáticos, das atividades e das avaliações. É ainda esse autor que nos lembra de que o currículo, na perspectiva pós-crítica, não é apenas uma operação cognitiva, pois opera com discursos e narrativas que tornam certos conhecimentos legítimos e outros ilegítimos, determinando, portanto, o que seria válido ou não válido, certo ou errado, moral ou imoral, belo ou feio, essencial ou não essencial.

O fascinante, e perverso, desse procedimento é que ele transcorre como um processo natural e não social, tornando invisíveis as disputas em torno do currículo. Desse modo, a exclusão ou o tratamento estereotipado de determinados conhecimentos em sala de aula, como história e cultura indígena, geralmente não causa surpresa; pelo contrário, sua inclusão pode até ser tomada como "inchaço do currículo escolar", por exemplo, como denominou o jornal *O Estado de S. Paulo*, em editorial de 20 de agosto de 2010, afirmando com explícita ironia que os professores

15. Tomaz Tadeu da Silva, *Documentos de identidade: uma introdução às teorias do currículo*, Belo Horizonte: Autêntica, 1999.

seriam "obrigados a lecionar disciplinas criadas com o objetivo de resgatar a 'dívida histórica da escravidão' e a 'dívida social com os povos da floresta'". Como se isso não bastasse, ajuizavam ainda que, introduzidas no "currículo do ensino médio para afirmar teses 'politicamente corretas' ou em resposta a pressões ideológicas e corporativas, disciplinas como cultura indígena e cultura afro-brasileira estão agravando as distorções do sistema educacional brasileiro"[16].

É através do currículo que a educação escolar se revela expressão das relações sociais e, ao mesmo tempo, incide sobre elas, promovendo e organizando sua constituição, naturalizando as desigualdades de classe, de gênero e étnico-raciais e a construção da identidade e da diferença.

Representações, identidade e diferença

Observando o currículo ativo de diversas escolas brasileiras dez anos após a aprovação da lei federal que torna obrigatório o ensino de história e cultura indígenas, verifica-se que não é incomum que professores e professoras, particularmente os das séries iniciais do ensino fundamental, ainda adornem seus alunos como índios no dia 19 de abril ou forneçam impressos para colorir com imagens caricatas de índios com penas, arco e flecha, tanga, maracá. Em parte, isso se deve às permanências típicas da cultura escolar, que se caracteriza, segundo o historiador da educação Antonio Viñao-Frago, por certos "modelos [escolares], rituais, inércias, hábitos e práticas sedimentadas ao longo do tempo em forma de tradições, regularidades [...] que se transmitem de geração em geração"[17] e que sobrevivem até mesmo às reformas educacionais.

Já para o também historiador Dominique Julia, é a cultura escolar, com suas normas e práticas, boas e/ou más, que possibilita a transmissão de determinados saberes e de comportamentos desejáveis[18]. É assim que,

16. *O Estado de S. Paulo*, "O inchaço do currículo escolar", disponível em: <https://opiniao.estadao.com.br/noticias/geral,o-inchaco-do-curriculo-escolar-imp-,597624>, acesso em: ago. 2022.

17. Antonio Viñao-Frago, *Sistemas educativos, culturas escolares e reformas*, Mangualde (Portugal): Edições Pedago, 2007, p. 87.

18. Dominique Julia, "A cultura escolar como objeto histórico", *Revista Brasileira de História da*

por exemplo, os alunos aprendem a ficar sentados em fileiras, a levantar a mão para falar, a formular respostas nas avaliações, a não circular em determinados espaços da escola, a cuidar do seu material escolar ou a burlar as regras disciplinares. Por sua vez, os professores aprendem que devem aprovar ou reprovar os alunos, internalizam o tempo da aula, assimilam o sistema de notas ou conceitos, adquirem um gestual típico e uma entonação de fala característica. Não obstante a existência dessa regularidade quase inercial das normas e das práticas tradicionais – em certa medida, inevitáveis e até necessárias aos objetivos escolares e que se traduzem em procedimentos cotidianos, tais como a escolha de conteúdos e a aplicação de atividades ou a organização do espaço e do tempo –, "as culturas escolares também mudam; não são eternas. Constituem uma combinação – entre muitas outras possíveis – de tradição e mudança", como observa o próprio Viñao[19].

Desse modo, considerando verdadeira a assertiva de que essas práticas são produtos da cultura escolar, é fato que elas também apresentam consonância e dialogam com uma série de discursos produzidos e difundidos para além dos muros escolares, veiculados nos diversos meios de comunicação (jornais, revistas, televisão, rádio), na publicidade, nas manifestações políticas, nas decisões judiciais e nas ações policiais, nos quais os povos indígenas são frequentemente apresentados como exóticos, diferentes, estranhos, primitivos, inferiores, atrasados ou bárbaros, contra o pano de fundo de uma suposta essência pura. Um exemplo contundente é a música infantil "Brincar de índio", gravada por Xuxa, que foi *hit* do final dos anos 1980 e termina com um apelo: "baixinhos, vamos brincar de *índio* e ensinar as pessoas a ter respeito ao *índio*, que é a *natureza viva*!"[20]. Chama a atenção nessa música – que foi trilha sonora de tantas festinhas escolares, embalando coreografias infantis para a alegria dos familiares – a concepção essencialista que associa índio e natureza, que destitui a cul-

Educação, Campinas: 2001, n. 1, pp. 9-44, disponível em: <https://periodicos.uem.br/ojs/index.php/rbhe/article/view/38749/20279>, acesso em: 11/02/2022.

19. Antonio Viñao-Frago, *Sistemas educativos, culturas escolares e reformas*, *op. cit.*, p. 95.
20. Michael Sullivan e Paulo Massadas, "Brincar de índio", em: Xuxa, *Xou da Xuxa 3* (LP), Rio de Janeiro: Som Livre, 1988.

tura desses povos e, consequentemente, os processos de transformação sócio-históricos que lhes são inerentes.

Tais discursos, frequentemente (re)produzidos no interior das escolas e fora delas, acabam por assinalar as diferenças entre determinados grupos sociais, ao mesmo tempo que afirmam e fixam identidades, perpetuando representações identitárias que explicam como os não indígenas veem os indígenas – como povos a-históricos ou inferiores – e como se percebem, por simples oposição, como os "ocidentais", os civilizados, os superiores.

É evidente que esse mecanismo discursivo que produz identidades e diferenças não é uma exclusividade dos grupos sociais dominantes. Os indígenas também produzem suas narrativas identitárias e constituem representações sobre si e os outros. O problema está na profunda assimetria das relações sociais que possibilita que determinados grupos, justamente por serem dominantes, disponham dos meios necessários para a produção e difusão de suas representações de modo a torná-las hegemônicas, o que garante sua dominação, nos programas televisivos, nos editoriais e reportagens dos jornais, na definição do currículo, nos materiais didáticos, seja pela abordagem dispensada à presença, seja pela omissão calculada ou ausência de determinados temas.

O filósofo Henri Lefebvre explica que tais representações "sempre têm um suporte social"[21] – ou seja, estão vinculadas aos diversos grupos e classes sociais, "sujeitos falantes e atuantes", brancos, indígenas e negros, mulheres e homens, trabalhadores e empresários, jovens e crianças, homossexuais e heterossexuais, cisgêneros e transgêneros, pobres e ricos, classe média etc. –, circulam na dinâmica de suas relações e, principalmente, possuem força, de modo que se movem, participam do jogo social, motivam e manipulam os indivíduos e os grupos, deslocam e substituem aquilo que é representado (haja vista a força das redes sociais, tais como Facebook, que é o reino da representação e mobiliza ódios e paixões).

Por outro lado, convém assinalar que as representações não são um mal em si, uma vez que, concordando com Lefebvre, "não são nem fal-

21. Henri Lefebvre, *La presencia e la ausencia: contribución a la teoría de las representaciones*, México: Fondo de Cultura Económica, 2006, p. 104.

sas nem verdadeiras, mas ao mesmo tempo falsas e verdadeiras: verdadeiras como respostas a problemas 'reais' e falsas como dissimuladoras das finalidades 'reais'"[22]. Além disso, não há possibilidade de eliminar as representações. Desse modo, não se trata de tentar destruir as supostas representações "falsas" para chegar à "verdade", mas de compreender como essas representações se constituem e se transformam histórica e socialmente, como dissimulam a realidade e impedem as mudanças que se anunciam, a quem beneficiam no jogo das relações sociais desiguais.

No âmbito específico da educação escolar e do tema abordado neste artigo, as representações que se desdobram em "história e cultura indígenas" frequentemente acabam por oscilar entre a breve menção a povos de um remoto tempo pré-colonial e colonial brasileiro e a omissão pura e simples em outras temporalidades históricas; a destituição da condição de sujeitos históricos e os frequentes anacronismos; o culto idílico ao modo de vida indígena e a inserção residual desses temas no currículo; a pasteurização empobrecedora da diversidade desses povos e a abordagem folclorizada em festividades e eventos escolares; a vaga constatação da diversidade e a pregação benevolente da tolerância do dominador; a percepção essencialista de culturas indígenas e sua vitimização.

Observem-se tais entendimentos em algumas comemorações do "Dia do Índio", com as fantasias e os adereços estilizados proporcionados às crianças; na iconografia indígena frequentemente selecionada para algumas atividades escolares; nas comparações indevidas entre os indígenas do presente e os do passado, como se esses povos não tivessem historicidade; em propostas curriculares que restringem a presença indígena à quase insignificância; no tratamento homogeneizador dispensado à diversidade de grupos e culturas indígenas; na referência indulgente de quem tolera à distância etc. São posicionamentos através dos quais mesmo os professores bem-intencionados acabam por reproduzir as representações dominantes e hegemônicas sobre identidade e diferença.

A discussão sobre a identidade dos diferentes grupos sociais e suas implicações pode ser adensada pelo conceito de hibridação cultural, que

22. *Ibidem*, p. 68.

para Néstor Canclini consiste em "processos socioculturais nos quais estruturas ou práticas discretas [discerníveis, descontínuas], que existiam de forma separada, se combinam para gerar novas estruturas, objetos e práticas"[23]. Para ele, tais processos referem-se a possíveis combinações de hábitos, crenças, formas de pensamento, culturas de bairros e midiáticas, músicas locais/nacionais/internacionais, modos de consumo e intergeracionais, resultando, por exemplo, em (im)prováveis fusões religiosas e musicais, misturas gastronômicas e de vestuário, incorporações tecnológicas e linguísticas. Longe de serem uniformes, esses processos integram e geram mestiçagens, mas também segregam e produzem novas desigualdades, apresentam contradições e elementos que não se deixam hibridar ou fundir, implicam violência simbólica, conflitos, exclusão e assimetria de poder e prestígio.

No que concerne ao ensino de história e cultura indígena, a assertiva desse antropólogo nos parece apropriada, ao observar que, "quando se define uma identidade mediante um processo de abstração de traços (língua, tradições, condutas estereotipadas), frequentemente se tende a desvincular essas práticas da história de misturas em que se formaram"[24]. Para Canclini, não seria possível "falar das identidades como se se tratasse apenas de um conjunto de traços fixos, nem as afirmar como a essência de uma etnia ou de uma nação"[25]. Com efeito, foi o que procuramos demonstrar através de alguns exemplos mencionados, notadamente em propostas curriculares e materiais didáticos escolares, que servem como parâmetro ou referência obrigatória para a ação pedagógica e que fixam representações identitárias sobre os diferentes grupos sociais desconsiderando os processos de hibridação.

Nesse mesmo sentido, em perspectiva histórica, Maria Regina Celestino de Almeida alerta para o necessário entendimento das "identidades como construções fluidas e cambiáveis que se constroem por meio de complexos processos de apropriações e ressignificações culturais nas

23. Néstor García Canclini, *Culturas híbridas*, São Paulo: Edusp, 2008, p. XIX.

24. *Ibidem*, p. XXIII.

25. *Ibidem*.

experiências entre grupos e indivíduos que interagem"[26]. Tal entendimento tornou possível um novo e crítico olhar dos historiadores sobre certa identidade indígena brasileira genérica usualmente referida, a começar pela denominação "índios", como se estes constituíssem um bloco homogêneo, desconsiderando não só as diferenças étnicas e linguísticas, mas sua agência e seus diferentes interesses, objetivos e motivações nas relações uns com os outros e com os colonizadores europeus, que, como não poderia deixar de ser, foram se modificando com a dinâmica da colonização.

Entende-se, assim, mas não se justifica, como a identidade, mesmo não sendo uma essência ou um dado natural, nem fixa nem estável, nem permanente nem unificada, acabe por ser tomada como homogênea, definitiva, acabada ou transcendental. Desse modo, aqueles que são entendidos como "diferentes" e compreendidos como desiguais, ilegítimos e estranhos têm suas vidas ignoradas como vidas – e, portanto, não nos afetam em sua precariedade, tornando-se, assim, invisíveis – ou sua dor naturalizada.

Subverter o consenso

Se a identidade não é homogênea, nem estável, nem acabada, faz sentido supor que existam brechas para interpormos questionamentos a esse processo identitário que se faz homogeneizador. Silva[27], recorrendo a Butler[28], lembra que os discursos que constroem a identidade e a diferença possuem uma performatividade, são um "tornar-se", são movimento e transformação, de modo que alguns discursos (na forma de textos, falas, fotografias, filmes etc.) que parecem ser meramente descritivos de uma dada realidade, na verdade, atuam ativamente na construção e definição

26. Maria Regina C. de Almeida, *Os índios na história do Brasil*, Rio de Janeiro: FGV, 2010, p. 24.
27. Tomaz Tadeu da Silva, "A produção social da identidade e da diferença", em Tomaz Tadeu da Silva (org.), *Identidade e diferença*: a perspectiva dos Estudos Culturais, Petrópolis: Vozes, 2012, pp. 72-102.
28. Judith Butler, "Corpos que pesam: sobre limites discursivos do 'sexo'", em Guacira Lopes Louro (org.), *O corpo educado: pedagogias da sexualidade*, Belo Horizonte: Autêntica, 1990.

dessa mesma realidade. Vejamos alguns exemplos, além dos já mencionados editorial do jornal *O Estado de S. Paulo* e *hit* musical da Xuxa:

Em 24 de março de 2012, um leitor da *Folha de S.Paulo* escreveu para esse jornal: "Algumas pessoas, supostamente descendentes de indígenas, ocuparam o imóvel [antigo Museu do Índio, Rio de Janeiro] ilegalmente e se recusam a sair, no que contam com um estranho apoio dos chamados 'movimentos de esquerda'".

Em 10 de junho de 2013, indagado por um repórter também da *Folha* em matéria sobre conflito agrário no Mato Grosso do Sul, um fazendeiro local afirmou que os Terena "são paraguaios. Uns alegam que lutaram a favor do Brasil [na guerra do Paraguai], mas eu não acredito".

Em 19 de abril de 2014, a senadora Kátia Abreu (TO), em coluna semanal que mantinha no mesmo jornal, informava que a maioria dos indígenas "sonha em ter acesso ao bem-estar e aos bens de consumo que os brasileiros não índios já acessaram. Basta escutar a demanda dos índios de nosso país e observar suas precárias moradias para ter ciência que não querem, nem pretendem, voltar a uma era pré-Cabral".

Essas manifestações do leitor (não sabemos sua atividade profissional), do fazendeiro (possivelmente, também leitor) e da senadora (fazendeira e leitora) não são simples considerações sobre a realidade indígena existente no país nem são meras opiniões decorrentes da observação especular da condição desses povos. Tais narrativas divulgadas num jornal de ampla circulação nacional têm a propriedade de, por assim dizer, "tornarem-se" aquilo que anunciam na medida em que são lidas e repetidas numa extensa rede discursiva de enunciados. De tal modo que, com o passar do tempo, os indígenas tornam-se "supostos indígenas", "descendentes de indígenas", "ilegais", "paraguaios", falsos indígenas, ilegítimos, invasores, desejosos dos valores e do modo de vida capitalista (tal qual os não indígenas), corrompidos pela política, "povos da floresta", "natureza viva" e sua causa, "teses politicamente corretas". Assim passam a ser percebidos, assim são comumente descritos, assim são compreendidos e assim são tratados.

Os discursos que pretensamente apenas descreveriam de modo objetivo uma realidade, portanto, dada sua performatividade e sua repetibilidade, também atuam na produção da identidade e da diferença, sugerindo ou reforçando características, indicando traços, fixando preconceitos, adjetivando e rotulando indivíduos e grupos. Dessa forma, por exemplo, um indígena poderá ser identificado discursivamente como "suposto indígena", seja porque não está usando um suposto vestuário identitário típico, seja porque participou de protesto político ocupando um imóvel, seja porque mora em núcleo urbano e possui televisão ou titulação acadêmica e não é mais "natureza viva". Consequentemente, sendo compreendidos como falsos e ilegítimos indígenas, o tratamento dispensado lhes será equivalente. Terras indígenas e sua expropriação, etnocídio, direitos ancestrais, respeito aos valores e às tradições, educação diferenciada, história e cultura indígenas, tudo isso ganha ares de ilegitimidade e "teses politicamente corretas" diante dos discursos que os identificam como invasores, falsos, supostos, ilegais, ilegítimos.

Tais discursos, e isso nos afeta diretamente, também reverberam ou são produzidos no universo da educação escolar, escopo deste artigo, em propostas curriculares, na explanação dos professores, nos diálogos com e entre alunos, nas festividades e efemérides, nas atividades e brincadeiras, nos exercícios e nos materiais didáticos, nos cartazes e nos murais informativos, enfim, naquilo que está presente cotidianamente, mas também nas ausências e omissões.

A escola e toda a rede à qual ela está interligada, com seus diferentes sujeitos (professores, alunos, pais, funcionários, direção), instâncias pedagógicas e administrativas, suas ramificações com a família, o bairro, o Estado, as associações, as igrejas, as universidades, as editoras e, mais recentemente, as fundações privadas, produzem um intrincado e extenso sistema de interconexões e infinitas possibilidades de circulação dessas narrativas. Estas, portanto, não ficam restritas à sala de aula nem findam após a lição dada, mas multiplicam-se e consolidam representações por meio de repetições e repercussões que ultrapassam os muros da escola.

Contudo, Silva ressalta que "a mesma repetibilidade que garante a eficácia dos atos performativos que reforçam identidades existentes pode também significar a possibilidade da interrupção das identidades hegemônicas. A repetibilidade pode ser interrompida"[29] através de discursos que questionem e contestem esse processo, instaurando possibilidades de subversão do cenário identitário que se nos apresenta na educação escolar. Os aspectos que se manifestam como fragilidade são os que viabilizam a dissensão, a começar justamente pelo desvelamento do mecanismo pelo qual se produz identidade/diferença e pela proposição de novos discursos que ensejem outros arranjos identitários e percepções diversas sobre eles. E aqui se apresenta, em nosso entendimento, a importância do ensino de história e cultura indígenas.

Na perspectiva que vimos discutindo neste artigo, caberia aos professores e aos educadores observar as implicações políticas constantes no currículo (pré-ativo e ativo), atentando para as disputas sociais que estão em jogo quando são selecionados conteúdos, materiais e atividades; instilar a dúvida sobre o aparente consenso narrativo das propostas efetuadas pelo Estado e por editoras, associações ou outras instituições sociais; questionar as abordagens que apenas constatam a diversidade multicultural, mas mantêm inalterados os lugares sociais dos grupos e indivíduos; e indagar as abordagens psicologizantes que supõem um vago processo de conscientização sobre os preconceitos e a discriminação. Cabe, como propõe Silva, fazer as perguntas cruciais: "Como a identidade e a diferença são produzidas? Quais são os mecanismos e as instituições que estão ativamente envolvidas na criação da identidade e de sua fixação?"[30].

Tais questionamentos podem e devem ser feitos aos estudantes, de modo a dissuadirmos a nós mesmos e a eles da repetição dos discursos e das representações identitárias prevalentes. A crítica deve incidir sobre a produção ativa da diferença e da identidade, compreendendo e desvendando seus mecanismos de engendramento. Uma vez desvelado esse funcionamento performativo e exposta a fragilidade da repetibilidade, abre-se a possibilidade de interpor outros discursos que se contraponham aos hegemônicos, perturbando, subvertendo e transgredindo o aparente consenso.

29. Tomaz Tadeu da Silva, "A produção social da identidade e da diferença", *op. cit.*, p. 95.
30. *Ibidem*, p. 99.

Deslocamentos possíveis

Novas abordagens no ensino de história e cultura indígenas que desloquem as referidas representações que ofuscam ou suprimem a compreensão das precariedades mencionadas no início deste artigo implicam posicionamento político. Ao contrário do que se tenta difundir aos incautos, elas requerem que o professor tome partido, observe as partes, se posicione, faça escolhas, pois, como vimos discutindo, os discursos de identidade e diferença não são neutros e se (re)produzem no âmbito das relações sociais, que são, por definição, interessadas e assimétricas.

Por outro lado, deve-se observar que o currículo, entendido em compleição ampliada, não é uma peça técnica, mas um artefato social e cultural, não sendo, portanto, algo dado, pronto, acabado e inamovível, mas um produto implicado nas mesmas relações sociais já referidas. Os elementos que compõem o currículo (conteúdos, abordagens, atividades, materiais didáticos etc.) são objeto de intensa disputa, seja pelo aspecto ideológico, seja pelo econômico, haja vista os gastos do Programa Nacional do Livro Didático (PNLD) com livros didáticos (em 2017, um total aproximado de 1,3 bilhão de reais para todos os níves de ensino da educação básica, segundo dados da Fundação Nacional de Desenvolvimento da Educação (FNDE)[31].

Ensinar história e cultura indígenas requer questionar os próprios discursos que assinalam a identidade e a diferença, bem como identificar quem os produz e como. Importa, portanto, observar o movimento, analisar a origem e os processos de transformação das representações, e não simplesmente registrar a fixidez da marca identitária que se impõe, cristaliza e padroniza estereótipos culturais, comportamentos, valores, hábitos e costumes. Também os estudantes devem ser conduzidos a essa prática questionadora, de modo a estudar os povos indígenas, em perspectiva histórica ou não, compreendendo sua multiplicidade. Finalmente, parece-me adequado e mesmo imprescindível, na perspectiva aqui adotada,

31. Dado disponível em: <http://www.fnde.gov.br/programas/programas-do-livro/livro-didatico/dados-estatisticos>, acesso em: 10/05/2018.

que se interponham outras narrativas de identidade e diferença, através de novos textos, documentos históricos, imagens fotográficas e desenhos, produção fílmica e toda sorte de materiais realizados por indígenas e não indígenas, enfim, que se recorra à diversa produção didática já elaborada para a finalidade escolar, que pode ainda ser adaptada ao sabor da capacidade criativa dos professores.

Ensinar história e cultura indígenas é muito mais que uma tecnicalidade pedagógica ou a simples inserção de um conteúdo a mais no abarrotado currículo escolar. Tampouco se restringe ao cumprimento burocrático de uma lei obrigatória. É ato político, porque implicado nas relações de poder. É ato político, porque afeta a maneira como, no passado e no presente, nos identificamos negando os indígenas. É ato político porque altera a compreensão da precariedade das vidas indígenas – enlutáveis como as demais –, cuja dor, perda e sofrimento nos afetam.

Para saber mais

Moreira, Antonio Flávio B. "A didática e o currículo: questionando fronteiras". Em: Moreira, Antonio Flávio B.; Silva, Tomaz Tadeu da (orgs.). *Currículo, cultura e sociedade*. São Paulo: Cortez, 1994.

Silva, Tomaz Tadeu da. *Identidades terminais: as transformações na política da pedagogia e na pedagogia da política*. Petrópolis: Vozes, 1996.

Escolarizar os Guarani ou "guaranizar" a escola?

Poty Poran Turiba Carlos[1]

Muito eu poderia contar aqui sobre as lutas de professores Guarani e de outros povos indígenas por nossos direitos a uma escola diferenciada, reconhecidos pela Constituição Federal. Mas no Brasil não basta existirem as leis, é preciso conseguir que elas sejam cumpridas. O desafio de fazer uma escola diferenciada é ainda maior do que a falta de apoio das políticas públicas, pois a própria ideia de escola e o modo como ela produz e reproduz conhecimentos já são algo desafiador para os indígenas. É sobre isso que vou refletir aqui, a partir de minha experiência em escolas das aldeias na capital de São Paulo, tanto na Terra Indígena Jaraguá (no bairro do Jaraguá) como em duas aldeias na Terra Indígena Tenonde Porã (em Parelheiros).

O maior problema da educação escolar indígena é: para que existe a escola? Sempre pergunto isso para os professores e a comunidade. Para que você quer uma escola? Para que serve a escola? O que os alunos vão aprender? Para que estamos formando o aluno? Para o mercado de trabalho? Para ser mão de obra dos *jurua*, os brancos? Formar para trabalhar na aldeia? Para um aluno que vai morar na aldeia, que vai subsistir na aldeia, é necessário que ele saiba inglês, logaritmo, cosseno, química? É mais necessário que ele saiba construir uma casa, fazer uma roça, ou não é? Todas

1. Texto editado por Valéria Macedo a partir de aula de Poty Poran no curso de extensão da Unifesp "Povos Indígenas entre Olhares", em 2017.

essas questões não são apenas para os professores: é a comunidade que precisa responder para que serve a escola e para que a quer na aldeia.

Uma das coisas que desejávamos da escola na aldeia era proteger e valorizar a nossa cultura, já que a escola dos *jurua* é nociva para as culturas indígenas, pois busca homogeneizar e padronizar todos os alunos. Queremos continuar sendo diferentes, por isso que se fala em educação diferenciada. Primeiro, porque vemos cada aluno como um só, como um ser único na face da Terra. Esse aluno vai lidar com a educação do seu próprio jeito. Então, cada um dos professores precisa olhar para os alunos, um por um.

Na comunidade indígena isso é mais fácil porque temos um número menor de alunos do que em uma sociedade não indígena, a depender da escola, claro. A escola Guarani com maior número de alunos é a da aldeia Tenonde Porã, com mais de trezentos estudantes divididos nos três períodos (manhã, tarde e noite) e, no máximo, 25 por classe. Na aldeia Krukutu (na mesma Terra Indígena), temos cinquenta alunos. A maior sala tem doze, e a menor, seis. Assim podemos observar aluno por aluno, saber como cada um vem se desenvolvendo e do que precisa.

Outra coisa difícil é saber onde acaba a tradição e onde começa a educação escolar indígena. Existem dois tipos de educação. Uma é aquela do dia a dia, em que as crianças aprendem a ser indígenas no cotidiano, e os *jurua*, os brancos, aprendem a ser não indígenas. Essa é uma educação não formal, que acontece a todo tempo, a qualquer hora e lugar. Já a educação formal traz na própria palavra a forma, o formato: ter um horário para começar, um horário para terminar, uma didática e muitas regras específicas.

Assim, quando pegamos aspectos da educação não formal e tentamos colocar na educação formal, geramos muitos efeitos nos conhecimentos e na formação das pessoas. Por exemplo: o que acontece na sociedade *jurua* quando bebês com quatro meses vão para a creche? Tem as cuidadoras e o diretor que começam a pensar em uma didática para ensinar os bebês. Os professores ou cuidadores vão ler histórias para as crianças e através dessas histórias apresentam o mundo para elas. De quem era esse papel antes? Primeiro, dos avós e dos pais. Antigamente, era papel dos avós e dos pais passarem a história do mundo. As histórias, as cantigas, as brincadeiras eram todas ensinadas por eles também.

Com a vida moderna, os pais precisam trabalhar, os avós precisam trabalhar também – principalmente agora que o governo está ameaçando as aposentadorias –, e as crianças ficam com um profissional que também está trabalhando para cuidar delas. O que acontece é que essa parte que era tradicional do povo *jurua*, de contar histórias para bebês e crianças se desenvolverem, está escolarizada e transformada em escolarização. Nós, Guarani, não queremos isso, não queremos que a parte mais tradicional seja escolarizada.

O lugar mais importante para os nossos conhecimentos é a casa de reza, a *opy*. Ali a gente tem os *xondaro* e as *xondaria*, que são guardiões, o *xeramõi* e a *xejaryi*, que são as lideranças espirituais, o *xondaro ruvixa*, que é o líder dos guardiões, responsável por cuidar da dança, da música, dos instrumentos. Não podemos levar o *xeramõi* para a escola. Ele não vai dar aula na escola porque ele não é professor, é *xeramõi*. Levamos as crianças para a *opy* e o *xeramõi* fala com elas, mas não podem usar cadernos e canetas porque ali, durante o ritual, durante a história que o *xeramõi* está contando ou o aconselhamento que ele está dando, não é local para ficar escrevendo, fazendo lição. Então, levamos as crianças para a *opy*, elas escutam o *xeramõi*, escutam as histórias ou algum conhecimento da tradição, e aí vamos para a sala de aula. Pela figura do professor, na sala de aula, é que se vai falar: "Vamos escrever o que aconteceu hoje?" e, aí, sim, fazer a parte didática. Desse modo, usamos a tradição sem escolarizá-la. A comunidade Guarani tem que estar madura para pensar a escola. A única maneira de a comunidade ter um pensamento maduro sobre a escola é se reunindo e conversando sobre isso.

Quando comecei a dar aulas, há 16 anos, passei por três escolas diferentes: no Tekoa Ytu, Terra Indígena Jaraguá, onde fui professora e vice-diretora; na Tenonde Porã, onde também fui professora e vice-diretora; e na escola da aldeia Krukutu, onde fui vice-diretora. Em todas elas, sempre tentei ensinar também fora da sala de aula. Saímos para andar na aldeia e aí eu vejo um inseto e digo: "Olhem, crianças, olhem este inseto!". E pergunto: "Como ele é? Como vive?". E elas vão conversando, vão formulando, falando sobre o inseto, abrindo o mundo no seu pensamento. Aí um dos alunos chega e me pergunta: "Mas, professora, a gente não vai estudar?". Já estamos estudando, mas a imagem na cabeça das pessoas é de que estudar é só em sala de aula, com a lousa. É a referência.

A gente busca valorizar a plantação, a culinária, o artesanato e outros ensinamentos que podem ser feitos fora da sala de aula, apresentando os conteúdos escolares de outras formas. É muito melhor do que ensinar entre quatro paredes, com as crianças sentadas nas cadeiras, com hora para começar e acabar. As crianças aprendem muito mais brincando do que copiando da lousa ou ouvindo explicações. Os alunos indígenas não se acostumam com esse jeito e vão logo embora, ou nem entram na aula. E aí os professores ficam achando que existe alguma coisa errada com eles. Mas o problema é esse jeito *jurua* de ensinar. Certa vez, ouvi de uma liderança indígena que os *jurua* são o povo das caixas, é tudo para encher caixa: o pensamento é caixa, a casa é uma caixa, o carro é uma caixa, a escola são caixas empilhadas uma em cima da outra...

Outra questão difícil é a da formação. O Estado exige que os professores tenham currículo, tenham formação para dar aula. Mas o Estado não fornece essa formação, principalmente formação para a escola diferenciada. Na educação indígena, o professor pode ter só o ensino médio para dar aula, mas muitos se sentem bastante desamparados quando começam a trabalhar. São poucos os que têm formação em áreas específicas, como geografia e história. Então, ficamos dependendo de professores não indígenas, que acabam reproduzindo o modo *jurua* de pensar e ensinar.

Houve uma única iniciativa de licenciatura indígena no estado de São Paulo, entre 2005 e 2009, na Faculdade de Educação da Universidade de São Paulo. Mas apenas uma turma foi formada, da qual eu participei, e depois o curso fechou. As relações com a Secretaria de Educação do estado nem sempre são fáceis. Em geral, acabam querendo enquadrar as escolas e os professores indígenas no calendário e nas dinâmicas das outras escolas da rede pública. A gente quer formar professores que não apenas saibam ler e escrever, mas que saibam transmitir nossos conhecimentos. O problema é que a gente acaba ficando preso na grade escolar, mesmo que queira fazer algo diferente. Por isso é importante que os professores indígenas e os alunos tenham também uma formação política. Desde entender o sistema político no Brasil até o sistema educacional do país e do estado em que a gente vive. Para ter mais força e articulação política, criamos o Fórum de Articulação dos Professores Indígenas do Estado de São Paulo (Fapisp) e estamos lutando por nossos direitos.

Na Tenonde Porã, a escola está fazendo agora um plano político-pedagógico (PPP) em que os pais e as lideranças saem da aldeia para visitar exemplos de escolas indígenas com propostas diferentes. Eles veem que é possível ter uma educação diferenciada. Entre as comunidades que conheci, vejo que as que não tiveram escolas no padrão dos *jurua* têm um pensamento melhor sobre a educação escolar indígena, já que não passaram por influências malignas.

Falamos e ensinamos em português e guarani mbya. Lá no Jaraguá, há 16 anos, quando comecei a dar aula, não queriam que se desse guarani na sala de aula. Nem mesmo os pais, porque falavam que as crianças já aprendiam guarani em casa. Então, defendi que era preciso estudar na escola para valorizar a língua e para não perder a língua. Eles diziam: "Mas como perder a língua?". Isso não era possível na cabeça dos pais e das crianças porque a língua é a nossa alma. Como se pode perder a alma? Era uma coisa impossível de pensar. Eles não viam que existiam riscos com a valorização da língua portuguesa, quando só se dá o português na escola.

O ensino de história na escola da Krukutu é mais focado na história da aldeia e do povo Guarani até o quinto ano. Já no sexto ano entramos em história do Brasil e do mundo, mas só temos um professor para isso. Ele não usa muito os livros e produz o próprio material. Não existe material indígena diferenciado para esses anos. O material indígena diferenciado é escasso para a alfabetização e inexistente para os anos finais, de ensino médio. Então, os professores indígenas têm que produzir seu próprio material ou adotar o material não indígena. Mesmo quando se propõem a ler um texto não indígena, a ideia é fazer uma leitura crítica, perguntando se é aquilo mesmo. Mas uma iniciativa interessante que está acontecendo é o projeto "Saberes indígenas na escola", financiado pelo Ministério da Educação (MEC) para a produção de materiais didáticos pelos próprios indígenas. Ainda estamos no processo de elaboração, e espero que o MEC

Figura 1. Uma sala de aula de educação infantil na Terra Indígena Jaraguá.

continue dando recursos para produzirmos os materiais e distribuirmos nas escolas do estado.

Também temos muitos problemas de gestão. Qualquer escola tem diretor, vice-diretor, coordenador pedagógico, gerente de educação escolar, secretário e mais os agentes de educação. Nas escolas indígenas do estado de São Paulo só tem vice-diretor. Das 36 escolas indígenas paulistas, apenas três têm coordenador pedagógico. Na maioria, o vice-diretor indígena fica com a função administrativa e a própria função pedagógica. Então, a gente acumula muitas responsabilidades, como fazer relatórios, prestação de contas e tudo o que uma escola estadual tem que fazer. A secretaria digital, por exemplo, é uma coisa bem difícil. Aí, às vezes a gente atrasa as coisas, e o pessoal da diretoria de ensino nos cobra. Mas temos uma professora *jurua* que também ajuda na parte administrativa na al-

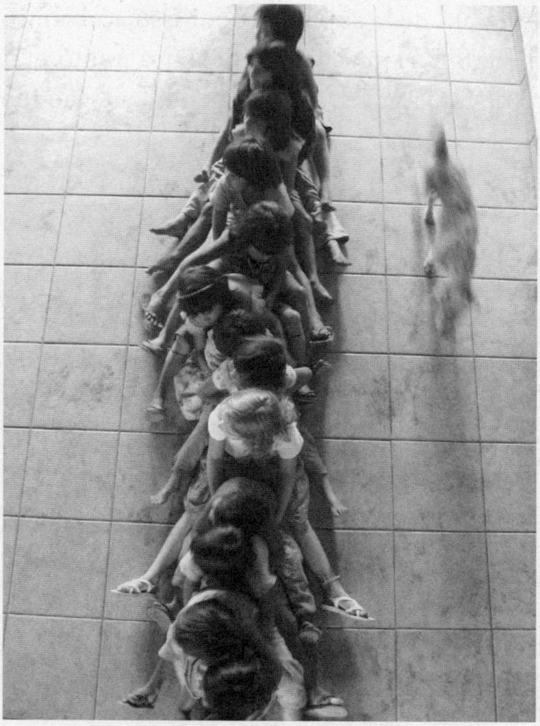

Figura 2. Crianças brincando em atividades escolares na Terra Indígena Jaraguá.

deia Krukutu. Lá na Tenonde Porã, que é uma escola maior, quando eu era vice-diretora havia também duas professoras que ajudavam na área da administração, mas não recebiam para isso. Há também conversas constantes entre os professores e as lideranças com a comunidade, o que não costuma acontecer nas escolas não indígenas.

Como converso sempre com minha irmã Jaciara, que também foi professora e hoje trabalha na área da saúde, os Guarani e os indígenas em geral são muito soltos. A gente se dá muito com a terra, com o fogo de chão. Os mais velhos quase não saem para ir à cidade, mesmo em aldeias como a do Jaraguá, em que você anda um pouquinho e já está no comércio. Ali tem pessoas que nem falam português. Elas saem da aldeia e não precisam passar batom, tomar banho, vestir uma roupa limpa. Não são preocupadas com o que vão falar delas. Quando chegam da cidade, aí sim vão tomar banho porque vieram de lá sujas. Mas por isso acabam sofrendo muito preconceito, muita discriminação. A gente fica muito perto da fogueira e pega o cheiro de fumaça. Daí ficam achando que não tomamos banho, que parecemos mendigos.

Esses mais velhos devem ser sempre uma inspiração para nós, professores, para que nossas escolas tenham sempre terra, cheiro de fumaça e conhecimentos que as caixas dos *jurua* nunca vão formatar! Em vez de escolarizar os Guarani, nosso desafio é "guaranizar" a escola. Sempre!

Créditos das imagens

Figuras 1 e 2: Fernando Stankuns, 2007.

Políticas de saúde e educação: conquistas e desafios dos povos indígenas na luta por seus direitos

Lavinia Oliveira e Maria Cristina Troncarelli

> *Os brancos são engenhosos, têm muitas máquinas e mercadorias, mas não têm nenhuma sabedoria. Não pensam mais no que eram seus ancestrais quando foram criados. Nos primeiros tempos, eles eram como nós, mas esqueceram de todas as suas antigas palavras. Mais tarde, atravessaram as águas e vieram em nossa direção. Depois, repetem que descobriram esta terra. Só compreendi isso quando comecei a compreender sua língua. Mas nós, os habitantes da floresta, habitamos aqui há longuíssimo tempo, desde que Omama nos criou.*
>
> *No começo das coisas, aqui só havia habitantes da floresta, seres humanos. Os brancos clamam hoje: "Nós descobrimos a terra do Brasil!". Isso não passa de uma mentira. Ela existe desde sempre e Omama nos criou com ela. Nossos ancestrais a conheciam desde sempre. Ela não foi descoberta pelos brancos! Muitos outros povos, como os Makuxi, os Wapixana, os Waiwai, os Waimiri-Atroari, os Xavante, os Kayapó e os Guarani ali viviam também. Mas, apesar disso, os brancos continuam a mentir para si mesmos pensando que descobriram esta terra! Como se ela estivesse vazia! Como se os seres humanos não a habitassem desde os primeiros tempos!*
>
> Davi Kopenawa

Essas palavras do grande líder e pajé Yanomami, divulgadas pelo Instituto Socioambiental em 1998, apontam a grande falácia do "descobrimento" do Brasil. Tal expressão é bastante significativa da arrogância com que os não indígenas impõem suas leis, instituições e conhecimentos. Marcadas por uma história de violência e desrespeito com povos indígenas, as áreas de educação e saúde são exemplos dessas imposições, mas podem ser também frentes abertas para projetos de futuro e possibilidades de diálogo e articulação de diferenças. É para elas que este texto se volta.

A Constituição Federal de 1988, também chamada de "Constituição Cidadã" pelos avanços que trouxe em termos de direitos sociais, é o principal marco jurídico das políticas sociais em nosso país. Tais políticas vieram sendo regulamentadas por legislações específicas, mas sua consolidação e efetivação ainda são desafios enfrentados pelos povos indígenas, por exemplo, na luta por seus direitos às terras necessárias à sua reprodução física e cultural, bem como à saúde e educação diferenciadas.

Ao longo da história, a violência pautou a relação dos colonizadores com esses povos: aldeias foram invadidas, indígenas foram escravizados para trabalhar na mineração e na agricultura ou foram assassinados. Os colonizadores europeus trouxeram para as Américas doenças que os povos indígenas desconheciam, como gripe, pneumonia, varíola e sarampo, para as quais estes não tinham resistência nem conheciam remédios. A invasão das terras indígenas acirrou conflitos entre diferentes povos, que passaram a disputar terras e recursos naturais entre si, conforme seus territórios tradicionais diminuíam e eram transformados em cidades, fazendas e locais de mineração. Dos cerca de 5 a 6 milhões de indígenas pertencentes a mais de mil povos presentes na ocasião da invasão portuguesa, o Brasil conta hoje com 305 etnias, falantes de 274 línguas e que totalizam 896.917 pessoas, que representam 0,44% da população brasileira[1].

Os povos indígenas lutaram no passado e continuam enfrentando desafios para garantir sua sobrevivência e modos de viver. Promoveram inúmeras guerras e estratégias de resistência para manter seus territórios, suas línguas e tradições, além de serem portadores de conhecimentos preciosos, principalmente no manejo dos recursos naturais e nos conhecimentos geográficos de cada parte desta terra. Mas nada disso é estudado nas escolas quando se abordam a história e a geografia do Brasil.

1. IBGE, "Censo 2010: população indígena é de 896,9 mil, tem 305 etnias e fala 274 idiomas", disponível em: <https://censo2010.ibge.gov.br/noticias=-censo?busca1=&id3=&idnoticia2194=&view-noticia>, acesso em: dez. 2021.

Após séculos de luta dos povos indígenas e seus aliados, a Constituição de 1988 garantiu o direito à demarcação dos territórios indígenas e à manutenção de suas línguas, direitos e tradições. Na década de 1990 novas leis se seguiram, relacionadas a políticas específicas e diferenciadas de saúde e educação escolar. No entanto, direitos como saúde e educação decorrem de uma luta contínua na qual a cidadania deve ser construída pelas perspectivas da diferença e da equidade, o que desafia os agentes públicos, indigenistas e os próprios indígenas.

Na realidade do século XXI não há o que comemorar. A questão indígena na atualidade abrange conflitos territoriais que persistem desde os tempos da Colônia, quase sempre motivados pelas disputas de terra e de recursos naturais e pelo preconceito racial. Há um recrudescimento de muitas conquistas constitucionais, e os indicadores de saúde dos últimos anos evidenciam diretamente o fracasso da gestão governamental sobre as demandas sociais dos indígenas.

A partir da década de 1950, quando muitos dos estudiosos davam por certa a extinção dos indígenas, começou a haver uma recomposição das populações, que aumentaram a cada censo e principalmente após a Constituição de 1988. Isso se deve ao acesso a políticas de saúde que incluem a vacinação, a assistência e prevenção de doenças, a regularização de Terras Indígenas, à atitude dos povos indígenas emergentes, que tiveram coragem de assumir sua identidade indígena, assim como à determinação consciente, de alguns povos, de ter mais filhos para aumentar sua população.

As conquistas que ocorreram na década de 1990 e na seguinte, principalmente no plano da legislação, relacionadas à demarcação de terras e ao direito a políticas específicas de saúde e educação escolar, vêm contribuindo para a reafirmação da identidade indígena.

Na atualidade, 60% dos indígenas se concentram nas áreas rurais da região amazônica, e cerca de 40% vivem em cidades. São Paulo é a quarta cidade no Brasil com maior número de indígenas, e no estado residem cerca de 40 mil[2].

2. IBGE, "Censo 2010", disponível em <https://www.ibge.gov.br/indigenas/indigena_censo2010.pdf>, acesso em: dez. 2021.

Políticas de educação escolar

Desde os primeiros contatos, os padres jesuítas criaram escolas em aldeias, cujo principal objetivo era a conversão religiosa, sendo agentes importantes do projeto de colonização europeia nas Américas. Convencidos ou obrigados a viver em aldeamentos organizados pelos jesuítas, vários povos abandonaram seus territórios tradicionais, mais tarde ocupados por fazendas e cidades. Muitos povos, contudo, não aceitaram a presença desses religiosos, distanciando-se dos colonizadores e defendendo seus territórios por meio de ataques a fazendas, cidades e locais de mineração.

A partir da criação do Serviço de Proteção ao Índio e Localização de Trabalhadores Nacionais (SPILTN), em 1910, escolas foram criadas em várias aldeias seguindo a ideologia positivista da época, que considerava que, com o contato, os povos indígenas inevitavelmente adeririam ao modo de vida dos não indígenas, abandonando as próprias práticas culturais e seu modo de viver tradicional. O objetivo dessas escolas era que os indígenas se transformassem em trabalhadores nacionais, ou seja, peões dos fazendeiros, empregadas domésticas, costureiras, trabalhadores na construção civil, entre outros empregos de baixa remuneração. Ali, além da escrita, os homens indígenas aprendiam a cultivar alimentos e a criar animais de acordo com técnicas alheias a seus costumes e para consumo dos não indígenas. Já as mulheres aprendiam a cozinhar esses alimentos e costurar, entre outros trabalhos que buscavam afastá-las de suas próprias tradições.

Em 1967 foi criada a Fundação Nacional do Índio (Funai), com a extinção do Serviço de Proteção ao Índio (SPI), após escândalos de corrupção, escravização de indígenas e acordos com fazendeiros, seringalistas e políticos para a expropriação de terras indígenas. A educação escolar indígena não teve avanços com a criação da Funai. Esse órgão, criado durante a ditadura militar, estabeleceu convênios com missões evangélicas internacionais, como o Summer Institute of Linguistic (SIL – Instituto de Verão de Linguística), New Tribes (Novas Tribos), além de missões católicas, como as salesianas e franciscanas, para que missionários passassem a atuar nas aldeias de vários povos. Lá ensinavam os membros das comunidades a ler e escrever em suas línguas, com o objetivo de traduzir a Bíblia, incentivando o proselitismo religioso. Assim, deixavam de atender à demanda dos indígenas por uma educação escolar laica que os instrumentalizasse para as relações de contato e a defesa de seus territórios e modos de vida.

A partir das décadas de 1970-80, por demanda dos indígenas, a Funai também passou a contratar professores não indígenas com formação universitária, como educadores, antropólogos, geógrafos e cientistas sociais que não eram religiosos. Desde esse período, indígenas de diferentes povos buscam formas de escolarização que possibilitem a luta por seus direitos, articulando-se também com organizações não governamentais como a Comissão Pró-Índio do Acre (CPI-AC), a Comissão Pró-Yanomami (CCPY), o Instituto Socioambiental (ISA) e o Centro de Trabalho Indigenista (CTI).

A Constituição aprovada em 1988 foi, contudo, o mais significativo divisor de águas no que diz respeito à educação escolar nas aldeias. Ela reconhece a importância do ensino das línguas indígenas na escola, entre outras conquistas. A partir da década de 1990 foram criadas outras leis, que, no papel, garantem aos povos indígenas o direito a uma educação escolar bilíngue ou multilíngue, com organização da escola, calendário e currículo específicos e diferenciados.

Em 1991, através do Decreto Presidencial nº 26, o presidente Fernando Collor passou a responsabilidade da educação escolar indígena para o Ministério da Educação, por meio de suas secretarias estaduais e municipais, deixando à Funai o papel de acompanhar essa política. No entanto, o grande problema, que persiste ainda, é a falta de formação qualificada nos campos de antropologia, linguística e educação por parte dos técnicos do MEC e das secretarias de educação. Sem uma formação adequada, os técnicos governamentais não conseguem compreender as especificidades das sociedades indígenas. Como consequência, não possibilitam diálogos interculturais com os membros dessas comunidades nem sua participação no planejamento, na realização e na avaliação das atividades relacionadas à educação escolar.

Na década de 1980, a União das Nações Indígenas (UNI) foi protagonista das reivindicações dos indígenas, como representante de centenas de povos do Brasil, assegurando direitos básicos na Constituição, como território, línguas, conhecimentos e práticas culturais. A partir da década de 1990, os povos indígenas se organizaram em inúmeras associações locais e regionais, de caráter étnico e multiétnico, como a Federação das Organizações Indígenas do Rio Negro (FOIRN), o Conselho Indígena de Roraima (CIR), a Coordenação das Organizações Indígenas da Amazônia (Coiab), a União das Nações Indígenas do Acre (UNI-AC), a Associação Terra Indígena Xingu (Atix) e muitas outras. Essas associações se articularam com organizações governamentais e não governamentais e universidades para a formação de professores, agentes de saúde, agentes socioambientais ou agroflorestais, cinegrafistas, gestores de associação indígenas, entre outras profissões necessárias para o desenvolvimento de seus projetos voltados para a melhoria da qualidade de vida. A profissionalização e a formação universitária dos indígenas vêm fazendo parte da luta recente desses povos.

A Resolução nº 3/99[3], seguindo pareceres anteriores do Conselho Nacional de Educação (CNE), define que, no plano federal, o Ministério da Educação tem o papel de legislar e definir diretrizes e políticas em âmbito nacional sobre a educação escolar indígena; oferecer apoio técnico e financeiro aos sistemas de ensino nos programas de educação intercultural, de ensino e pesquisa das comunidades indígenas, com a participação dessas comunidades; apoiar técnica e financeiramente os sistemas de ensino na formação de professores indígenas e do pessoal técnico especializado; criar ou redefinir programas de auxílio ao desenvolvimento da educação de acordo com as necessidades escolares indígenas; orientar, acompanhar e avaliar o desenvolvimento de ações na área da formação inicial e continuada de professores indígenas; e elaborar e publicar, sistematicamente, material didático específico e diferenciado, destinado às escolas indígenas. As secretarias estaduais de educação são responsáveis

3. Conselho Nacional de Educação, *Resolução CEB nº 3, de 10 de novembro de 1999*, disponível em: <http://portal.mec.gov.br/cne/arquivos/pdf/CEB0399.pdf>, acesso em: dez. 2021.

pela oferta e execução da educação escolar indígena, diretamente ou em colaboração com seus municípios; pela regulamentação administrativa das escolas indígenas nos respectivos estados, integrando-as como unidades próprias, autônomas e específicas no sistema estadual; por prover as escolas indígenas de recursos humanos, materiais e financeiros, para o seu pleno funcionamento; instituir e regulamentar a profissionalização e o reconhecimento público do magistério indígena, realizando concursos públicos específicos; promover a formação inicial e continuada de professores indígenas; elaborar e publicar sistematicamente material didático, específico e diferenciado, para uso nas escolas indígenas.

Os conselhos estaduais de educação devem estabelecer critérios específicos para criação e regularização das escolas indígenas e dos cursos de formação de professores indígenas, autorizar o funcionamento das escolas indígenas e reconhecê-las e regularizar a vida escolar dos alunos indígenas se for necessário. Ainda segundo a Resolução nº 3/99, "os Municípios poderão oferecer educação escolar indígena, em regime de colaboração com os respectivos Estados, desde que se tenham constituído em sistemas de educação próprios, disponham de condições técnicas e financeiras adequadas e contem com a anuência das comunidades indígenas interessadas"[4]. No artigo 10º, é indicado que representantes dos professores, de organizações indígenas e de instituições de apoio aos indígenas, como universidades e ONGs, participem, junto com os órgãos governamentais, do planejamento da educação escolar indígena.

Na década de 1990, foi criada no Ministério da Educação a Coordenação Geral de Educação Escolar Indígena, na atualidade um dos setores da Secretaria de Educação Continuada, Alfabetização, Diversidade e Inclusão (Secadi), responsável pelas ações acima descritas no plano federal. Nas secretarias estaduais de educação há uma equipe responsável pela educação escolar indígena. No entanto, na maior parte dos municípios, não há uma equipe de gestores responsáveis especificamente por essas escolas. A assessoria a elas é realizada por gestores que também atendem à demanda das escolas não indígenas.

4. *Ibidem*, p. 3.

O Parecer nº 13/2012[5] do CNE apresenta dados referentes às escolas indígenas em 2010: a maior parte delas, 1.508 (53,17%), estava vinculada aos municípios, e 1.308 eram estaduais (46,13%). Estudavam nessas escolas 194.449 estudantes indígenas, distribuídos pelos 25 estados da federação em que existem escolas indígenas. No ensino fundamental estavam matriculados 151.160 alunos (77,5%), sendo 109.919 nos anos iniciais e 41.241 nos finais; 19.565 estavam matriculados na educação infantil (10%); 10.004 no ensino médio (5%); e 15.346 na modalidade de educação de jovens e adultos (7,5%). Das 2.836 escolas indígenas existentes em 2010, somente 80 ofertavam o ensino médio, segundo dados do censo escolar do Instituto Nacional de Estudos e Pesquisas Educacionais (Inep). Observa-se que há uma grande defasagem no oferecimento do ensino médio nas escolas indígenas, o que obriga os alunos a estudar nas cidades, distantes da família e passando dificuldades. Por esse motivo, a qualificação de professores indígenas e a abertura de turmas no ensino médio e profissionalizante, com propostas curriculares específicas para cada povo, é uma das principais demandas dos indígenas.

Ainda de acordo com o Inep, as escolas indígenas funcionavam em 2.698 estabelecimentos. Dos 10.923 professores que atuavam nessas escolas, 4.691 se declararam indígenas[6]. Esses dados mostram a necessidade de ampliar a formação de professores indígenas.

Com relação à formação inicial para o magistério e à formação continuada, os cursos promovidos por organizações não governamentais indigenistas, como o Instituto Socioambiental, o Centro de Trabalho Indigenista, a Comissão Pró-Yanomami e o Instituto de Educação e Formação Indígena, contavam em suas equipes, nas décadas de 1990 e 2000, com educadores, antropólogos, linguistas, ecólogos, engenheiros agrônomos, gestores ambientais e profissionais de diferentes áreas de conhecimento

5. *Idem*, *Parecer CNE/CEB nº 13/2012*, disponível em: <http://portal.mec.gov.br/index.php?option=com_docman&view=download&alias=10806-pceb013-12-pdf&Itemid=30192>, acesso em: dez. 2021.
6. Instituto Nacional de Estudos e Pesquisas Educacionais, *Um olhar sobre a educação escolar indígena com base no censo escolar de 2008*, disponível em: <https://download.inep.gov.br/download/censo/2008/Educacao_Indigena_estudo2008.pdf>, acesso em: dez. 2021.

com experiência de trabalho com os povos indígenas. Além disso, desenvolviam os projetos pedagógicos junto com as comunidades e adequados à realidade de cada povo, sendo este um diferencial significativo em relação aos cursos promovidos pelas secretarias estaduais e municipais, que seguem propostas pedagógicas e currículo das escolas não indígenas. Uma política interessante seria que os órgãos governamentais aproveitassem a experiência desenvolvida pelas organizações não governamentais, contando com a assessoria de profissionais especialistas para o trabalho intercultural. As organizações não governamentais citadas conseguiram manter equipes fixas de educadores e consultores para atuar na formação de professores indígenas não somente com financiamento governamental, mas com o apoio, de 1990 a 2000, da Fundação Rainforest da Noruega. Com o término desse apoio, as ONGs deixaram de atuar nessa área. Na atualidade, a formação para o magistério é realizada pelas secretarias estaduais de educação com professores da rede pública que não têm formação para atuar no contexto intercultural indígena, reproduzindo nas aulas para professores indígenas conteúdos referenciados no currículo das escolas não indígenas.

Outro grande desafio para professores e alunos indígenas é a ausência de materiais didáticos específicos em suas próprias línguas e que abordem aspectos importantes da história e dos conhecimentos que dizem respeito ao universo cultural de cada povo. Desde a década de 1990, professores e alunos indígenas têm produzido livros nas línguas indígenas e portuguesa, tratando dos mais variados temas. Durante o processo de formação em magistério, muitos povos criaram a escrita de suas línguas, com a assessoria de linguistas; outros se apropriaram de escritas criadas por missionários, modificando-as de acordo com as reflexões e a prática da escrita, todos reformulando e refletindo sobre as escritas de suas línguas.

Até a década de 2000, o Ministério da Educação apoiou a impressão de materiais didáticos, em pequenas tiragens, para uso das comunidades autoras do livro, por meio de uma seleção feita por uma comissão de especialistas. Essa iniciativa, porém, foi interrompida pelo MEC e, na atualidade, as escolas indígenas recebem os mesmos livros das não indígenas e raramente contam com materiais específicos relacionados aos

Figura 1. Materiais didáticos de autoria de professores e agentes de saúde indígenas e seus assessores em cursos de formação promovidos pelo Projeto Xingu/Unifesp e Instituto Socioambiental na Terra Indígena do Xingu. Apoio: Ministério da Educação e Universidade Federal de Minas Gerais.

conhecimentos, à história e à língua de cada povo. O uso de materiais didático-pedagógicos produzidos de acordo com o contexto sociocultural de cada povo indígena está previsto na Resolução nº 3/99 e no Parecer nº 13/2012, mas não existem políticas que possibilitem a produção e impressão desses materiais. O professor e doutor em linguística Joaquim Maná, do povo Huni Kuin, comentou essa questão em entrevista ao jornal *Correio do Estado*: "Ainda há muita necessidade de produzir vários tipos de materiais. Quando um povo decide trabalhar seu conhecimento oral na forma de escrita, precisa de vários materiais. Primeiro da alfabetização e depois da sequência dessa formação"[7].

O Decreto nº 6.861/2009[8] estabelece que a organização da educação escolar indígena em territórios etnoeducacionais será organizada com

7. *Correio do Estado*: "Quase metade das escolas indígenas não têm material didático específico". *Agência Brasil*, 27/04/2016, disponível em: <https://correiodoestado.com.br/cidades/quase-metade-das-escolas-indigenas-nao-tem-material-didatico-especifico/276558>, acesso em: dez. 2018.
8. Disponível em: <http://www.planalto.gov.br/ccivil_03/_ato2007-2010/2009/decreto/d6861.htm>, acesso em: dez. 2021.

a participação dos povos indígenas, observada a sua territorialidade e respeitando suas necessidades e especificidades. Os territórios etnoeducacionais, definidos pelo Ministério da Educação, compreenderão, independentemente da divisão político-administrativa do país, as terras indígenas, mesmo que descontínuas, ocupadas por povos indígenas que mantêm relações intersocietárias caracterizadas por raízes sociais e históricas, relações políticas e econômicas, filiações linguísticas, valores e práticas culturais compartilhados. Foram instituídas comissões gestoras que envolvem representantes indígenas, do MEC e das secretarias estaduais e municipais de educação, bem como de organizações parceiras como universidades e ONGs, que se reúnem duas vezes ao ano. Porém, essas comissões são consultivas, e as propostas planejadas para cada território devem ser executadas pelas secretarias estaduais ou municipais. Dificilmente as ações planejadas são realizadas, tanto pela falta de preparo dos técnicos dos órgãos governamentais para lidar com a interculturalidade quanto por questões políticas, pois grande parte dos membros dos poderes Legislativo, Executivo e Judiciário representa o agronegócio e a extração de minério e madeira, com interesses econômicos opostos aos dos povos indígenas.

A educação infantil nas escolas indígenas é referida tanto na Resolução nº 3/99 quanto no Parecer nº 13/2012 do CNE, que estabelecem sua implantação nas comunidades onde houver essa demanda. Muitos povos têm uma visão crítica sobre a educação infantil, pois consideram que as crianças devem estar com suas famílias e brincando com outras crianças. Segundo o Parecer: "Em alguns contextos indígenas, as escolas não são vistas como necessárias para cuidar e educar as crianças, papel, por excelência, da família e da comunidade. Mas, em outros, a Educação Infantil se apresenta como uma demanda política e social que deverá ser atendida pelo Estado"[9].

Com relação à construção de escolas, embora o artigo 3º da Resolução nº 3/99 afirme a necessidade de edificação de prédios que atendam

9. Conselho Nacional de Educação, *Parecer nº 13/2012*, p. 12, disponível em: <http://portal.mec.gov.br/index.php?option=com_docman&view=download&alias=10806-pceb013-12-pdf&Itemid=30192>, acesso em: dez. 2021.

aos interesses das comunidades indígenas, o Parecer nº 13/2012 argumenta sobre as dificuldades para o cumprimento da lei:

> [...] no que diz respeito à construção de prédios escolares, o desafio está ligado à superação de entraves burocráticos que dificultam tanto a adoção de modelos arquitetônicos adequados às peculiaridades das comunidades indígenas, quanto a liberação e aplicação dos recursos destinados a este programa, carecendo de maior flexibilização das regras instituídas pelos órgãos de financiamento e de execução[10].

A maior parte das escolas construídas nas Terras Indígenas não apresenta boas condições: as de alvenaria, uma demanda das comunidades indígenas, no modelo adotado pelas secretarias de educação, não têm boa ventilação, as janelas são minúsculas, inadequadas para a temperatura local, e quebram em pouco tempo de uso, pois os materiais são de má qualidade. O prédio é construído sem um planejamento e um projeto arquitetônico que levem em conta os objetivos pedagógicos e sociais desse espaço. Há questões básicas, como a posição do sol, a forma da construção, os morcegos, entre outras específicas de escolas situadas em regiões de cerrado e floresta, que precisam ser consideradas nos projetos arquitetônicos. Embora muitos povos indígenas indiquem modelos de escola diferenciados dos padronizados pelas secretarias de educação, não há respeito a essas reivindicações e as escolas são construídas sem o mínimo planejamento.

Quanto à alimentação escolar, na maioria das escolas indígenas ela é constituída de alimentos processados e ultraprocessados. Há povos que contestam esse modelo. Em 2000, lideranças e professores de diferentes povos da Terra Indígena do Xingu, preocupados com a entrada desses alimentos nas comunidades através da merenda escolar, conseguiram flexibilizar exigências burocráticas e viabilizar a compra de itens indígenas, adquiridos nas próprias aldeias, adequados do ponto de vista nutricional

10. *Ibidem*, p. 30.

e cultural. Mas essa conquista é uma exceção no quadro do funcionamento do Programa Nacional de Alimentação Escolar do MEC.

Embora o artigo 4º da Resolução nº 3/99 autorize que as escolas indígenas tenham uma organização jurídica e administrativa própria, com a "organização das atividades escolares, independentes do ano civil, respeitado o fluxo das atividades econômicas, sociais, culturais e religiosas [...] e duração diversificada dos períodos escolares, ajustando-a às condições e especificidades próprias de cada comunidade"[11], as escolas sofrem a interferência burocrática e ideológica das secretarias estaduais e municipais, que impõem calendários, currículos e formas de organização não indígenas. Apesar de inúmeras dificuldades na relação com os órgãos governamentais, lideranças, professores e alunos indígenas de diferentes regiões do Brasil consideram a educação escolar importante para sua autodeterminação e desejam que as escolas contribuam para a autonomia e defesa dos seus direitos e a valorização de suas línguas e conhecimentos. Na atualidade, os cursos de magistério oferecidos pelas secretarias de educação, geralmente com professores despreparados para atuar em contextos interculturais, seguem propostas curriculares das escolas urbanas, o que compromete seriamente a qualidade das escolas indígenas e seu caráter de espaço crítico das relações com a sociedade nacional.

A partir de 2000, várias universidades públicas federais e estaduais, como a Universidade Federal de Roraima, a Universidade Estadual de Mato Grosso, a Universidade Estadual do Amazonas, a Universidade Federal de Goiás, a Universidade Federal de Tocantins, a Universidade Federal da Grande Dourados, a Universidade Federal de Minas Gerais, a Universidade Federal do Acre, a Universidade Federal do Amapá e a Universidade Estadual do Pará, passaram a oferecer cursos de licenciatura para professores indígenas. Com dois meses de estudo presencial e etapas intermediárias intercaladas, essa modalidade permite que os professores indígenas permaneçam trabalhando e vivendo em suas aldeias. A proposta pedagógica desses cursos é interessante porque valoriza a experiência

11. *Idem*, *Resolução nº 3/99*, pp. 1-2, disponível em: <http://portal.mec.gov.br/cne/arquivos/pdf/CEB0399.pdf>, acesso em: dez. 2021.

dos professores em suas comunidades. Em 2010 havia 17 cursos de licenciatura, coordenados por universidades federais e estaduais, ofertando um total de 2.781 vagas[12].

A política de cotas também tem permitido o acesso de indígenas a universidades em cursos regulares, que não levam em conta a especificidade cultural desses alunos. Além de serem poucas vagas para os indígenas, nem todas as universidades públicas do país utilizam as cotas. Ademais, eles sofrem preconceitos por parte de colegas e professores e passam dificuldades para sobreviver nas cidades e compreender a língua portuguesa. Os cursos universitários convencionais raramente valorizam ou consideram os conhecimentos indígenas. Os alunos indígenas sentem falta, ainda, de apoio pedagógico e de acolhimento para prosseguir nos estudos.

Entre as principais demandas dos povos indígenas não atendidas pelo governo brasileiro, está a criação de um sistema específico para a educação indígena, com uma secretaria própria no Ministério da Educação e a implantação de um conselho nacional de educação escolar indígena, de cunho deliberativo. Reivindicam atendimento às demandas de especificidade das escolas, como calendários e currículos próprios, a produção e impressão de materiais didáticos, assim como transporte escolar adequado às necessidades de cada região. Apontam também a necessidade de flexibilizar exigências burocráticas para a aquisição de alimentos produzidos na própria aldeia para a merenda escolar. Como expressa o professor Ricardo Weibe Nascimento, do povo Tapeba, no Ceará, em uma matéria do *Jornal de Brasília*: "A educação escolar indígena no Brasil ainda está sob completa responsabilidade dos governos estaduais e municipais que não conseguem lidar com as especificidades indígenas. O sistema nacional viria para resolver esse problema"[13]. O professor aponta que, embora a Lei

12. Mariana Paladino e Nina Paiva Almeida, "Entre a diversidade e a desigualdade: uma análise das políticas públicas para a educação escolar indígena no Brasil dos governos Lula", Rio de Janeiro: Contra Capa Livraria/Laced/Museu Nacional/UFRJ, 2012, p. 117. Disponível em: <http://laced3.hospedagemdesites.ws/laced/arquivos/Laced_Entre%20a%20diversidade%20e%20a%20desigualdade.pdf>, acesso em: 2018.

13. Jornal de Brasília, "Indígenas querem sistema nacional para regularizar ensino", 05/08/2009, disponível em: <https://jornaldebrasilia.com.br/noticias/brasil/indigenas-querem-sistema-nacional-para-regular-ensino/>, acesso em: 2018.

de Diretrizes e Bases de 1996 tenha garantido autonomia a governos estaduais e municipais para formular ações para a educação de acordo com a realidade local, "as ações esbarram em imposições administrativas desses governos, porque eles atendem pelo sistema universal da educação e não contemplam as especificidades das comunidades".

Saúde indígena

Assim como a área da educação, o campo da saúde indígena foi sendo particularmente colonizado. Foi imposto o uso de instrumentos e práticas do mundo ocidental, da chamada biomedicina, com a presença nas aldeias de profissionais de saúde cujas posturas equivocadas levaram à desvalorização dos conhecimentos indígenas sobre saúde, que passaram a ser vistos como paliativos. Essa situação perdura em muitos locais até os dias de hoje. Assim, o uso de medicamentos químicos e as formas de tratamento e cura advindas do saber biomédico foram ocupando um amplo espaço, dando caráter profissional para as ações de saúde, que substituíram práticas utilizadas desde o início da colonização, inicialmente pelos jesuítas e depois por outros missionários, como as mezinhas (nome antigo para remédios caseiros e terapias rudimentares). Sempre foram raras as iniciativas respeitosas e que dialogassem com o modo tradicional dos indígenas de cuidar da saúde.

A atenção à saúde dispensada a essas populações pelos governos foi colocada em segundo plano e realizada por pessoas não preparadas para atuar no cenário indígena, onde não havia as condições mínimas necessárias para realização do trabalho segundo os parâmetros biomédicos. Exemplo disso foram os atendentes de enfermagem que atuavam nas áreas indígenas sem a devida formação e assumindo em caráter substitutivo funções dos médicos, prescrevendo e aplicando medicamentos como antibióticos e realizando procedimentos como suturas e pequenas cirurgias.

No contexto da Funai, já na segunda metade do século XX, eram constituídas equipes formadas em sua maioria por práticos de enfermagem, que atuavam de modo episódico em equipes volantes, visitando aldeias uma ou duas vezes ao ano, geralmente em situações de epidemia

Figura 2. Professor Roberto Baruzzi, fundador do Projeto Xingu, na aldeia Kuikuro, Parque Indígena do Xingu.

e com pouca resolutividade. Não havia uma política de saúde clara nem resolutiva.

A prática da medicina ocidental mais comum era a da ampla distribuição de medicamentos, sem nenhum critério. Cumpre assinalar que houve algumas ações exitosas de saúde pública, como a imunização nas aldeias e o controle da tuberculose realizado pelo dr. Noel Nutels nos idos de 1950-60 com as unidades sanitárias aéreas. Esse é um dos raros exemplos de trabalho bem-sucedido com indígenas, justamente pela sensibilidade cultural e adoção de tecnologias de saúde adaptadas à realidade rural e indígena.

Outra história de sucesso é a do Projeto Xingu, da Escola Paulista de Medicina, atualmente parte da Universidade Federal de São Paulo (Unifesp), que desde 1965 atua no Parque Indígena do Xingu. Esse projeto investe principalmente na formação de profissionais indígenas, no diálogo com pajés e outros representantes da medicina tradicional, na parceria intersetorial para enfrentamento das questões sanitárias e nos trabalhos de vigilância à saúde realizados nas aldeias, com a participação de alunos da universidade.

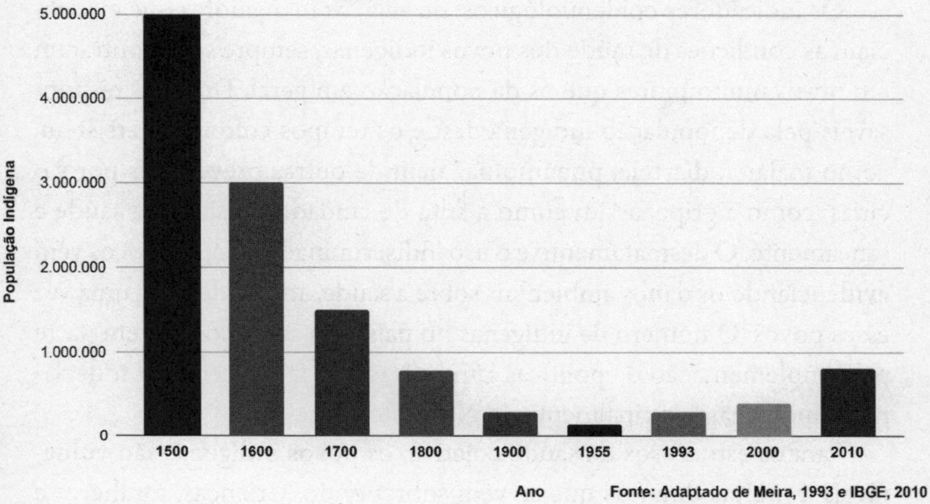

Figura 3. População indígena no atual território brasileiro no período de 1500-2010. (Material produzido para a aula inaugural do curso de especialização em saúde indígena da Unifesp em 2018.)

Esses dois exemplos apontam para a importância do manejo tecnológico adaptado e do diálogo intercultural que os conhecedores da medicina ocidental devem estabelecer nas áreas indígenas com outras práticas de saúde e cura tradicional. Entretanto, o quadro geral ao longo do tempo foi o de dizimação de muitos povos por epidemias de vírus considerados banais, como o da gripe e também o do sarampo. Bastava um pequeno grupo de "brancos" aproximar-se que as doenças rapidamente apareciam e matavam aldeias inteiras. Exemplo recente é a pandemia por covid-19, iniciada em 2020, que teve efeito devastador entre os povos indígenas, eliminando não apenas vidas, mas memórias e importantes lideranças, com incidência até cinco vezes maior do que na população geral.

Mais recentemente, as populações indígenas vêm sendo expostas ao consumo de alimentos industrializados, álcool, drogas e mudanças em seu estilo de vida que são igualmente ameaçadoras, porque produzem doenças crônicas não transmissíveis de difícil manejo, como a hipertensão, o diabetes, o câncer e transtornos mentais.

Os indicadores epidemiológicos, ou seja, os marcadores que evidenciam as condições de saúde dos povos indígenas, sempre se encontraram em níveis muito piores que os da população em geral. Doenças responsáveis pela depopulação indígena desde os tempos coloniais persistem, como malária, diarreia, pneumonia, além de outras preveníveis por vacinas, como a gripe, assim como a falta de cuidados básicos de saúde e saneamento. O desmatamento e o uso indiscriminado de agrotóxicos vêm evidenciando os danos ambientais sobre a saúde, atingindo mais uma vez esses povos. O número de indígenas no país vem aumentando, em parte pela implementação de políticas afirmativas que favorecem a autodeclaração indígena, principalmente no Nordeste.

Para os estudiosos da saúde coletiva, os povos indígenas são vulneráveis a muitas doenças que se vêm sobrepondo. Crianças, mulheres e mais recentemente a população indígena idosa são os mais atingidos, com altas taxas de desnutrição, anemia, verminoses e doenças relacionadas ao ciclo reprodutivo, principalmente no pós-parto e no período neonatal. Em saúde coletiva, o termo "vulnerabilidade" diz respeito às situações ambientais e sociais que expõem determinados grupos sociais a certas doenças. Por exemplo, na Amazônia, durante o período chuvoso, as populações ribeirinhas e indígenas tornam-se mais expostas à malária. Esse cenário não diz respeito à fraqueza individual ou às condições particulares de um indivíduo, mas deve ser objeto de atenção no desenho das políticas públicas.

A figura 4 exemplifica a realidade da mortalidade infantil indígena.

Esse é um quadro nacional que registra valores médios, mas sabe-se que a situação de saúde difere bastante entre os povos indígenas em todo o país, de acordo com a localização do território e o tempo de contato com a sociedade envolvente.

Considera-se que os povos isolados e de recente contato são de três a quatro vezes mais atingidos por problemas respiratórios e diarreias, além de doenças transmissíveis, como malária, hepatite, gripe e tuberculose, do que a população geral. Já os povos de contato mais antigo e situados próximo às cidades maiores sofrem de hipertensão, diabetes, câncer e, ainda, transtornos mentais, alcoolismo e abuso de drogas. Estes últimos

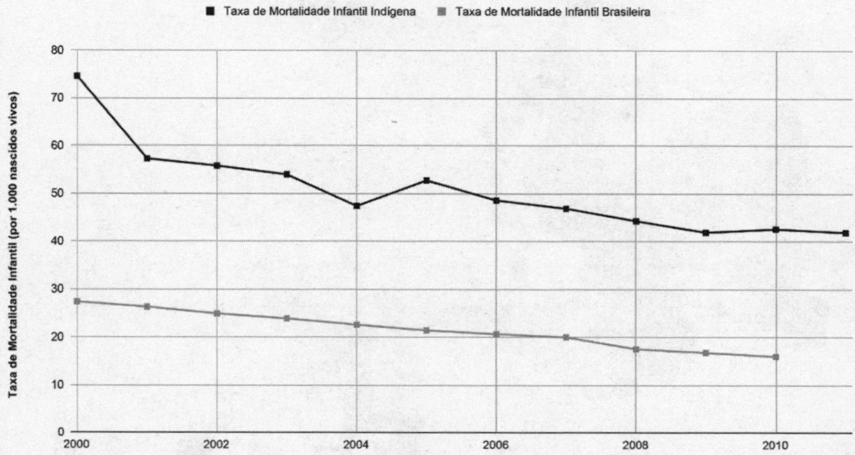

FIGURA 4. Mortalidade infantil brasileira indígena e total, 2000-2011.

estão associados ao sofrimento psíquico coletivo em níveis também mais elevados do que entre os demais brasileiros que vivem nas mesmas regiões. Essa sobreposição de quadros mórbidos configura uma situação complexa e de difícil solução.

O enfrentamento das questões de saúde passa pela superação de muitas barreiras, tais como proporcionar acesso a serviços básicos e complexos de saúde, considerar a singularidade da situação sanitária em cada comunidade, preparar adequadamente os profissionais de saúde, inclusive os indígenas, para atuar como agentes de saúde e sanitários, bem como prevenir, diagnosticar e tratar as doenças negligenciadas e emergentes.

Ainda, é necessária a conformação das redes de atenção à saúde. Ou seja, articular esforços entre as equipes profissionais e os serviços de saúde de diferentes níveis, como ambulatórios, hospitais locais e hospitais de referência em grandes centros, combinados com ações de vigilância ambiental e iniciativas de promoção da saúde. Essas são estratégias importantes que começam a ser adotadas no âmbito do Sistema Único de Saúde (SUS).

É fundamental que os profissionais da equipe biomédica levem também em consideração os conhecimentos e as práticas tradicionais de

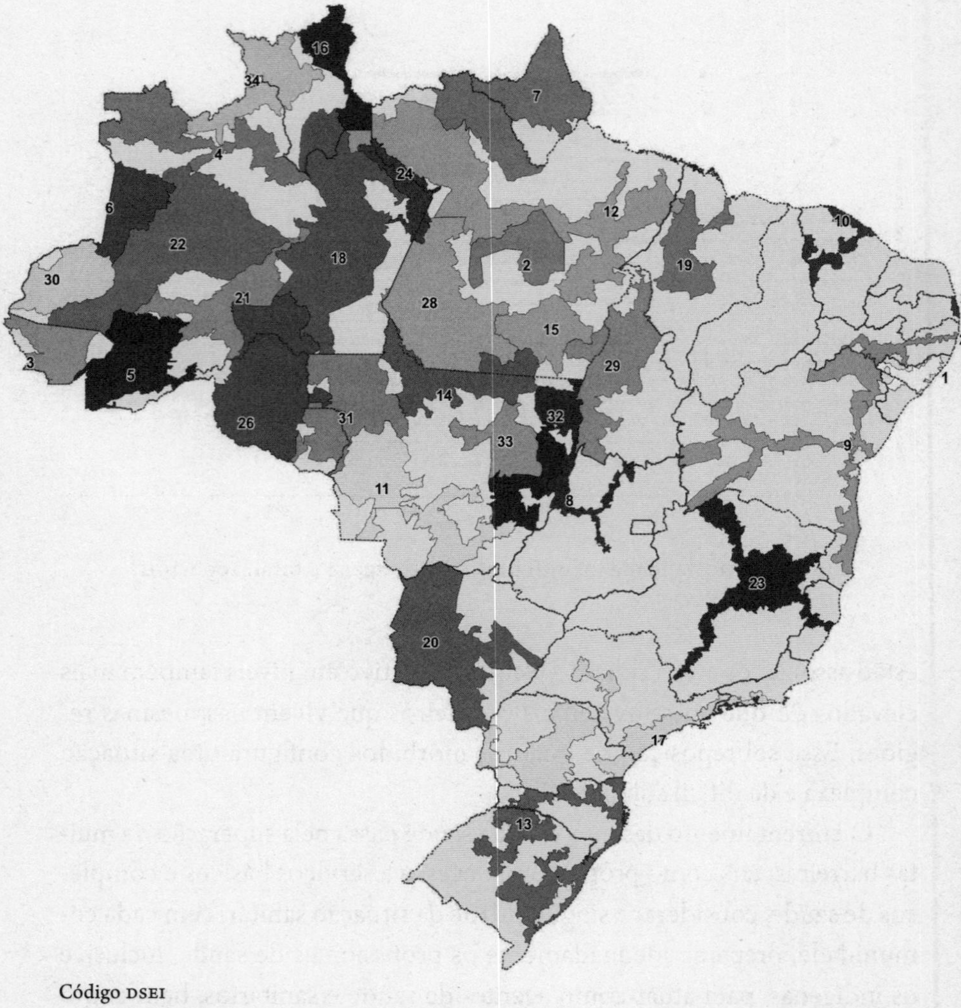

Código DSEI		
1 Alagoas e Sergipe	13 Interior Sul	25 Pernambuco
2 Altamira	14 Kaiapó do Mato Grosso	26 Porto Velho
3 Alto Rio Juruá	15 Kaiapó do Pará	27 Potiguara
4 Alto Rio Negro	16 Leste de Roraima	28 Rio Tapajós
5 Alto Rio Purus	17 Litoral Sul	29 Tocantins
6 Alto Rio Solimões	18 Manaus	30 Vale do Javari
7 Amapá e Norte do Pará	19 Maranhão	31 Vilhena
8 Araguaia	20 Mato Grosso do Sul	32 Xavante
9 Bahia	21 Médio Rio Purus	33 Xingu
10 Ceará	22 Médio Rio Solimões e Afluentes	34 Yanomami
11 Cuiabá	23 Minas Gerais e Espírito Santo	
12 Guamá-Tocantins	24 Parintins	

Fonte: Ministério da Saúde, set. 2022.

FIGURA 5. Mapa de localização dos Distritos Sanitários Especiais Indígenas (DSEIS).

prevenção e cura de doenças, tais como o uso de plantas medicinais, de pintura corporal e de resinas, além das restrições alimentares em diferentes ciclos da vida, como durante a gestação e o puerpério.

Do ponto de vista legal, em 1999 foi implantado o Subsistema de Atenção à Saúde Indígena do SUS (Sasisus), que ainda hoje garante a atenção básica e o acesso aos demais serviços do SUS mediante unidades organizativas denominadas Distritos Sanitários Especiais Indígenas (DSEIs), apresentados no mapa da página anterior (Figura 5).

O subsistema de saúde indígena é exemplo único no nosso país do enfoque étnico sobre a saúde. Existem em todo o território nacional 34 DSEIs, que procuram atender de modo diferenciado a população indígena. Esses distritos vinculam-se à Secretaria Especial de Saúde Indígena (Sesai), criada em 2010[14]. De enfoque étnico e social, são geridos pelo governo federal e não obedecem aos critérios geográficos de municípios ou estados em seu recorte, justamente porque admitem uma articulação diferenciada entre as Terras Indígenas e a saúde. Nos DSEIs existem unidades de saúde implementadas diretamente nas aldeias e também serviços ambulatoriais regionais, denominados polos-base. As equipes de trabalho atuam nas comunidades e têm respaldo para encaminhar os casos que necessitam de remoção.

O sistema ainda é falho, mas sem dúvida a oferta estruturada da atenção à saúde indígena dentro dos territórios foi um grande avanço, que se faz notar nas estatísticas de saúde. Destacamos o aumento da cobertura vacinal, cuja média nacional saltou de 50% para 85%, e a queda nos índices de mortalidade infantil, de mortes por doenças evitáveis por vacinas, de acidentes por animais peçonhentos e de mortalidade materna.

Foram necessários muitos anos de lutas para que fosse criada uma instância diferenciada para atender a saúde dos povos indígenas. A Sesai se assenta no princípio da diferenciação cultural, válido para as áreas de

14. Medidas como a regionalização e a autonomia orçamentária são aspectos importantes do ponto de vista das conquistas dos povos indígenas. No entanto, a ingerência governamental ainda exerce uma influência negativa, pois cargos de gestão acabam sendo ocupados por políticos despreparados e passam a compor o rol de influências político-partidárias, deixando de priorizar a atenção diferenciada e de qualidade à saúde indígena.

Figura 6. Igualdade Equidade.

saúde e educação e garantido constitucionalmente. Admitir e respeitar a diferença deve ser o norte das políticas sociais voltadas para os indígenas. Diante da ampla diversidade de nosso país, o conhecimento das especificidades regionais e locais das comunidades indígenas é o primeiro passo para que qualquer política pública seja bem-sucedida.

A *atenção diferenciada* é um conceito e uma prática de difícil compreensão e execução. Relaciona-se diretamente com os princípios organizativos do SUS de equidade e integralidade. O princípio da equidade visa proporcionar aos que são diferentes condições para que se tornem iguais do ponto de vista da cidadania.

Já o princípio da integralidade visa aplicar um olhar holístico sobre a saúde da pessoa e do seu entorno. A fragmentação do corpo humano em especialidades médicas é uma noção antípoda da integralidade, que busca harmonizar e relacionar os diferentes órgãos, sistemas e pessoas em seus modos de ser e viver com sua família, amigos e ambiente. Assim, para que o princípio da integralidade aconteça, é preciso que o profissional exerça boas práticas e que os serviços de saúde estejam organizados de modo a integralizar a atenção à saúde. Da mesma forma, as políticas de saúde precisam ser articuladoras de todas as práticas que produzam cuidado e saúde, inclusive as que advêm da comunidade e dos praticantes de outras modalidades de cuidado e cura além da biomedicina, como pajés, rezadores, parteiras e raizeiros.

A visão indígena de saúde é uma visão integral, e devemos conhecê-la e promovê-la quando lidamos com a saúde dessas populações.

Um documento interessante para desvelar essa questão é a Política Nacional de Saúde dos Povos Indígenas (PNASPI), instituída em 2002. Nele, a atenção diferenciada está justificada pelo contexto intercultural e indica que o monitoramento das ações de saúde, a integração e o diálogo entre os sistemas biomédico e tradicional, ou seja, as práticas desenvolvidas por pajés, parteiras e rezadores, entre outros, também são produtores de saúde. A política cita ainda a promoção de um ambiente saudável, a preparação de profissionais de saúde para atuar no contexto intercultural e, finalmente, o controle social, realizado pela participação ativa e organizada das comunidades indígenas nas questões da saúde.

Todos esses elementos se somam para que o processo de produção de saúde vá muito além do provimento de assistência médica e remédios. Em 2017, cerca de 20 mil pessoas, quase metade delas indígenas, atuavam profissionalmente na saúde indígena. O número de médicos, antes praticamente nulo na maior parte das comunidades, começou a subir a partir de 2015 com o Programa Mais Médicos, destinado ao provimento desses profissionais em áreas rurais e de difícil acesso. No entanto, é necessário prepará-los e oferecer condições de trabalho que valorizem a vida indígena. Caso contrário, até a presença médica pode ser um desastre.

É fácil perceber que o Sasisus é complexo e que, mesmo voltado para uma população relativamente pequena em termos quantitativos, traz desafios, já que a maior parte das Terras Indígenas está localizada em áreas de acesso difícil e precário; é uma população que possui modos de viver e adoecer bastantes distintos do Brasil urbano. É preciso conhecer mais sobre essas pessoas antes de preconizar tratamentos e realizar intervenções de saúde. Por outro lado, os indígenas podem contribuir muito para o conjunto da sociedade nacional apontando conhecimentos e práticas importantes relacionados a novas formas de perceber a saúde, a educação e a vida brasileira como um todo.

Nota conclusiva

Os indígenas no Brasil de hoje são atuantes na reivindicação de seus direitos, articulam-se em um movimento de resistência política e cultural e estão cada vez mais presentes nas esferas da política, da educação, da saúde, da sustentabilidade e da cultura, apropriando-se de novas tecnologias, participando das redes sociais e empoderando-se de modo muito particular. Do ponto de vista do Estado e de governos comprometidos com os povos originários, é preciso engendrar caminhos de normatividade para garantir e ampliar os direitos indígenas e viabilizar recursos, fazendo valer o difícil paradoxo de ser inclusivo para os diferentes, sem comprometer uma macropolítica universalizante. Do ponto de vista dos indígenas, como diz o líder Ailton Krenak, os índios estão sempre em movimento, em busca de que os brasileiros os descubram de fato. Essa descoberta implica avançar na troca de conhecimentos, para a descoberta de novos fazeres e novos saberes: novas formas de escola, nas quais ensinar e aprender sejam movimentos que de fato façam parte da vida e estejam implicados no cotidiano; novas formas de fazer a saúde, em que o foco não sejam a doença e os remédios, mas a prevenção, a produção da saúde integrada ao ambiente, à família, à comunidade e a modos saudáveis de viver, de acordo com critérios próprios de cada comunidade.

Para saber mais

Garnelo, Luiza; Pontes, Ana Lúcia (orgs.). *Saúde indígena: uma introdução ao tema.* Brasília: MEC-Secadi, 2012 (Coleção Educação para Todos). Disponível em: <https://bvsms.saude.gov.br/bvs/publicacoes/saude_indigena_uma_introducao_tema.pdf>. Acesso em: dez. 2021.

Junqueira, Carmen. *Antropologia indígena: uma introdução.* São Paulo: Educ, 1999.

Ministério da Educação. *Índios no Brasil. Cadernos da TV Escola* (vols. 1-3). Brasília: MEC/Secretaria de Educação a Distância, 2001.

_______. "Resumo técnico do Censo Escolar 2010". Brasília: Inep, 2010.

_______. "Censo Escolar da Educação Básica 2016". *Notas Estatísticas.* Brasília: Inep, 2017.

Ministério da Saúde. "Política Nacional de Atenção à Saúde dos Povos Indígenas". Brasília: Funasa, 2002. Disponível em: <http://bvsms.saude.gov.br/bvs/publicacoes/politica_saude_indigena.pdf>. Acesso em: dez. 2021.

Oliveira, João Pacheco de; Freire, Carlos Augusto da Rocha. *A presença indígena na formação do Brasil*. Brasília: mec/Unesco, 2006 (Coleção Educação para Todos).

Os Princípios do sus. Direção: Mayara Floss. 2015. 7'. Disponível em: <www.youtube.com/watch?v=PzVxQkNyqLs>. Acesso em: dez. 2021.

Ribeiro, Darcy. *Os índios e a civilização: a integração das populações indígenas no Brasil moderno*. São Paulo: Companhia das Letras, 1996.

Troncarelli, Maria Cristina *et al*. "A formação de educadores indígenas para as escolas xinguanas". *Em Aberto*. Brasília: 2003, v. 20, n. 76, pp. 54-73. Disponível em: <www.dominiopublico.gov.br/download/texto/me000290.pdf>. Acesso em: dez. 2021.

_______; Gauditano, Camila. "As escolas indígenas do Parque Indígena Xingu: professores, comunidades e assessores concretizando seus projetos". Em: Januário, Elias; Grupioni, Luís D. (orgs.). *Cadernos de Educação Escolar Indígena*. v. 4. Barra do Bugres: Unemat, 2006. pp. 129-48.

Yanomami, Davi Kopenawa. "Descobrindo os brancos". Depoimento registrado e traduzido por Bruce Albert, em Watoriki, em setembro de 1998. Disponível em: <https://pib.socioambiental.org/files/file/PIB_verbetes/yanomami/descobrindo_os_brancos.pdf>. Acesso em: dez. 2021.

Créditos das imagens

Figura 1: Foto de Maria Cristina Troncarelli, 2018.

Figura 2: Foto de Hélio Carlos Mello/Acervo Projeto Xingu, s/d.

Figura 3: Gráfico das autoras. Fontes: Meira, 1993 e IBGE 2010.

Figura 4: Gráfico das autoras. Fontes: SESAI/MS, IDB/DATASUS/MS.

Figura 5: Ministério da Saúde/Sesai. Disponível em: https://www.institutoovidiomachado.org/saudeindigena/?page_id=731. Acesso em: out. 2022.

Figura 6: Interaction Institute for Social Change/Artista: Angus Maguire.

Imagens, objetos e seus olhares: uma introdução às artes indígenas

Ilana Seltzer Goldstein

Preâmbulo: pode-se falar em artes indígenas?

Dentro do vasto conjunto de criações humanas, as sociedades modernas elegeram algumas práticas e obras que, progressivamente, passaram a considerar como artísticas. Muitos autores situam o nascimento do conceito ocidental de arte no século XVIII, na Europa. A palavra "artista" se popularizou naquele momento para qualificar escritores, pintores e escultores – até então considerados artesãos, trabalhadores técnicos. No início do século XIX, foram incluídos os músicos e os atores de teatro, e, no século XX, foi a vez dos intérpretes de cinema, seguidos pelos fotógrafos, *performers* e assim por diante. O que revela como a categoria artista é flexível.

Desde o advento do romantismo, a atividade artística passou a ser vista como decorrente de uma vocação especial. Após a Revolução Industrial, essa visão se consolidou: o artista, apartado da linha de produção, passou a figurar como um gênio independente, e a singularidade de sua obra ganhou destaque em contraste com as mercadorias produzidas em série. Difundiu-se, paralelamente, a distinção entre arte e artesanato, segundo a qual os artistas seriam criadores únicos, com assinatura, enquanto os artesãos seriam anônimos e coletivos. Como decorrência, os artistas criariam obras impossíveis de serem repetidas, enquanto os artesãos seriam produtores em série.

Essa distinção, no entanto, revela-se frágil. Em primeiro lugar, mesmo a arte canônica, presente nos manuais de história da arte e nos grandes museus, pode resultar de trabalho anônimo e coletivo. A pesquisadora Svetlana Alpers revela que o famoso pintor holandês Rembrandt van Rijn (1606-1669), por exemplo, contava com a ajuda de assistentes em seu ateliê, que tinham que pintar rigorosamente ao seu estilo[1]. Não por acaso, desde a década de 1960, a autoria de dezenas de telas de Rembrandt vem sendo contestada. No Brasil, é possível que o apelido Aleijadinho sirva para se referir ao trabalho de vários artistas mineiros do período barroco, como sustenta Guiomar de Grammont em seu livro sobre o escultor[2].

Em segundo lugar, "artesanato" costuma denotar algo produzido com finalidade econômica e pragmática, ou seja, com motivações extraestéticas. Entretanto, o desinteresse total, a forma pura, a "arte pela arte" raramente existem. É só pensar nas altas cifras mobilizadas pelo mercado de arte, no efeito de distinção que a posse de certas obras confere aos colecionadores ou nos trabalhos contemporâneos com alto teor de crítica social e política.

Em suma, quando alguém se refere a uma criação como artesanato, o que está em jogo não é a descrição de um fenômeno essencialmente diverso da arte moderna ou contemporânea, mas, antes, uma classificação elaborada e hierarquizada a partir de premissas ocidentais hegemônicas, na qual "artesanato" soa inferior a "arte". Diante do que foi exposto, a expressão "artesanato indígena" se revela problemática. Mas e quanto ao termo "arte"? Pode-se usá-lo em relação a uma máscara ritual, uma pintura corporal ou uma vasilha de cerâmica confeccionadas em contextos tradicionais, sem relação direta com o sistema das artes, ou seja, fora da rede de sujeitos e organizações envolvidos na produção, exibição, avaliação e circulação das artes – como casas de leilões, galerias, bienais, críticos, curadores e diretores de museus?

Existiriam argumentos para responder que não. Muitos sociólogos da arte, por exemplo, sustentam que é o aval das *instâncias de legitimação* ocidentais – críticos, colecionadores, demais artistas – o fator determi-

1. Svetlana Alpers, *O projeto de Rembrandt: o ateliê e o mercado*, São Paulo: Companhia das Letras, 2010.
2. Guiomar de Grammont, *Aleijadinho e o aeroplano: o paraíso barroco e a construção do herói colonial*, Rio de Janeiro: Civilização Brasileira, 2008.

nante na classificação de objetos como arte. Ora, as formas expressivas indígenas costumam ser ignoradas por tais instâncias legitimadoras – salvo raras exceções, como a pintura dos povos indígenas da Austrália. Porém, existem também argumentos para responder que sim. Não há certamente uma arte universal, e nem sempre se encontram palavras mais ou menos equivalentes a "arte" em sociedades não ocidentais. Mas é inegável que cada povo pode se reconhecer ou ser reconhecido em sua singularidade por expressões como passos de dança, batidas de tambor, repertórios visuais e cantos.

Mesmo sem o aval das instâncias de legitimação ocidentais, muitos objetos e práticas têm o que Tício Escobar[3] denomina "artisticidade" ou efeito artístico, que é o poder de nos mobilizar por meio de suas formas, provocar-nos pequenos choques ou associações de ideias. O poder que as obras de arte têm de suscitar reações e sensações nas pessoas advém, segundo o antropólogo Alfred Gell[4], do fato de que os seres humanos projetam suas próprias intenções e agenciamentos nas coisas que fabricam e transformam. E depois se fascinam com os indícios das pessoas e das relações sociais presentes nas obras. A arte, então, não está apenas nos objetos: ela reside naquilo que acontece com e por causa dos objetos. É um tipo de processo que pode ocorrer em qualquer sociedade.

A própria história da arte vem fazendo, por meio de autores como Hans Belting[5], uma espécie de autocrítica, por ter se pautado, durante muito tempo, em uma noção etnocêntrica e restrita, que protegia a arte euroamericana da "contaminação" pelas artes étnicas e populares. Com efeito, a antropologia tem contribuído para o questionamento e a elasticidade de noções como *arte*, incentivando o estudo de expressões que não se encaixam nos cânones euroamericanos.

Se levamos em consideração essas acepções mais amplas dos fenômenos artísticos, podemos, sim, nos referir a *artes indígenas*. Porém, sempre no plural, tendo em mente quão espinhosa é a categoria *arte*; sabendo

3. Tício Escobar, *El mito del arte y el mito del pueblo*, Santiago: Metales Pesados, 2008.
4. Alfred Gell, *Arte e agência*, São Paulo: Ubu, 2018.
5. Hans Belting, *O fim da história da arte: uma revisão dez anos depois*, São Paulo: Cosac Naify, 2006.

que, em geral, a recepção e a validação das artes indígenas percorrem caminhos distintos das artes moderna e contemporânea; cientes de que não se produz nem performatiza nada apenas para a contemplação, pois, nos universos indígenas, não é possível separar forma, significado e capacidade agentiva.

Naine Terena, no catálogo de *Véxoa: nós sabemos*, exposição sediada pela Pinacoteca do Estado de São Paulo, utiliza a noção de "arte indígena". À página 15 de seu texto, a curadora afirma: "a produção material indígena sempre foi constante e os traços artístico-culturais estão empregados nela. [...] a arte é um elemento cultural imbuído na existência indígena, a intuição estética perpassa desde a produção de cestarias à construção de instalações nos dias de hoje"[6]. Em outro trecho, argumenta que as artes indígenas certamente possuem peculiaridades, mas, por isso mesmo, são importantes para a história da arte brasileira e fazem falta nas coleções de museus.

Feitas essas considerações sobre as categorias "arte", "artesanato" e "artes indígenas", o intuito do presente capítulo é oferecer um panorama introdutório a partir da leitura de etnografias dedicadas a diferentes povos que vivem hoje no território brasileiro ou próximo a suas fronteiras.

Especificidades e recorrências nas artes ameríndias

São destacadas, a seguir, especificidades que distinguem e contrastam as artes ameríndias das artes moderna e contemporânea, como também recorrências, elementos que aparecem de modo similar em vários povos.

1. Inexistência de uma esfera estética autônoma e separada das demais dimensões da vida

As formas expressivas ameríndias estão muito presentes no cotidiano e nas celebrações de forma difusa, perpassando aquilo que, na perspectiva ocidental, chamaríamos de esferas política, econômica, religiosa ou medi-

6. Naine Terena, "Véxoa: nós sabemos", em: Munduruku Terena *et al.*, *Véxoa: nós sabemos* [catálogo], São Paulo: Pinacoteca do Estado, 2020, pp. 11-24.

cinal. Um grafismo, uma máscara ou um canto viabilizam e potencializam atividades como a caça, o ingresso de um jovem na vida adulta, a partida da alma de um morto ou a cura de um doente. Bancos indígenas oferecem uma boa ilustração do amálgama entre finalidade estética, finalidade ritual e finalidade utilitária. O grau de maestria técnica e a força expressiva de muitos dos bancos sugerem não se tratar apenas de móveis para apoio dos glúteos. Cristiana Barreto[7] afirma que, muitas vezes, os bancos ajudam os xamãs a se transformarem em outros seres e acessarem outros mundos. E Els Lagrou[8] exemplifica: no ritual de iniciação dos meninos Huni Kuin, os pais esculpem um banquinho de samaúma, esperando que a árvore propicie a seus filhos vida longa e raízes firmemente plantadas.

O banco da figura 1, em forma de onça, provavelmente faz referência à imagem do chefe. No Xingu, chefes são como onças que precisam ser acalmadas e portam ornamentos alusivos à onça. Assim descreve Carlos Fausto, à página 664 de seu texto "Chefe jaguar, chefe árvore":

> Um *anetü* [chefe] vai sendo fabricado à imagem de um felino: como noviço, suas orelhas são perfuradas por outro chefe que o ataca com um osso afilado de jaguar; como jovem lutador, ele se move e esturra como um formidável predador; como dono de ritual, ele porta o colar de garras, o cinto e o chapéu de uma onça-pintada; como chefe executivo, a comunidade constrói-lhe uma casa onde esculpe uma estátua de jaguar[9].

É possível também que esse banco tenha sido feito para ser vendido a não indígenas, permitindo a compra de bens industrializados. Infelizmente, na exposição fotografada, não havia informação sobre o autor ou a história da peça. Isso ainda é frequente em exposições de artes indígenas,

7. Cristiana Barreto, "Do chão profano aos bancos sagrados: uma arqueologia dos bancos indígenas da Amazônia", em: Adélia Borges (org.), *Bancos indígenas: entre a função e o rito*, São Paulo: Museu da Casa Brasileira, 2006, pp. 7-18.
8. Els Lagrou, *A fluidez da forma: arte, alteridade e agência em uma sociedade amazônica (Kaxinawa, Acre)*, Rio de Janeiro: TopBooks, 2007.
9. Carlos Fausto, "Chefe jaguar, chefe árvore: afinidade, ancestralidade e memória no Alto Xingu", *Mana*, Rio de Janeiro: 2017, v. 23, n. 3, pp. 653-76.

devido à falta de documentação sobre as coleções e também às estratégias questionáveis por meio das quais as peças foram obtidas.

2. *Efemeridade*

Tradicionalmente, colecionar não é uma prática que faça sentido para muitos povos indígenas. Ao contrário, suas artes são, em geral, efêmeras. A dança, a música, a *performance* e a poesia são executadas ao vivo e só recentemente vêm recebendo registros audiovisuais e escritos por parte dos próprios indígenas. A pintura corporal tem duração limitada, necessitando ser refeita regularmente. A maioria dos povos não guarda máscaras depois de usá-las em rituais, até por uma questão de segurança, já que elas presentificam espíritos e suas potências agentivas, capazes de provocar transformações, doenças e mortes. Em muitos casos, os objetos da pessoa são destruídos quando ela morre. De acordo com Aristóteles Barcelos Neto[10], os Waujá consideram nefasto conservar fotografias de falecidos, pois isso poderia impedir ou retardar a viagem da alma à aldeia celeste. A alma e a imagem não são dissociadas, de modo que os retratos duplicam a pessoa retratada.

Dada a agência de objetos e imagens, alguns grupos vêm tentando recuperar coleções museológicas que foram constituídas mediante a pilhagem de seus antepassados. Lideranças Tariana e Tukano, por exemplo, exigiram recentemente a repatriação de peças do Museu Nacional do Índio de Manaus, administrado por missionários. Vale lembrar que no passado os adornos e objetos rituais desses povos foram destruídos pelos missionários, por serem associados a rituais considerados anticristãos; os poucos que restaram foram escondidos pelos missionários e posteriormente expostos no referido museu. Outros povos optaram por construir espaços culturais e de memória próprios. O Museu Maguta, do povo Ticuna, é o mais antigo. Criado em 1990, no Amazonas, reúne máscaras, colares, cestos, redes, fotos históricas, mapas de áreas indígenas e desenhos de mitos, acompanhados por explicações escritas. O museu incomodou

10. Aristóteles Barcelos Neto, *Apapaatai: rituais de máscaras no Alto Xingu*, São Paulo: Edusp/Fapesp, 2008.

madeireiros, políticos e latifundiários, que lhe fizeram ameaças já no dia da inauguração. O Museu Kuahí dos Povos Indígenas do Oiapoque, por sua vez, foi inaugurado pelos Karipuna, Palikur, Galibi-Marworno e Galibi-Kalinã em 2004, com assessoria da antropóloga Lux Vidal, para funcionar como centro de memória, pesquisa e documentação.

3. *Papel central do corpo, protagonista de* performances, *alvo de escarificação e ornamentação*

A memória coletiva, às vezes, é inscrita nos corpos por meio de cicatrizes resultantes de suplícios rituais. A arte da oratória, importante para os chefes, pode ser em alguns casos reforçada por adornos labiais, assim como a arte da escuta pode ser potencializada por alargadores de orelha. O xamã costuma ingerir ou inalar substâncias que lhe permitem ter visões. Guerreiros recebem pinturas que os fortalecem e protegem; recém-nascidos e jovens púberes merecem cuidados corporais que os transformam e lhes transmitem conhecimentos. A figura 2 mostra uma criança vestida e enfeitada de acordo com a tradição Kayapó Xikrin.

De acordo com Clarice Cohn[11], o bebê Xikrin é enfeitado desde o nascimento. Num primeiro momento, é coberto com urucum vermelho, pois o cheiro desse fruto mantém a criança próxima aos vivos e protegida dos mortos. Após a queda do umbigo, recebe a primeira pintura corporal preta, feita com sumo de jenipapo e pó de carvão. Os motivos pintados no bebê são exclusivos e restritos até o momento em que ele começa a falar e a andar. Aguarda-se que a pele sensível se torne mais "dura" para ele poder trajar pulseiras e braçadeiras, bem como cordões ao redor da cintura, ambos de miçangas, nas cores azul e vermelha; a pintura deixa então de ser feita com o dedo e passa a ser aplicada com pincéis vegetais; o padrão único composto por listas verticais é substituído por grande variedade de grafismos; a cabecinha é coberta por um tipo de algodão apropriado para essa idade (penas seriam potentes e perigosas demais para o corpo

11. Clarice Cohn, *A criança indígena: a concepção Xikrin de infância e aprendizado*, dissertação (Mestrado em Antropologia) – Faculdade de Filosofia, Letras e Ciências Humanas, Universidade de São Paulo, São Paulo: 2000.

infantil). Tudo isso pode ser visto na figura 2. Na página 101 do texto "A criança, a morte e os mortos", Cohn explica: "a pintura corporal e a ornamentação [contribuem para] promover a saúde e o bem-estar das pessoas, assim como para comunicar sua situação. Isso vale para todas as idades, durante toda a vida e na morte"[12].

4. *Agência de objetos e imagens*

Se na arte ocidental é nítida a diferença entre o referente e sua representação, para os povos indígenas essa distância parece inexistente ou reversível. Uma máscara, um grafismo sobre cerâmica ou uma efígie mortuária têm, potencialmente, capacidade agentiva similiar à dos seres que os inspiraram. Por isso, para as artes ameríndias, funciona melhor a ideia de *presentificação* do que a de *representação*. Segundo Lúcia van Velthem[13], os artefatos produzidos pelos Wayana são equivalentes a pedaços de corpos de seres sobrenaturais. Se ocorrer sua concretização artística integral, eles ganharão vida. Assim, para que um tipiti (espremedor de mandioca trançado, com formato longitudinal) não se transforme em uma temível cobra constritora, não podem ser reproduzidas, no objeto, nem a sua cabeça nem a sua cauda; do contrário, o tipiti pode se tornar a cobra, agir como a cobra.

O fato de imagens e objetos terem agência leva a uma forte associação entre arte e xamanismo. Uma boa ilustração se encontra nos Shipibo-Konibo, estudados por Elvira Belaunde[14], que concebem a cura como o ato de cobrir o corpo do doente com desenhos perfumados e coloridos, conduzido pelo canto do xamã. As pessoas e os objetos cobertos pelos grafismos, durante a sessão xamânica, se tornam mais limpos, fortes, saudáveis e belos.

12. *Idem*, "A criança, a morte e os mortos: o caso Mebengokré-Xikrin", *Horizontes Antropológicos*, Porto Alegre: 2010, v. 16 n. 34, pp. 93-115.
13. Lúcia Hussak van Velthem, *A pele de Tuluperê: uma etnografia dos trançados Wayana*, Belém: Museu Paraense Emílio Goeldi, 1998.
14. Elvira Belaunde, *Kené: arte, ciencia y tradición en diseño*, Lima: Instituto Nacional de Cultura, 2009.

5. *Regimes de visibilidade/acesso*

Não é qualquer coisa que pode ser vista, ouvida e presenciada por qualquer pessoa. Como explica o xamã Davi Kopenawa, no livro *A queda do céu*, os espíritos *xapiripë*, que os Yanomami apontam como fonte de criatividade, alegria e beleza, são seres minúsculos e cintilantes que dançam sobre grandes espelhos[15]. Seus corpos são pintados, suas cabeças são cobertas de plumas brancas, suas braçadeiras são feitas de miçangas e plumas. Mas só os xamãs conseguem chamá-los e vê-los, após uma longa e dolorosa aprendizagem, com o auxílio de uma substância psicoativa chamada *yekõana*.

Outro exemplo são as flautas masculinas dos Waujá, que não podem ser vistas por mulheres, segundo Aristóteles Barcelos Neto[16]. Os Guarani nas regiões Sul e Sudeste, por sua vez, distinguem o canto-reza do canto executado nos corais infantis: o primeiro é restrito aos contextos rituais, em que buscam se fazer ouvir pelas divindades, ao passo que o segundo é aberto a apresentações públicas, nas quais também querem se fazer ouvir e respeitar pelos brancos, como aprendemos com Valéria Macedo[17]. A preocupação relativa a quem pode acessar o quê é também uma das razões para os anciãos Wãjapi hesitarem quanto à circulação da arte gráfica *kusiwa*, que foi registrada como patrimônio imaterial pelo Instituto do Patrimônio Histórico e Artístico Nacional (Iphan) em 2006. Eles temem a perda do controle sobre como e por quem os desenhos serão utilizados. Isso é relatado por Dominique Gallois[18], que participou desse processo pioneiro de patrimonialização de grafismos indígenas.

15. Davi Kopenawa e Bruce Albert, *A queda do céu: palavras de um xamã Yanomami*, São Paulo: Companhia das Letras, 2015.
16. Aristóteles Barcelos Neto, *Apapaatai: rituais de máscaras no Alto Xingu*, São Paulo: Edusp/Fapesp, 2008.
17. Valéria Macedo, "Dos cantos para o mundo: invisibilidade, figurações da 'cultura' e o se fazer ouvir nos corais Guarani", *Revista de Antropologia*, São Paulo: 2012, v. 55, n. 1, pp. 357-400.
18. Dominique Gallois, "Donos, detentores e usuários da arte gráfica *kusiwa*", *Revista de Antropologia*, São Paulo: 2012, v. 55, n. 1, pp. 19-49.

6. *Onipresença de grafismos aplicados sobre a pele e em tecido, cerâmica e cestaria*

Em algumas sociedades, os grafismos – desenhos estilizados, geométricos, repetidos ou alternados em série – comunicam divisões sociais internas e a situação da pessoa em relação ao grupo. Em outras, aludem ao sobrenatural e abrem um canal com ele. Els Lagrou[19] chama a atenção para o fato de que, não raro, os grafismos indígenas parecem vibrar ou se mover, figura e fundo se confundem, levando nossos olhos a percorrer padrões labirínticos. É verdade que, após a intensificação do contato com a sociedade nacional, desenhos e pinturas figurativos – que retratam pessoas, animais ou paisagens de maneira realista – vêm ganhando algum espaço, sobretudo nos livros didáticos e exposições de arte, mas ainda constituem exceção e não suplantam a recorrência dos grafismos.

Na figura 1, grafismos Kuikuro podem ser vistos na decoração central do banco; na figura 2, estão presentes na perna da criança. Já a figura 3 traz amostras do repertório gráfico Kadiweu aplicado sobre cerâmica.

Antigamente, as mulheres Kadiweu pintavam a pele com grafismos diariamente; hoje, aplicam-nos principalmente em jarras e vasos de cerâmica. Nas imagens notam-se dois tipos de padrões, os geométricos/angulares e os curvilíneos, bem como a presença do *lawile*, que, conforme observou Raquel Duran em sua pesquisa[20], é um dos desenhos mais frequentes. O *lawile* lembra uma espiral ou um redemoinho e permite várias interpretações: pode aludir à lagoa mítica em torno da qual amigos consumiram a bebida fermentada que descobriram, representando a embriaguez; pode se referir ao efeito hipnótico de uma flor vermelha que seduz crianças, virgens e pessoas vulneráveis, atraindo-as para as garras de um monstro; ou ainda evocar o "caramujo" das moças, sua virgindade em permanente risco de ser rompida. Duran explica que o *lawile* funciona como uma espécie de proteção contra essas ameaças.

19. Els Lagrou, *Arte indígena no Brasil: agência, alteridade e relação*, Rio de Janeiro: C/Arte, 2009.
20. Maria Raquel da Cruz Duran, *Padrões que conectam: o* godidigo *e as redes de socialidade Kadiwéu*, tese (Doutorado em Antropologia Social) – Faculdade de Filosofia, Letras e Ciências Humanas, Universidade de São Paulo, São Paulo: 2017.

O azulejo premiado da figura 3b merece um comentário adicional. Em 1998, Marcelo Ferraz e Francisco Fannucci, do escritório Brasil Arquitetura, convidaram mulheres Kadiweu para participar com eles de uma concorrência. Realizaram um concurso de desenho na aldeia para selecionar seis vencedoras, que receberiam 13 mil dólares cada uma. Em seguida, registraram seus desenhos na Escola de Belas Artes, no Rio de Janeiro, para então utilizá-los em azulejos que, hoje, decoram o Bairro Amarelo, em Berlim. Embora não seja possível aprofundar o assunto aqui, convém apontar que é controverso o fato de seis mulheres assinarem documentos relativos a um repertório, em grande parte, coletivo. As noções de autoria e propriedade intelectual individual espelham concepções nossas; quando aplicadas às artes e conhecimentos ameríndios, podem gerar verdadeiros curtos-circuitos.

7. *Relação entre grafismo e organização social*

A pintura corporal e facial, sobretudo nos grupos falantes de línguas Jê, funciona como um código de comunicação sobre as distinções sociais, ou seja, uma forma de sinalizar a que classe etária ou clã pertence a pessoa, ou seu estado de luto, ou qualquer outra condição que a identifique e situe no seio do grupo. Lux Vidal[21] mostra que, entre os Kayapó Xikrin, as fases percorridas por alguém ao longo da vida são assinaladas por mudanças de padrão na sua pintura corporal – o primeiro filho do casal, o período de reclusão, a reintegração à sociedade, a perda de um parente próximo. Já os Xerente, de acordo com Aracy Lopes da Silva[22], indicam, por meio de desenhos nos corpos, as metades exogâmicas (para casamentos) e as metades rituais às quais a pessoa pertence, conforme o grafismo escolhido: círculo, traço, padrão da sucuri ou do jabuti. Regina Miller[23], por sua vez, mostra que os Assurini demarcam o binarismo de

21. Lux Vidal, "A pintura corporal e a arte gráfica entre os Xikrin do Cateté", em: Lux Vidal (org.), *Grafismo indígena: estudos de antropologia estética*, São Paulo: Studio Nobel/Edusp/Fapesp, 1992, pp. 143-89.
22. Aracy Lopes da Silva e Agenor Farias, "Pintura corporal e sociedade: os 'partidos' Xerente", em: Lux Vidal (org.), *Grafismo indígena*, *op. cit.*, pp. 89-116.
23. Regina Miller, "Arte gráfica Assurini do Xingu: corpo, mito e pensamento", em: Carlo Severi e

gênero por meio da estruturação da pintura corporal. Entre as mulheres, o ventre é marcado por um desenho vertical que divide a parte da frente do corpo em duas. Entre os homens, a divisão se dá no sentido horizontal, de ombro a ombro.

8. *Relação entre arte e alteridade*

Nem sempre a ornamentação e os grafismos se referem ao *status* social da pessoa dentro do grupo, como descrito no tópico anterior. Pode ocorrer de os mesmos materiais e recursos expressivos serem associados ao sobrenatural e à comunicação com outras dimensões do cosmos. Segundo os Marubo, estudados por Pedro Cesarino[24], as pessoas possuem duplos invisíveis, que as acompanham desde o nascimento até a morte e são responsáveis pela sua aprendizagem. Esses duplos são todos portadores de grafismos.

A origem dos grafismos Wayana também é extra-humana: a antropóloga Lúcia van Velthem[25] descreve que Tuluperê, um sobrenatural perigoso cujo aspecto é o de larva de borboleta/serpente, é recoberto de desenhos, os quais correspondem à sua pintura corporal. Segundo a narrativa mítica, esses desenhos foram vistos e copiados pelos Wayana em tempos imemoriais. Já mulheres Piro, segundo o estudo de Peter Gow[26], produzem desenhos chamados de *yonchi*, inspirados na pele da jiboia "ilusória" que o espírito Kamalampi criou para si. A seu turno, os desenhos mais frequentes do repertório gráfico Waujá vêm de Arakuni, um personagem mítico que confeccionou uma "roupa-cobra" para si mesmo. Barcelos Neto[27] explica que Arakuni se transformou em cobra

Els Lagrou (orgs.), *Quimeras em diálogo: grafismo e figuração nas artes indígenas*, Rio de Janeiro: 7 Letras, 2013, pp. 163-80.

24. Pedro Cesarino, "A escrita e os corpos desenhados: transformações do conhecimento xamanístico entre os Marubo", *Revista de Antropologia*, São Paulo: 2012, v. 55, n. 1, pp. 75-137.
25. Lúcia Hussak van Velthem, *A pele de Tuluperê*, *op. cit.*
26. Peter Gow, "Piro designs: painting as meaningful action in an Amazonian lived world", *Journal of the Royal Anthropological Institute*, London: 1999, v. 5, n. 2, pp. 229-46.
27. Aristóteles Barcelos Neto, *A arte dos sonhos: uma iconografia ameríndia*, Lisboa: Museu Nacional de Etnologia/Assírio & Alvim, 2002.

Figura 1. Banco Kuikuro. Artista não identificado. Coleção BEI, em exposição no Pavilhão Japonês do parque Ibirapuera, em junho de 2018. Além dos Kuikuro, outros povos ameríndios produzem bancos de madeira maciça, sem encaixes, cobertos ou não por pinturas.

por vergonha, após ter cometido incesto com sua irmã, durante o período de reclusão desta.

Na mesma direção, a figura 4 mostra as efígies de madeira produzidas pelo povo Kalapalo para um Kuarup, ritual em homenagem a mortos de destaque, que reúne várias etnias do Alto Xingu. Conforme descrição de Antônio Guerreiro[28], quatro mortos estão sendo homenageados no mesmo ritual. As efígies dos dois mais importantes estão no centro: portam mais cintos do que as outras e só elas têm colares. O morto da última efígie não recebe cocar de penas, o que denota sua menor importância. O processo de confecção das efígies depende de uma série de conhecimentos e envolve muitas pessoas e técnicas. Antes de derrubar a árvore,

28. Antonio Guerreiro, *Ancestrais e suas sombras: uma etnografia da chefia Kalapalo e seu ritual mortuário*, Campinas: Editora da Unicamp, 2015.

Figura 2. Criança Xikrin do Bacajá com adornos corporais específicos para sua idade.

é preciso agradar a entidade dona da árvore. Por isso, os pajés acompanham a expedição à mata e fumam tabaco em frente à árvore escolhida. Oferecem-lhe também um mingau de pimenta preparado pelas mulheres numa panela especial. Depois de chegarem à aldeia, as toras de madeira são enfiadas em buracos cavados no chão, para ficarem eretas. Descasca-se uma faixa em sua metade superior para receber pinturas. Como aponta Guerreiro, isso confere ao tronco uma morfologia humana: abaixo da faixa pintada imaginamos a cintura e acima dela vislumbramos a cabeça. O pigmento branco usado como fundo é obtido da argila de uma lagoa e tem ligação com grandes predadores e lutadores. Os grafismos aplicados por cima indicam o gênero do morto, feminino ou masculino. Na etapa final, os parentes dos mortos são chamados pelos coordenadores do ritual e se apresentam, chorando, carregando cintos de algodão. Os cintos brancos são amarrados no local equivalente à cintura, e faixas vermelhas são colocadas no topo da efígie, lembrando os cabelos pintados de urucum. Prontas, as efígies atraem os mortos para a despedida. Elas sinalizam a presença dos falecidos homenageados, embora não se confundam com eles.

Figura 3. (a) Vaso de cerâmica feito por Libência Rufino, do povo Kadiweu. (b) Azulejo premiado em concurso internacional de arquitetura, de autoria de Sofia de Souza, também do povo Kadiweu.

9. *Sinestesia*

Frequentemente, duas ou mais linguagens artísticas e dois ou mais canais sensoriais são acionados, gerando uma experiência imersiva. Entre os Shipibo-Konibo, conta Belaunde[29], os desenhos *kene* são como partituras musicais: é possível cantar percorrendo suas linhas com os dedos. As visões proporcionadas pela ingestão de *ayahuasca* são descritas como perfumadas, melódicas e coloridas. A arte gráfica dos Wãjapi do Amapá é uma forma de transmissão de conhecimento visual que opera aliada a narrativas orais, conforme o estudo de Dominique Gallois[30]. Como já se afirmou anteriormente, os repertórios gráficos dos Marubo têm estrutura narrativa similar à de suas artes verbais. E os Waujá curam seus doentes por meio de uma verdadeira "terapia estética", em que danças, flautas, canto, formas e cores das máscaras gigantes – retratadas na figura 5 – se aliam no processo de tratamento da pessoa enferma.

Barcelos Neto[31] relata que, quando um Waujá fica gravemente doente, a família do paciente patrocina um ritual no qual um xamã especializa-

29. Elvira Belaunde, *Kene*, *op. cit.*
30. Dominique Gallois, "Donos, detentores e usuários da arte gráfica *kusiwa*", *op. cit.*
31. Aristóteles Barcelos Neto, *A arte dos sonhos*, *op. cit.*, p. 324.

Figura 4. Efígie no centro da aldeia Kalapalo durante ritual *egitsü*, também conhecido como Kuarup.

do, chamado de *yakapá*, negocia a devolução da alma do doente, que foi raptada pelos sobrenaturais *apapaatai*. O doente até consegue ver, nos sonhos, o que está lhe causando o mal, mas a identificação correta e a estratégia de ação cabem ao xamã, que fuma muito tabaco para iluminar sua visão. Sons e imagens se complementam no ritual de cura: a visão possibilita o diagnóstico; a música cria a atmosfera necessária; a beleza das danças e das máscaras atrai e acalma os *apapaatai*, tornando-os aliados. No livro *A arte dos sonhos*, o autor afirma: "a festa envolve a comunidade num evento em que comida, música, drama, dança, máscaras e ornamentação corporal trazem seres sobrenaturais para um convívio temporário e muitas vezes eufórico"[32].

32. *Ibidem*.

Figura 5. Máscaras gigantes que presentificam os sobrenaturais *apapaatai* em ritual de cura Waujá.

10. *Critérios próprios de apreciação estética*

Vários relatos etnográficos sugerem a vigência de parâmetros claros para avaliar as formas expressivas ameríndias. Os Waujá do Xingu valorizam a simetria, a presença de mais de um padrão e o preenchimento de todo o espaço, além de preferirem desenhos dos sobrenaturais que consideram os mais poderosos e perigosos. Os Shipibo-Konibo julgam a firmeza das linhas, curvas e ângulos, a proporção dos espaços em branco e a harmonia do conjunto. Além disso, seu ideal de beleza alia o que é belo ao que é correto: o termo *kikín* se refere ao mesmo tempo a realizações cumpridas de acordo com as convenções, a experiências agradáveis e a valores morais como a sutileza. A habilidade no desenho é avaliada pelos Piro com base em dois critérios: o uso regular da superfície – senso de espacialidade – e o encaixe perfeito de linhas, de modo que não se saiba onde o artista começou e onde terminou.

11. *Imagens invisíveis e quiméricas*

Nos contextos indígenas, imagens podem ser relativamente independentes de sua existência material. Segundo se depreende do relato de Davi Kopenawa em *A queda do céu*, na concepção Yanomami a imagem é um equivalente do que os brancos chamam de duplo ou espírito. Em sua dimensão intangível, imagens povoam os sonhos, os transes e as narrativas míticas Yanomami, formando um repertório de esquemas, formas e cores partilhado coletivamente. Pedro Cesarino[33] conta que, quando pediu a diferentes interlocutores Marubo que traduzissem sua poesia oral em desenhos, todos utilizaram soluções parecidas para transpor esquemas narrativos verbais para o papel, o que sugere a existência de esquemas mentais comuns. Barcelos Neto relata algo similar: quando seus amigos Waujá desenharam no papel a pedido dele, eles não pareciam fazer esforço, dando a impressão de estarem apenas transferindo imagens abundantes no mundo dos sonhos, transes e mitos[34]. Mesmo no caso de desenhos aplicados sobre superfícies concretas, é comum que o observador precise realizar uma operação de projeção mental sobre os índices visuais incompletos que compõem aquela imagem ou aquele objeto. Isso é o que Carlo Severi chama de "imagens quiméricas"[35]. Quimera é uma forma composta de um pequeno número de traços, que oferece aos olhos poucos detalhes. O observador é impelido a completar os traços que faltam à imagem, como acontece com frequência nas artes ameríndias.

12. *Relativização da dicotomia inovação × tradição*

Enquanto no Ocidente as artes moderna e contemporânea costumam ser movidas pela busca de inovação, pela quebra de paradigmas e pela ruptura com o passado, nas artes ameríndias essa dicotomia não é reificada – ou só passou a sê-lo com a intensificação das relações com o Estado e os brancos. Na verdade, o que chamamos de tradição está sempre se

33. Pedro Cesarino, "A escrita e os corpos desenhados", *op. cit.*

34. Aristóteles Barcelos Neto, *A arte dos sonhos, op. cit.*

35. Carlo Severi, "O espaço quimérico: percepção e projeção nos atos do olhar", em: Carlo Severi e Els Lagrou (orgs.), *Quimeras em diálogo, op. cit.*, pp. 25-66.

transformando. Um bom exemplo é fornecido por Chang Whan[36], autora de uma publicação sobre as bonecas de cerâmica *ritxokó*, fabricadas pelos Karajá. Tradicionalmente, eram brinquedos infantis, presenteados por tias ou avós, com os quais as crianças aprendiam sobre os membros da família e as relações entre eles. A partir de metade do século XX, em razão das demandas de não indígenas, as ceramistas Karajá começaram a queimar as bonecas, antes feitas de argila crua, para aumentar sua resistência; dobraram seu tamanho de 10 para 20 centímetros; e acrescentaram-lhe braços e pernas, aprimorando o realismo. Mas as pequenas bonecas antigas, de argila crua, sem membros, continuam sendo produzidas para consumo interno.

Também não se pode esquecer que, há décadas, miçangas industrializadas – preferencialmente de cristal e vidro, mas também de plástico – são apreciadas para a confecção de cintos, colares e braceletes, entre outras peças, completamente integradas à cosmologia e aos rituais. Tanto que, entre os Kayapó Mebêngôkre, "uma criança desprovida de miçangas é sinônimo de órfã, alguém sem uma mãe para pintá-la, fazer sua tonsura, enfeitá-la com miçangas", como formula Vanessa Lea[37].

No mesmo sentido, tem se difundido entre povos xinguanos, mais recentemente, o uso da tinta nanquim para a realização da pintura corporal. Atraente pelo fato de ser facilmente lavável, ao passo que a tintura de jenipapo perdura por até duas semanas, o nanquim cobre a pele principalmente com grafismos tradicionais. O fenômeno foi estudado por Gabriela Aguillar[38], que também registra, no Alto Xingu, pinturas corporais surpreendentes: Homem-Aranha, brasões de times de futebol, o símbolo do *yin* e do *yang* e até mesmo o dizer "Fora Temer!". Essas inovações se encaixam dentro de certas convenções locais, como a parte do corpo em

36. Chang Whan, *Iny: Karajá*, Rio de Janeiro: Museu do Índio/Funai, 2012.

37. Vanessa R. Lea, *Riquezas intangíveis de pessoas partíveis: os Mẽbêngôkre (Kayapó) do Brasil Central*, São Paulo: Edusp/Fapesp, 2012, p. 144.

38. Gabriela Aguillar, *Criatividade visual e transformações entre o povo Matipu do Alto Xingu*, dissertação (Mestrado em Antropologia) – Instituto de Filosofia e Ciências Humanas, Universidade Estadual de Campinas, Campinas: 2018.

que são aplicadas as pinturas e a repetição serial, além de serem pouco frequentes em pessoas com papel central nos rituais.

Artes ameríndias no circuito nacional

As ricas formas expressivas apresentadas até aqui e muitas outras que não puderam ser contempladas neste texto têm funcionado, de certa forma, como mediadoras entre os povos indígenas e a sociedade nacional, como gatilhos para o estabelecimento de relações mais ou menos éticas, mais ou menos horizontais. Observam-se, por exemplo, parcerias entre não indígenas e indígenas nas áreas do *design*, da moda e da arquitetura. Além do caso das ceramistas Kadiweu mencionado anteriormente, grafismos Kayapó estamparam roupas vendidas pela grife carioca Farm e pinturas corporais Kĩsêdjê cobriram Gisele Bündchen numa campanha da Grendene.

Esse último caso foi discutido por Marcela Coelho de Souza, em artigo no qual descreve como os Kĩsêdjê decidiram qual pintura corporal Gisele Bündchen poderia receber, que tipo de cocar deveria aparecer nas fotos, que música seria tocada na filmagem do comercial e assim por diante[39]. Procuraram evitar que ela usasse adornos plumários masculinos; que práticas e elementos visuais incorporados de outras etnias alto-xinguanas ficassem em evidência; e que miçangas industrializadas fossem fotografadas. Ao mesmo tempo, recuperaram uma pintura feminina tradicional reservada a belas mulheres, há muito tempo fora de uso. Assim, rearranjaram com criatividade certos elementos culturais e negociaram identidades de uma forma que fizesse sentido para os dois lados. Contudo, a Grendene relançou posteriormente uma coleção com desenhos indígenas sem consultar os Kĩsêdjê nem os remunerar, alegando que não eram criações específicas desse povo. Os Kĩsêdjê reclamaram, argumentando que, se não fosse a relação com eles, a empresa nem teria conhecimento dos grafismos. Conseguiram um pagamento inferior ao solicitado e não obtiveram o reconhecimento do erro como esperavam.

39. Marcela Stockler Coelho de Souza, "A pintura esquecida e o desenho roubado: contrato, troca e criatividade entre os Kĩsêdjê, *Revista de Antropologia*, São Paulo: 2012, v. 55, n. 1, pp. 209- 254.

Ainda mais controverso foi o uso de grafismos indígenas pelo estilista Eduardo Pombal, na São Paulo Fashion Week de 2011, em roupas da marca Tufi Duek. Modelos brancas e esguias desfilaram vestidos estampados com geometrismos e cores que o estilista vira em cestos e pulseiras, numa loja, e em fotos de pinturas corporais ameríndias. Na ocasião, ele declarou na televisão que fez uma "releitura não literal da cultura tribal da Amazônia". Embora essa atitude possa ser questionada do ponto de vista ético, legalmente, em se tratando de uma releitura, não há impedimentos. Na prática, os povos indígenas dependem da boa-fé de quem se inspira em seu repertório, para que, ao menos, sejam creditados.

Em relação aos museus brasileiros, uma história das exposições de artes indígenas ainda está por ser escrita. Destaco para começar cinco eventos emblemáticos. A 17ª Bienal de São Paulo, em 1983, tinha uma seção intitulada "Arte Plumária do Brasil", com catálogo à parte. Seu curador era um artista tapeceiro, Norberto Nicola, e os textos foram escritos por antropólogas fundamentais no estudo das artes ameríndias: Berta Ribeiro, Lux Vidal e Lúcia van Velthem. A *Mostra do Redescobrimento*, em 2000, abrangia um grande núcleo chamado "Artes Indígenas", na Oca do parque Ibirapuera. Dessa vez, a curadoria foi de um antropólogo: o português José António Braga Fernandes Dias. Entre 2013 e 2015, *Mira!* reuniu artistas indígenas da América Latina em Brasília e em Belo Horizonte. A idealizadora do projeto foi uma professora da Universidade Federal de Minas Gerais, Maria Inês de Almeida. Todas estas, no entanto, tinham não indígenas na curadoria.

Na 24ª Bienal de São Paulo, em 1998, o mote foi antropofagia – tema que teria permitido participações indígenas muito interessantes. Ali não foram expostos trabalhos nem reflexões de indígenas que vivem no Brasil, porém, curiosamente, estiveram presentes uma *videomaker* Warlpiri da Austrália, Francis Jupurrurla Kelly, e um artista contemporâneo Cherokee dos Estados Unidos, Jimmie Durham. Da mesma forma, a 32ª Bienal de São Paulo, em 2016, não convidou artistas indígenas para exporem. Eles poderiam ter problematizado nossas premissas sobre *natureza* e *ecologia*, termos que nortearam aquela edição da mostra.

É verdade que Davi Kopenawa, Ailton Krenak e Jaider Esbell foram convidados para fazer palestras, mas quem se perpetuou no catálogo foram artistas e curadores brancos. Como detalha Nina Vincent, na página 654 de seu texto sobre a 32ª Bienal de São Paulo, o trabalho "Dois pesos, duas medidas", de Lais Myrrha, comparava modos construtivos e, metaforicamente, modos de vida: "duas enormes colunas empilhadas, com as mesmas dimensões, atravessam o vão entre os andares do pavilhão, uma composta por materiais empregados nas construções indígenas (cipó, toras de madeira, palha) e outra por materiais usados na construção civil brasileira (tijolo, cimento, ferro, vidro, canos)"[40]. Já "Ágora: OcaTapera-Terrero", de Bené Fonteles, era uma réplica de uma casa indígena feita de madeira, barro e palha, dentro da qual o artista dispunha sua coleção de tesouros pessoais, inclusive objetos indígenas. No centro havia uma arena com bancos em que ocorreram encontros com ativistas de vários movimentos sociais e origens étnicas. Nem Lais Myrrha nem Bené Fonteles são indígenas.

O Museu de Arte do Rio (MAR) inovou ao sediar a mostra *Dja Guata Porã [Nossa bela caminhada]: Rio de Janeiro indígena*, em 2017, com cocuradoria da Guarani Sandra Benites e colaboração de indígenas de diversas etnias. Não se tratava estritamente de uma exposição de artes visuais, mas de um evento que abordava a história dos povos indígenas no estado do Rio de Janeiro, suas lutas políticas atuais e aspectos de sua mitologia, trazendo ainda artefatos, vídeos e instalações artísticas. Pouco depois, Sandra Benites seria convidada a se tornar curadora de artes indígenas do Museu de Arte de São Paulo (Masp).

Com efeito, nos últimos anos, curadores e artistas indígenas com trajetória individual – ainda que dialogando com repertórios coletivos e ancestrais – começaram a emergir no sistema das artes brasileiro. Sua recente presença em uma importante premiação de arte contemporânea do país é emblemática. Jaider Esbell, do povo Macuxi, e Arissana Braz Pataxó já haviam sido indicados para o Prêmio Pipa em março de 2016. Em 2020,

40. Nina Vincent, "Mundos incertos sob um céu em queda: o pensamento indígena, a antropologia e a 32ª Bienal de São Paulo", *Revista de Antropologia*, São Paulo: 2017, v. 60, n. 1, pp. 653-61.

Isael Maxakali foi vencedor do prêmio na categoria júri *online*. Em 2021, Daiara Tukano foi a escolhida pelos votos *online*, enquanto Denilson Baniwa foi selecionado pelo júri profissional.

Conheci Denilson Baniwa quando fomos convidados para a conferência de encerramento do 26º Encontro da Associação Nacional de Pesquisadores em Artes Plásticas (Anpap), em 2017. Se por um lado era louvável que a Anpap tivesse um convidado indígena, por outro lado a distância entre concepções ficou patente, bem como a falta de conhecimento do público sobre os povos indígenas. Desde então, acompanho o trabalho de Baniwa com admiração. Em 2019, por exemplo, ele realizou uma curadoria pioneira, só com artistas indígenas, no espaço de arte da Universidade Federal Fluminense, em Niterói. A mostra *ReAntropofagia* foi nomeada a partir de uma pintura na qual a cabeça negra de Mário de Andrade jaz decapitada numa bandeja, cercada por acepipes indígenas como a pimenta Baniwa e ladeada pelo seguinte bilhete: "Aqui jaz o simulacro Macunaíma. Jazem juntos a ideia de povo brasileiro e a antropofagia regada com Bordeaux e *Pax Mongolica*. Que desta longa digestão renasçam Makunaimî e a antropofagia originária que pertencia a nós, indígenas".

A contracanibalização continuou na exposição *Vai e vem*, que itinerou pelo Centro Cultural Banco do Brasil entre 2019 e 2020, quando Baniwa "rasurou" a iconografia do Brasil colonial. Sobre a réplica de uma página de Hans Staden representando um ritual antropofágico do século XVI, colou um garçom que perguntava: "Já provou?". Em seguida: "Não coma carne, coma memória!". Na cópia da aquarela "Sábio trabalhando em seu gabinete", de Jean-Baptiste Debret, inseriu um indígena sentado, observando um europeu tomando notas em seu caderno de campo. No rodapé, provocava: "O antropólogo moderno já nasceu antigo". Mais um exemplo da criatividade e combatividade de Baniwa foi a *performance* que presenciei no seminário Histórias Indígenas, realizado no Museu de Arte de São Paulo, em 2019, em que o artista, com uma máscara de onça, rasgou lentamente o livro *Breve história da arte*[41], na frente de curadores do

41. Susie Hodge, *Breve história da arte*, São Paulo: Olhares, 2018.

Masp, protestando contra a exclusão de indígenas da história da arte e das instituições no Brasil.

Ibã Sales Huni Kuin, coordenador do Mahku – Grupo de Jovens Artistas Desenhistas Huni Kuin, que transpõe músicas rituais para a linguagem visual, é outro nome que merece menção e que vem atuando há vários anos.

Em 2017, o Mahku foi convidado a participar do Projeto Parede, do Museu de Arte Moderna de São Paulo (MAM-SP). Uma jiboia enrolada estruturava a pintura figurativa multicolorida que se estendia por todo o corredor, como se vê na figura 6a. O coletivo Huni Kuin já havia sido convidado a realizar uma intervenção semelhante no Hospital Matarazzo, em São Paulo, em 2014, junto com outros 111 artistas brasileiros e estrangeiros. Também naquela ocasião foi pintada uma grande jiboia nas paredes e no teto de um saguão abandonado de 150 metros, parcialmente retratado na figura 6b. Para os Huni Kuin, o uso da figuração e do naturalismo é uma relativa inovação, mas não levou ao abandono dos grafismos tradicionais *kené*, pelo contrário. Pessoas e animais aparecem nas pinturas cobertos por esses desenhos geométricos, que podem funcionar também como moldura externa do conjunto.

Outros Huni Kuin têm desenvolvido projetos com o artista carioca Ernesto Neto, entre os quais Leopardo Yawa Bane, Txana Bane e Siã Sales. Nas instalações realizadas em 2014 para o Museu Guggenheim de Bilbao, na Espanha, e para o Instituto Tomie Ohtake, em São Paulo, Ernesto Neto projetou ambientes penetráveis de tecido no formato da jiboia ancestral ligada à bebida *ayahuasca*, que conheceu por meio dos Huni Kuin. Xamãs realizaram rituais nesses espaços. Em Viena, no ano seguinte, a instalação construída no Thyssen-Bornemisza Art Contemporary incorporou os grafismos *kené*, ampliando a participação Huni Kuin do plano espiritual para o plano formal. No início de 2018, foi a vez da exposição *Una Shubu Hiwea*, que ficou em cartaz no Itaú Cultural, na avenida Paulista. Dessa vez, Ernesto Neto se retirou da cena principal e atuou na curadoria. A exposição foi idealizada pelo pajé Dua Busë, com outros representantes Huni Kuin.

Figura 6. (A) Mural do Mahku, coletivo Huni Kuin coordenado por Ibã Sales, pintado na parede do MAM-SP, 2017. (B) Mural do coletivo Mahku pintado na parede do Hospital Matarazzo, 2014.

A exposição nasceu junto com o livro de mesmo nome, com apoio do edital Rumos Itaú Cultural 2013-2014. Foram frutos do trabalho de centenas de pessoas. O pajé Dua Busê tem incentivado a criação de parques de plantas medicinais nas aldeias e realizado *workshops* sobre seu cultivo.

Figura 7. Fachada do Itaú Cultural decorada com o grafismo *kené*, do povo Huni Kuin, durante a exposição *Una Shubu Hiwea*, em janeiro de 2018.

Com a verba do edital, uma escola foi construída, e cadernos foram distribuídos em 35 aldeias para as pessoas fazerem anotações sobre tratamentos, desenharem a fauna e a flora. Páginas dos cadernos ocupavam o centro de uma das salas do Itaú Cultural. Em outro andar, os visitantes recebiam um livreto narrando os mitos contidos nas 13 telas ali expostas. Nas paredes, ao lado das pinturas, havia fones de ouvido com músicas gravadas nas aldeias, relativas aos temas figurados em cada tela. Nota-se, mais uma vez, a interpenetração entre formas artísticas, medicina, educação e articulação política.

Gustavo Caboco, residente em Curitiba, é outro artista bastante atuante. É autor de um delicado livro artesanal, *Baaraz Kawau: o campo após o fogo*, motivado pelo incêndio do Museu Nacional, no Rio de Janeiro, em 2018. O fogo, causado pela falta de orçamento para reformas elétricas, consumiu, entre milhares de outros itens, uma borduna Wapixana, povo a que pertence sua mãe. Gustavo refletiu: "peças presas em museus, empoeiradas, não acessíveis aos indígenas que moram longe, de certa forma já estavam mortas"[42]. No livro, é traçada uma conexão entre a vida de seu tio Casemiro, liderança local e exímio narrador de histórias, e aquela borduna, ambos "mortos" com a mesma idade. No momento em que este capítulo foi finalizado, Caboco estava em cartaz em duas grandes exposições na capital paulista: *Moquém_Surarî*, no Museu de Arte Moderna, e a 34ª Bienal Internacional de São Paulo, que vem sendo chamada de "a Bienal indígena", por ter acolhido mais artistas indígenas, sobretudo da América Latina, do que qualquer edição anterior. O artista participou do material educativo da Bienal e também expôs no pavilhão do parque Ibirapuera um trabalho processual realizado junto com sua família Wapixana, tendo bordunas, antigas e atuais, como um dos focos.

Um dos marcos da virada que vem ocorrendo no Brasil nos últimos anos foi a exposição inaugurada pela Pinacoteca do Estado de São Paulo em novembro de 2020: *Véxoa: nós sabemos*, com curadoria de Naine Terena. A mostra compreendia produções em formatos e linguagens variados, desde máscaras rituais xinguanas até *performances* e videoarte, passando pela pintura e pela escultura. Naine Terena, nas *lives* relacionadas ao evento, explicou que o conjunto era uma amostra da arte brasileira feita por indígenas, algo que sempre existiu, embora não tivesse visibilidade, anteriormente, nesse circuito específico. A Pinacoteca parece, aliás, ter saído impactada da experiência. O museu adquiriu obras de artistas indígenas para sua coleção e inseriu algumas em sua mostra de longa duração, recentemente reconfigurada. Há, por exemplo, um módulo dedicado ao território e outro ao corpo – no qual bonecas de cerâmica Karajá figuram lado a lado com representações modernistas e acadêmicas do corpo humano.

Considerações finais

Os exemplos apresentados aqui sugerem que os processos de inserção das artes indígenas nas instituições artísticas e no mercado cultural são complexos. Por um lado, existem riscos de apropriação indevida, de assimetria

42. Gustavo Caboco em depoimento ao Museu de Arqueologia e Etnologia do Paraná, disponível em: <www.facebook.com/watch/?v=546301859600802>, acesso em: 10 out. 2020.

nas negociações econômicas, de exotização e pasteurização na representação da alteridade. Por outro lado, obras de arte algumas vezes agem como mediadoras na relação entre os mundos indígenas e não indígenas, funcionando como "armadilhas" para o nosso pensamento, tal qual escreveu Alfred Gell[43]. Seduzidos e atraídos pela sofisticação e pela densidade das artes ameríndias, quem sabe os públicos não indígenas desenvolvam maior empatia e curiosidade pelos povos originários, mais coragem para colaborar no enfrentamento dos desafios da questão indígena e, de quebra, ainda ampliem seus horizontes de possibilidades e sua imaginação?

Apesar dos avanços no que concerne à emergência de artistas e curadores indígenas a partir de 2013, no Brasil, o reconhecimento da pluralidade cultural ainda é mais discursivo do que estrutural. A programação das instituições tornou-se mais inclusiva, porém o mesmo não ocorre com suas instâncias decisórias. Tampouco se consolidaram novos mecanismos de legitimação artística. A arte global pode até abranger uma variedade maior de trabalhos, linguagens, nacionalidades e etnias do que a arte moderna e a contemporânea, como sustenta Hans Belting[44], mas continua sendo avaliada e precificada majoritariamente pelos mesmos agentes. O próximo passo seria diversificar o perfil das pessoas e instituições com poder para reconhecer, validar e valorizar as artes.

Além disso, a esfera artística, não sendo plenamente autônoma, se faz atravessar por preconceitos e violências presentes na população brasileira, como no caso da ameaça de destruição da belíssima instalação que Jaider Esbell realizou para o Circuito de Arte Urbana (Cura), em Belo Horizonte, em 2020. Segundo informações da revista *Museu*, evangélicos e políticos ameaçaram destruir as duas serpentes infláveis coloridas, provavelmente pensando se tratar de algo ligado a cultos afro-brasileiros. A obra, chamada *Entidades*, também foi montada no parque Ibirapuera, paralelamente à 34ª Bienal de São Paulo. Em uma *live* de 13 de maio de

43. Alfred Gell, "A rede de Vogel: armadilhas como obras de arte e obras de arte como armadilhas", *Arte e Ensaios: Revista do Programa de Pós-Graduação em Artes Visuais*, Rio de Janeiro: 2001, n. 8, pp. 174-91.

44. Hans Belting, *O fim da história da arte*, *op. cit.*

2020, no YouTube, Jaider Esbell havia dito que "o artista indígena contemporâneo caminha entre a floresta e o asfalto, faz percursos transmundos para provocar reflexões. [...] Conseguimos fazer as máquinas pararem e as pessoas olharem para nós"[45].

Porém, seu falecimento repentino, aos 41 anos, durante a mesma bienal em que ele era uma das estrelas, levanta questões espinhosas: a pressão do mercado e a lógica da superexposição seriam responsáveis por um sofrimento que pode ter acelerado sua morte? Como aproveitar o reconhecimento do sistema da arte ocidental, sem entrar em contradição com modos indígenas de viver, pensar e fazer?

No momento em que encerro este texto, os próprios artistas indígenas estão fazendo seu luto pela perda de Jaider Esbell e refletindo sobre esse furacão de acontecimentos recentes. Nada como fechar com as sábias palavras de Denilson Baniwa, numa carta comovente do dia 6 de novembro de 2021, que circulou nas redes sociais:

> [...] a pressão por não falhar em nossa caminhada [...], a ininterrupta fome de quem nos vê como uma novidade devorável no mercado, tudo isso que é considerável sucesso e o auge da carreira é um muro que nos cerca e nos tira do que é mais importante: uma vida saudável [...] Se a recepção que o mundo da arte ocidental nos deu levou um de nós ao grave fim, preciso pensar ainda mais em que tipo de relação quero manter com a arte ocidental.

Este é, portanto, um capítulo sem conclusão.

Para saber mais

Baniwa, Denilson. "A arte em luto". *Blog Racismo Ambiental*, 7 nov. 2021. Disponível em: <https://racismoambiental.net.br/2021/11/07/a-arte-em-luto-por-denilson-baniwa/>. Acesso em: 16 nov 2021.

Dias, José Antônio Braga Fernandes. "Arte, arte índia, artes indígenas". Em: Aguilar, Nelson (org.). *Mostra do Redescobrimento: artes indígenas*. São Paulo: Associação Brasil 500 Anos Artes Visuais, 2000, pp. 36-57.

45. Disponível em: <https://www.youtube.com/watch?v=fzZcQ3LhZIE>, acesso em: set. 2022.

GOLDSTEIN, Ilana Seltzer. "Da 'representação das sobras' à 'reantropofagia'. Povos indígenas e arte contemporânea no Brasil". *Modos*. Campinas: set. 2019, v. 3, n. 3, pp. 68-96.

_______; LABATE, Beatriz. "Encontros artísticos e ayahuasqueiros: reflexões sobre a colaboração entre Ernesto Neto e os Huni Kuin". *Mana*. Rio de Janeiro: set. 2017, v. 23, n. 3, pp. 437-71.

LAGROU, Els. *Arte indígena no Brasil: agência, alteridade e relação*. Rio de Janeiro: C/Arte, 2009.

MARTINI, André. "O retorno dos mortos: apontamentos sobre a repatriação de ornamentos de dança (*basá busá*) do Museu do Índio, em Manaus, para o Rio Negro". *Revista de Antropologia*. São Paulo: dez. 2012, v. 55, n. 1, pp. 331-55.

PITTA, Fernanda. "A 'breve história da arte' e a arte indígena: a gênese de uma noção e sua problemática hoje". *Modos*. Campinas: set. 2021, v. 5, n. 3, pp. 223-257.

REVISTA MUSEU. "Obra 'Entidades', de Jaider Esbell, sofre ataques virtuais e ameaças de destruição durante festival Cura". Disponível em: <www.revistamuseu.com.br/site/br/noticias/nacionais/9650-06-10-2020-obra-entidades-de-jaider-esbell-sofre-ataques-virtuais-e-ameacas-de-destruicao-durante-festival-cura.html>. Acesso em: 16 nov. 2021.

TERENA, Naine *et al* (orgs.). *Véxoa (Nós sabemos)* [catálogo]. São Paulo: Pinacoteca do Estado de São Paulo, 2020.

Créditos das imagens

Figura 1: Foto de Ilana Seltzer Goldstein, 2018.
Figura 2: Foto de Clarice Cohn, 2001.
Figuras 3a e 3b: Fotos de Maria Raquel da Cruz Duran, s/d, acervo da fotógrafa.
Figura 4: Foto de Marina Pereira Novo, s/d.
Figura 5: Foto de Aristóteles Barcelos Neto, 2000.
Figura 6a: Foto de Ilana Seltzer Goldstein, 2017.
Figura 6b: Foto de Ilana Seltzer Goldstein, 2014.
Figura 7: Foto de Ilana Seltzer Goldstein, 2018.

Povos indígenas e sua disposição relacional: alguns aspectos do pensamento e da vida social

Rodrigo Barbosa Ribeiro

O propósito deste texto é esboçar algumas ideias sobre os fundamentos da vida social e do pensamento entre povos indígenas. Como ponto de partida, podemos indagar se existe algum aspecto inconfundível que permita reconhecer em alguém a condição de indígena. A questão é que existem muitas ideias e imagens sobre essa condição, desde desenhos animados até teses acadêmicas, na sociedade brasileira e, principalmente, por parte dos diferentes povos indígenas, dada a especificidade de seus universos conceituais.

Se não há uma única resposta a essa indagação, podemos, contudo, identificar quando e como a palavra "indígena" passou a designar as pessoas e/ou coletividades que lhe estão associadas em nossos dias. Isso se deu no bojo das viagens e conquistas ultramarinas realizadas pelos europeus a partir do final do século XV. Como nos lembra Fernando Mires, no livro *El discurso de la indianidad* [O discurso da indianidade], os:

> Índios foram designados pelos "descobridores" [como] os habitantes das – por um equívoco – chamadas Índias. O termo "índio" é, então, um erro garrafal. No entanto, é um erro garrafal que se converteu em realidade. Porque ninguém poderia negar hoje que em nossa América existem índios. O que, como veremos, não é fácil saber de antemão é "quem" é um índio. No momento em que os índios foram "descobertos", não era difícil saber [quem era indígena]. Independentemente do fato de muitos povos pré-colombianos falarem múltiplos idiomas, terem distintos governos, territórios, costumes,

civilizações e – sobretudo – muitas histórias diferentes, todos foram designados pelo "descobridor" como índios. Índio era um conceito homogeneizante que não surgia de alguma característica própria, mas em referência àquele que havia decidido "descobri-lo". *O índio era o não europeu das Índias.* O índio, então, surgia não como a afirmação de si mesmo, mas como *negatividade do europeu*[1].

Assim, as primeiras definições sobre quem e o que é o indígena ocorreram no interior de uma relação hierarquizada, com base nos quadros de referência próprios do colonizador. Com isso, o indígena foi apreendido pelo europeu como pura negatividade. A afirmação da "indianidade" de uma pessoa e/ou grupo se dá, nessas condições, a partir da ideia de ausência, ou mesmo de uma inversão quase completa das características próprias dos europeus. Ora, esse primado foi estabelecido com base nas referências vigentes no Ocidente europeu, tomando essa forma particular de existência com a condição geral da humanidade – processo que podemos reconhecer como etnocentrismo e que ocorre, em diferentes intensidades, com todos os povos, já que sempre se parte do próprio universo conceitual e valorativo como referência para apreensão do outro. Por conseguinte, ao afirmar o indígena como o antieuropeu, o pensamento ocidental estava, na verdade, imputando-lhe como característica a ausência dos elementos constitutivos da condição humana.

Já da perspectiva dos habitantes nativos, como mostrou Lévi-Strauss[2], a questão do fundamento da condição humana era formulada em termos completamente diferentes: enquanto a Europa debatia se os indígenas teriam ou não uma alma, alguns povos das Antilhas aprisionavam espanhóis para afogá-los em seguida e acompanhar o ritmo da putrefação de seus cadáveres. Embora o objetivo do experimento indígena fosse semelhante ao do europeu – isto é, visava apreender a natureza do ente com o

1. Fernando Mires, *El discurso de la indianidad: la cuestión indígena en América Latina*, San José (Costa Rica): Departamento Ecuménico de Investigaciones, 1991, p. 11. (Tradução minha, grifo original do autor.)
2. Claude Lévi-Strauss, "Raça e história", em: *Antropologia estrutural II*, Rio de Janeiro: Tempo Brasileiro, 1976, pp. 328-66.

qual ele acabara de entrar em contato –, seus métodos eram bastante contrastantes. Para os cristãos europeus, a condição humana era vinculada à existência de uma alma; para os indígenas, a existência de alma era dada, cabendo-lhes investigar que tipo de corpo os espanhóis teriam.

Hoje em dia, passados muitos séculos, podemos dizer que não há como definir a condição indígena por características substantivas. No entanto, é possível indicar a existência de dois aspectos gerais na definição de pertença aos povos indígenas, quais sejam: é preciso, de início, reconhecer sua ancestralidade em populações que viviam no continente americano antes da chegada dos europeus; além disso, deve-se estar vinculado a algum povo que se reconheça como indígena.

Aqueles que se reconhecem como indígenas no Brasil podem viver em ambientes tão distintos quanto a floresta amazônica, o cerrado, o semiárido do Nordeste brasileiro, a mata atlântica ou mesmo os grandes centros urbanos. Além disso, existem mais de 150 línguas indígenas diferentes entre os povos contemporâneos. Como aponta o *website* do Instituto Socioambiental (ISA), os linguistas identificaram que grande parte das línguas indígenas faladas em território brasileiro se originam de dois principais troncos linguísticos: o Tupi e o Macro-Jê – só a título de comparação, a grande maioria das línguas europeias pertence a um único tronco linguístico, o indo-europeu. A diversidade dos indígenas no Brasil também se expressa na existência de 19 famílias linguísticas sem semelhanças com esses troncos. Por último, cabe mencionar que há várias línguas "isoladas", sem proximidade com nenhuma outra família. Há também povos cujo histórico de contato foi tão violento que hoje falam apenas a língua portuguesa.

Ainda segundo o ISA, existem hoje 717 Terras Indígenas (TIs) no Brasil, com uma extensão total de 117.403.045 hectares. No entanto, as dimensões e as condições ambientais de cada uma delas variam muito. Por exemplo, a TI Jaraguá é a de menor extensão no país, com apenas 1,7 hectare demarcado, uma área menor que dois campos de futebol. Ela se situa em plena zona urbana da cidade de São Paulo, próxima a grandes rodovias como a Anhanguera e a dos Bandeirantes, abrigando mais de 600 pessoas do povo Guarani. Já a TI do Xingu (antes designada Parque

Indígena) conta com aproximadamente 2,8 milhões de hectares, em uma extensão similar à do estado de Alagoas, abrigando mais de 5,5 mil pessoas de 16 povos diferentes.

As Terras Indígenas são os territórios ocupados de acordo com as formas de existência tradicionais de cada um dos povos indígenas. A Constituição de 1988 reconheceu direitos originários aos povos indígenas, ou seja, anteriores à própria constituição do Estado. Cabe ao Estado fazer valer esses direitos, daí o processo demarcatório ser reconhecido como algo de ordem técnica, a ser garantido pelo Poder Executivo. No caso das TIS, deve ser constituído um grupo de trabalho (GT) para esse fim. O GT de identificação e delimitação de Terra Indígena é presidido por um antropólogo, e sua composição deve contar com pelo menos um ambientalista e um engenheiro agrimensor. Mas é a comunidade indígena que ali habita que indicará a área a ser demarcada, com base em sua ocupação histórica ou presente. Em seguida, cabe à Funai a validação do relatório. O próximo passo é a declaração da TI para sua demarcação física, que só ocorrerá com a autorização do Ministério da Justiça. Há também a possibilidade de a terra ser contestada no Poder Judiciário. A conclusão do processo demarcatório se dá pela homologação da TI por decreto presidencial. A Constituição reconhece direitos de uso sobre essas terras, mas elas constituem bens da União, não podendo ser vendidas nem arrendadas.

Das 717 Terras Indígenas existentes nos dias de hoje, 486 estão homologadas. Além destas, 115 estão em fase de estudo, enquanto outras 43 tiveram os trabalhos de identificação e delimitação concluídos, mas não foram oficialmente declaradas pela União como TIS, ao passo que outras 73 sim, embora seu território ainda não tenha sido demarcado e registrado em cartório notarial.

As aldeias que compõem as TIS podem ter variadas configurações. Alguns povos expressam divisões clânicas ou outras segmentações sociais na configuração espacial de suas aldeias, como acontece com vários dos povos falantes de línguas do tronco linguístico Jê. Entre os Krahô, por exemplo, a aldeia tem um formato circular, com uma rua externa (*krinkapé*) e um pátio ao centro (*kà*). As casas são construídas em frente à rua externa, e há caminhos que ligam cada uma das casas ao pátio.

Há povos que vivem em grandes casas comunais em que cada família elementar ocupa um espaço específico, como é o caso dos Yanomami ou dos povos no Alto Xingu. Já outros constroem suas casas à beira do rio ou em uma disposição dispersa, entre outras possíveis configurações. Há inclusive aqueles que perderam suas terras para os brancos envolvidos no agronegócio ou em outros empreendimentos e hoje precisam viver em beiras de estradas ou em espaços exíguos em centros urbanos.

No que diz respeito às regras de parentesco, alguns povos indígenas aplicam termos de tratamento a muitas classes de parentes, referindo-se a eles principalmente por esses termos em vez de nomes próprios. É bastante comum a vigência de um sistema de parentesco em que primos paralelos do mesmo sexo sejam chamados pelo mesmo termo de irmão ou irmã. Assim, o irmão do pai de alguém é igualmente chamado de pai, assim como a irmã da mãe também é chamada de mãe. Não se trata de mera questão de forma de tratamento, mas de atribuição de um sentido comum às relações sociais mediadas por esses termos. Na mesma direção, a filha da irmã da mãe, que não indígenas chamariam de prima por nosso sistema terminológico, geralmente é tratada pelo termo equivalente a "irmã", com todas as implicações comportamentais que o termo acarreta: pode-se ter mais liberdade com uma irmã do que com uma prima; além disso, o casamento entre irmãos é proibido – algo que se mantém entre esses parentes.

Já a irmã do pai não é chamada de mãe, mas por um termo equivalente a "tia", e o irmão da mãe também recebe outro nome, equivalente a "tio". Os filhos e as filhas de irmãos de sexo diferente dos genitores também serão chamados por outro termo de parentesco, com outras implicações comportamentais. Desse modo, a filha da irmã do pai ou do irmão da mãe geralmente é chamada por um termo de parentesco equivalente a "prima" em nosso sistema de parentesco. Esses parentes, chamados de primos cruzados, não costumam ser tratados como parentes consanguíneos, por isso não há proibição de casamento entre eles. Na verdade, é bastante frequente que o casamento preferencial aconteça entre primos cruzados em uma boa parcela dos povos indígenas.

Há outros povos cujos termos de parentesco formam grupos estruturados ainda mais amplos, conhecidos como clãs e metades. Nesses contextos, o casamento não é definido somente com base nas relações existentes entre as pessoas de parentelas distintas, mas igualmente nas interações entre clãs e/ou metades existentes. Há, ainda, povos com uma situação parecida com a vigente na maior parte dos centros urbanos, na qual os termos de parentesco designam um grupo restrito de pessoas, sem que haja nenhuma regra a prescrever com quais pessoas alguém poderá vir a se casar.

Há casos de povos indígenas que se defrontaram com o colonizador europeu no século XVI e mantiveram uma relativa autonomia até nossos dias, enquanto outros desapareceram dos registros oficiais. Desses grupos, alguns são considerados "extintos" até hoje, enquanto outros tiveram sua condição indígena reconhecida pelo Estado brasileiro há poucos anos – há mesmo aqueles que ainda buscam esse reconhecimento. Existem povos que estabeleceram relações diretas com o Estado nacional há poucos anos, ou mesmo aqueles que não mantêm contato regular com setores da sociedade brasileira. A Fundação Nacional do Índio (Funai), órgão do Estado nacional brasileiro responsável pela coordenação e execução das políticas fundiárias voltadas aos povos indígenas, estima que existam aproximadamente 107 povos indígenas isolados na Amazônia Legal nos dias de hoje. Essa ausência de contato geralmente ocorre por iniciativa própria dos indígenas, às vezes devida a experiências traumáticas com setores da sociedade brasileira num passado mais ou menos remoto. Assim, é pouco provável que exista realmente um povo indígena que desconheça por completo a existência da sociedade brasileira. Se chamamos esses povos de "isolados", é para sublinhar nossa perspectiva da relação, não para descrever os processos sociais que de fato incidem na vida deles, os quais nunca se fecharam por completo à nossa presença.

O encontro sem fim e o recomeço de mundos

Como disse uma vez o líder indígena Ailton Krenak, no pedaço do planeta conhecido como América existe um "eterno retorno do encontro" entre indígenas e não indígenas. Então fica uma pergunta no ar: qual será o efeito disso? Krenak nos convida a reconsiderar a visão "portuguesa" sobre esse fato, pois ela encobre a visão indígena, não dá voz a ela. Segundo ele, podemos abrir os olhos e os ouvidos para o modo indígena de encarar esse "encontro" que se repete continuamente, sempre a afirmar que:

> Os nossos encontros, eles ocorrem todos os dias e vão continuar acontecendo, eu tenho certeza, até o terceiro milênio, e quem sabe além do horizonte. Nós estamos tendo a oportunidade de reconhecer isso, de reconhecer que existe o roteiro de um encontro que se dá sempre, nos dá sempre a oportunidade de reconhecer o outro, de reconhecer na diversidade e na riqueza da cultura de cada um de nossos povos o verdadeiro patrimônio que nós temos; depois vêm os outros recursos, o território, as florestas, os rios, as riquezas naturais, as nossas tecnologias e a nossa capacidade de articular desenvolvimento, respeito pela natureza e principalmente educação para a liberdade[3].

Meu objetivo aqui é seguir o convite de Ailton Krenak para olhar o encontro e seus efeitos como um processo que não foi encerrado, que continua se repetindo, abrindo novas possibilidades. Já sabemos que a categoria "índios" ou "indígenas" é a primeira construção desse processo, mesmo que para isso as múltiplas características dos povos particulares tenham sido ignoradas. Cumpre-nos, agora, dar destaque a alguns aspectos da vida e do pensamento desses povos com base em outras abordagens. Para tanto, é preciso testar as relações que estabelecemos com eles, ver se o diálogo existente e se a produção feita por eles mesmos propiciam a construção de uma imagem mais abrangente.

Ao reter o olhar sobre esse encontro, temos de prestar atenção nas categorias que ele funda, tanto quanto nas formas de relação que ele instaura, nos universos de significação que são produzidos por esse acontecimento. A despeito das guerras e práticas antropofágicas, os europeus enfatizaram o caráter "amistoso" e "dócil" desde as primeiras interações com os indígenas, em especial nos primeiros relatos. Já os indígenas costumam atribuir aos europeus e aos brancos de modo geral uma índole violenta, com a qual é difícil se relacionar. Há vários testemunhos indígenas

3. Ailton Krenak, *Encontros*, org. Sérgio Cohn, Rio de Janeiro: Azougue, 2015, p. 164.

com esse teor: relatos indiretos (registrados em passagens de literatura de viagem), narrativas míticas (tanto nas recolhidas décadas atrás como nas mais recentes), reflexões de lideranças indígenas publicadas na forma de texto, entre outras.

No entanto, talvez a presença desse tema no pensamento indígena esteja associada às condições de vida estabelecidas após esse encontro. Uma situação, vale repetir, que aconteceu nos primórdios do primeiro episódio e que tornou a acontecer a cada vez que esses encontros se efetivaram novamente – isso tanto no passado remoto como hoje em dia. Como designar a forma de existência inaugurada por esse acontecimento? Michael Taussig a chama de *espaço da morte*[4]. Por meio da ação colonial a morte se materializa, parece adquirir a consistência de uma "substância" que se cola sobre as coisas, constrói espaços, ganha contorno nos objetos que são construídos a partir dessa relação. Transpondo essa ideia na forma de dados: Fernando Mires estima que no ano de 1519 havia 25,2 milhões de indígenas na América Central, mas em 1605 viviam somente 1,075 milhão; outra estimativa usada por Mires mostra que os astecas, maias e incas contavam com uma população aproximada de 70 a 90 milhões de pessoas no início da conquista, mas que havia somente 3,5 milhões deles após o decurso de um século e meio. Em suma, a colonização cria a experiência cotidiana da morte para os indígenas.

Uma mortandade dessa magnitude deixa marcas tanto nas formas de existência instituídas quanto no pensamento dos povos indígenas. O registro das primeiras impressões dos indígenas sobre esse "fim de mundo" data do início do século XVI. Assim, em 1524 tem lugar uma conversa entre frades franciscanos recém-desembarcados na Nova Espanha (isto é, no México atual) e os sábios e sacerdotes astecas (mexicas) sobreviventes. O diálogo foi registrado por escribas indígenas na língua náuatle, que o verteram para o espanhol após terem aprendido essa língua por iniciativa do frei Bernardino de Sahagun. Por certo a intervenção do religioso europeu deve ter levado à modificação de algo do que foi dito, mas o relato constitui a versão mais próxima disponível de uma interpre-

4. Michael Taussig, *Xamanismo, colonialismo e o homem selvagem*, Rio de Janeiro: Paz e Terra, 1991.

tação indígena sobre o fim de sua autonomia política no contexto desses acontecimentos. No livro *A conquista da América vista pelos índios*, Miguel León-Portilla publicou um fragmento da resposta dos sábios à condenação de suas antigas formas de religiosidade. Reproduzo a seguir um pequeno trecho:

Através de intérprete respondemos,
Devolvemos o alento e a palavra
Do Senhor que está perto e conosco.
Por causa dele nos aventuramos,
Por isto nos lançamos ao perigo…
Talvez para nossa perdição,
Talvez para nossa destruição,
É para aí somente que seremos levados.
(Mas) aonde deveremos ainda ir?
Somos gente muito simples,
Somos perecíveis, somos mortais,
Deixai-nos, pois, morrer,
Deixai-nos perecer,
Pois nossos deuses já estão mortos. […]
Já é muito que hajamos perdido,
Que se nos haja tirado,
Que se nos haja impedido,
Nosso governo.
Se no mesmo lugar permanecemos,
Somente seremos prisioneiros.
Fazei conosco o que quiserdes[5].

De início, chama a atenção o caráter sombrio da passagem acima. Também, pudera: os mexicas tinham sido derrotados havia pouco tempo pelos espanhóis. Haviam perdido seu governo e foram forçados a deixar

5. Miguel León-Portilla, *A conquista da América vista pelos índios: relatos astecas, maias e incas*, 3. ed., Petrópolis: Vozes, 1987, pp. 20-23.

para trás muitas de suas coisas, seus deuses, suas maneiras de devoção religiosa... Em suma, tiveram de abrir mão de uma parcela significativa de suas maneiras de viver, pois os novos senhores não demonstraram muito empenho em entender e/ou respeitar como viviam os derrotados. Ao contrário, não faltam episódios nos quais esses novos senhores demonstram o desprezo pela vida de seus novos "súditos".

Existem testemunhas oculares de alguns desses eventos, mas aqui me valerei da obra do frei Bartolomeu de las Casas. Embora tenha trabalhado pela conversão dos indígenas à fé católica, Las Casas não concordava com os métodos majoritariamente empregados pelos espanhóis para lidar com os indígenas àquela época. Em poucas palavras, não era favorável à manutenção das formas próprias de vida dos povos indígenas e chegou mesmo a construir deles uma imagem fantasiosa, ao supor que sua "índole natural" fosse pacífica – como se fosse possível que algum grupo humano fosse o tempo todo pacífico e bondoso. Mas foi justamente essa mistificação que o levou a propor a evangelização desses povos de modo não violento, sem o emprego da força – esta última, corriqueira àquela época, segundo seus relatos.

Após a morte de Las Casas, sua obra foi perseguida pelos seus conterrâneos, muitos dos quais acreditavam que seus livros ajudavam a construir uma imagem negativa da ação dos espanhóis na América, e veio a ser recolhida após a publicação de um decreto real datado de 1579. No entanto, chegaram até nossos dias alguns exemplares de seus livros vertidos para o francês. Em um deles, cujo título em português é *O paraíso destruído: a sangrenta história da conquista da América espanhola*, o autor faz a seguinte descrição da ação do colonizador sobre os indígenas:

> Sobre esses cordeiros tão dóceis, tão qualificados e dotados pelo seu Criador como se disse, os espanhóis se arremessaram no mesmo instante em que os conheceram; e como lobos, como leões e tigres cruéis, há muito tempo esfaimados, de quarenta anos para cá, e ainda hoje em dia, outra cousa não fazem ali senão despedaçar, matar, afligir, atormentar e destruir esse povo por estranhas crueldades [...]; de tal sorte que de três milhões de almas que havia na ilha Espanhola [atualmente ilha de São Domingos, onde se

localizam o Haiti e a República Dominicana] e que nós vimos, não há hoje de seus naturais habitantes nem duzentas pessoas[6].

Não é possível verificar se antes da ação espanhola havia esse contingente populacional na ilha, ou que realmente todos tenham sido mortos nesse curto espaço de tempo, pois alguns podem ter simplesmente se deslocado para outras regiões. Porém, várias outras fontes confirmam que a conquista da América provocou grandes perdas entre os povos indígenas. Morte pelo fio da espada, por não ter o que comer, por ficar doente nas epidemias, por desolação... A despeito desses indícios nada favoráveis à tentativa de diálogo, os indígenas se apresentam diante dos frades franciscanos para defender sua doutrina. Pedem que se permitam as antigas formas de culto, que os sacerdotes possam se escarificar, que o povo possa até mesmo sangrar em honra das antigas regras religiosas, da velha maneira de viver. Nós o sabemos hoje: esse pedido estava fadado ao malogro. Mas esse trágico esforço chegou até nosso conhecimento, séculos depois de seu registro e a milhares de quilômetros de distância do local onde foi produzido.

Penso que esse diálogo denota uma abertura para o outro no pensamento indígena. Há mais de quinhentos anos tal aposta é renovada. Como me disse uma vez um xamã Krahô na virada do século XX para o XXI, em algum momento o pensamento do homem branco pode mudar. Talvez seja agora o limiar de um novo tempo, ou talvez isso só ocorra daqui a muitos anos. Seja como for, os indígenas vêm novamente renovar a oferta de um diálogo com os herdeiros da empreitada colonial nos trópicos. Em algum momento o colonizador poderá desistir dessa atitude obstinada, desse fechamento absoluto para as outras formas de existência, e irá enfim ceder ao apelo por diálogo continuamente estendido pelos indígenas.

Segundo indicam vários estudos monográficos, textos míticos e discursos políticos de lideranças indígenas contemporâneas – de povos nas mais variadas situações perante o colonizador e perante a própria tradição

6. Bartolomé de las Casas, *O paraíso destruído: a sangrenta história da conquista da América espanhola*, 2. ed., Porto Alegre: L&PM, 2008, pp. 27-8.

–, *essa aposta na abertura relacional é uma atitude constante no pensamento dos povos indígenas.* Recorro uma vez mais às palavras de Ailton Krenak, o qual descreve algo comum nas histórias que explicam como o mundo se tornou o que é hoje:

> Algumas dessas narrativas, que datam de 2, 3 ou 4 mil anos atrás, já falavam da vinda desse outro nosso irmão, sempre identificando ele com alguém que saiu do nosso convívio e nós não sabíamos mais onde estava. Ele foi para muito longe e ficou vivendo por muitas e muitas gerações longe da gente. Ele aprendeu outra tecnologia, desenvolveu outras linguagens e aprendeu a se organizar de uma maneira diferente de nós. E nas narrativas antigas ele aparecia de novo como um sujeito que estava voltando para casa, mas não se sabia mais o que ele pensava, nem o que ele estava buscando. E apesar de ele ser sempre anunciado como nosso visitante, que estaria voltando para casa, estaria vindo de novo, não sabíamos mais exatamente o que ele estava querendo. E isso ficou presente em todas essas narrativas, sempre nos lembrando a profecia ou a ameaça da vinda dos brancos como, ao mesmo tempo, a promessa de ligar, de reencontrar esse nosso irmão antigo. [...] Imagine o movimento fantástico que aconteceu nos últimos três, quatro séculos, trazendo milhares e milhares de pessoas de outras culturas para cá. Então meu povo Krenak, assim como nossos outros parentes das outras nações, nós temos recebido a cada ano esses povos que vêm para cá, vendo eles chegarem ao nosso terreiro. Nós vimos chegar os pretos, os brancos, os árabes, os italianos, os japoneses. Nós vimos chegar todos esses povos e todas essas culturas. [...] Nós não podemos ficar olhando essa história do contato como se ela fosse um evento português[7].

Krenak nos fala de um reencontro com um irmão perdido, distanciado. É interessante que o homem branco – este ente distante, desajuizado e irascível – seja percebido pelos indígenas como uma desvirtuação do "nós": muito tempo atrás éramos irmãos, mas algo nos separou e cada um tomou um caminho distinto. No entanto, estamos fadados a nos encon-

7. Ailton Krenak, Encontros, *op. cit.*, pp. 160-3.

trar novamente, a tentar nos entender. Em outros termos, essa narrativa diz que o homem branco tem uma interioridade parecida com a "minha". Mas ao mesmo tempo é sua alteridade que interessa aos indígenas, como modo de aquisição de conhecimentos, capacidades e transformações – assim como nas relações com outros povos, animais e espíritos. Mesmo o colonizador, esse ser pleno de diferença, é um irmão que retorna. O homem branco surge ao pensamento indígena como um ente com o qual se têm afinidades, ainda que remotas, e inúmeras diferenças que ensejam possibilidades de troca, aliança e enfrentamentos.

Mas essa atitude dos povos indígenas não é algo aplicado somente aos colonizadores. Ao contrário, boa parte das narrativas míticas, das histórias que explicam como o mundo se tornou o que é hoje, mostram que o cosmos é formado por entes com uma vida subjetiva. Alguns mitos dizem que no começo todos os entes tinham corpos transformacionais e se comunicavam entre si; no entanto, em algum momento se produziu uma diferença: a onça adquire o corpo e os afetos da onça atual, e deixamos de reconhecê-la como gente – assim como ela ignora nossa humanidade e nos vê como sua caça. E algo análogo se passou com todas as espécies de seres. Mas há uma reversibilidade possível nessa condição, de modo que posso ter minha subjetividade capturada por um dono-espírito onça, por exemplo, e passar a compartilhar a condição humana com esses seres e não mais com meu povo.

Em poucas palavras, os mitos, ou histórias primordiais, repetem sem cessar eventos nos quais seres do cosmos compartilham uma subjetividade do tipo humana. Onça, jabuti, peixe, monstro canibal, os inimigos atuais ou de antigamente: todos têm uma subjetividade partilhada, mesmo que ela não seja imediatamente visível, uma vez que essa condição humana comum só é acessível a depender dos modos como os corpos são construídos. A investigação antilhana sobre os conquistadores mencionada anteriormente ganha assim um outro significado: era realmente vital descobrir se o corpo do outro é semelhante ao meu, pois é isso que permite reconhecer se há uma humanidade que possa ser compartilhada. Devemos a Eduardo Viveiros de Castro e Tânia Stolze Lima a síntese teórica dessa característica do pensamento indígena, que eles chamam de *perspectivismo ameríndio* ou multinaturalismo. Nas palavras de Viveiros de Castro:

> Esse reembaralhamento das cartas conceituais leva-me a sugerir o termo *multinaturalismo* para assinalar um dos traços contrastivos do pensamento ameríndio em relação às cosmologias "multiculturalistas" modernas. Enquanto estas se apoiam na implicação mútua entre unicidade da natureza e multiplicidade das culturas – a primeira garantida pela universalidade objetiva dos corpos e da substância, a segunda gerada pela particularidade subjetiva dos espíritos e do significado –, a concepção ameríndia suporia, ao contrário, uma unidade do espírito e uma diversidade dos corpos. A cultura ou o sujeito seriam aqui a forma do universal; a natureza ou o objeto, a forma do particular. [...] Assim, se nossa antropologia popular vê a humanidade como erguida sobre alicerces animais, normalmente ocultos pela cultura – tendo outrora sido "completamente" animais, permanecemos, "no fundo", animais –, o pensamento indígena conclui ao contrário que, tendo outrora sido humanos, os animais e outros seres do cosmos continuam a ser humanos, mesmo que de modo não evidente[8].

Sendo assim, o pensamento indígena parece apostar na possibilidade de comunicação com qualquer ente do cosmo, pois todos seriam dotados de propriedades subjetivas comuns. Davi Kopenawa, no livro *A queda do céu: palavras de um xamã Yanomami*, em coautoria com Bruce Albert, traz muitas passagens sobre esse universo relacional:

> A força do pó de *yãkoana* vem das árvores da floresta. Quando os olhos dos xamãs morrem sob seu efeito, descem para eles os espíritos da mata, que chamamos *urihinari*, os das águas, que chamamos *mãu unari*, bem como os dos ancestrais animais *yarori*. Por isso, apenas quem toma *yãkoana* pode de fato conhecer a floresta. Nossos antigos faziam dançar todos esses espíritos desde o primeiro tempo. Eles nada sabiam do costume dos brancos

8. Eduardo Viveiros de Castro, *A inconstância da alma selvagem e outros ensaios de antropologia*, São Paulo: Cosac Naify, 2002, pp. 347-9.

de desenhar suas palavras. Estes, por sua vez, ignoram tudo das coisas da floresta, pois não são capazes de realmente vê-las. Só sabem dela as linhas de palavras que vêm de sua própria mente. Por isso só têm pensamentos errados a seu respeito. Já os xamãs não desenham nenhum dizer sobre ela, nem rabiscam traçados da terra. Com sabedoria, não as tratam tão mal como os brancos. Bebem *yãkoana* para poder contemplar suas imagens, em vez de reduzi-las a alinhamentos de traços tortuosos. Seu pensamento guarda as palavras do que viram sem ter de escrevê-las. Os brancos, ao contrário, não param de fixar seu olhar sobre os desenhos de suas falas colados em peles de papel e de fazê-los circular entre eles. Desse modo, estudam seu próprio pensamento e, assim, só conhecem o que já está dentro deles mesmo. Mas suas falas de papel não falam nem pensam. Só ficam ali, inertes, com seus desenhos negros e suas mentiras. Prefiro de longe as nossas palavras![9]

Desse modo, a abertura para outras formas de existência é uma característica fundamental do pensamento dos povos indígenas, como destacou Lévi-Strauss. Essa abertura para o exterior é coextensiva ao seu modo de se situar no mundo e concebê-lo. Quando os sábios mexicas vão defender as formas antigas de viver, não estão na verdade vivendo uma situação original: em vários outros momentos, sob outras circunstâncias, eles já haviam se colocado em contato com outros seres, com outras maneiras de subjetivação, diferentes das suas, e tinham conseguido estabelecer algum tipo de troca. Eles tinham aprendido algo. Ao se postar diante do conquistador, estão mantendo a mesma atitude, pois esse é seu modo de aprender, esse é o modo indígena de se relacionar.

Não é preciso manter contato com todos os entes, pois, como nos lembra Dom Juan, o mestre indígena que iniciou Carlos Castañeda no estudo das artes xamânicas, a coisa mais importante que um homem de conhecimento deve almejar é conseguir *um aliado*, podendo ser um espírito ou ser sobrenatural. Basta conseguir estabelecer a aliança com um desses entes para que o homem de conhecimento tenha com quem contar

9. Davi Kopenawa e Bruce Albert, *A queda do céu: palavras de um xamã Yanomami*, São Paulo: Companhia das Letras, 2015, p. 455.

diante das adversidades. Por isso o xamã nunca anda completamente só e sempre tem com quem contar quando uma tragédia se abate sobre ele ou seus próximos.

Os indígenas testemunham, de perto e no interior das relações instituídas, a alteridade de seres e povos com os quais é possível estabelecer alguma relação, aprender algo. Não seria com o homem branco que eles chegariam a uma conclusão diferente. Em vez de cortar os laços com o homem branco, preferem tentar reinventar as formas de contato com ele. Davi Kopenawa consentiu que seu amigo Bruce Albert gravasse sua história e reflexões com um objetivo claro: fazer sua voz ser escutada, compreendida, para causar um efeito e tentar transformar o homem branco. Em suas palavras:

> É por isso que eu quero transmitir aos brancos essas palavras de alerta que recebi de nossos grandes xamãs. Através delas, quero fazer com que compreendam que deviam sonhar mais longe e prestar atenção na voz dos espíritos da floresta. Mas bem sei que a maioria deles vai continuar surda às minhas falas. São gente outra. Não nos entendem ou não querem nos escutar. Pensam que este aviso é pura mentira. Não é. Nossas palavras são muito antigas. Se fôssemos ignorantes, ficaríamos calados. Temos certeza, ao contrário, de que o pensamento dos brancos, que não sabem nada dos *xapiri* e da floresta, está cheio de esquecimento. De todo modo, mesmo que não escutem minhas palavras enquanto ainda estou vivo, deixo aqui estes desenhos delas, para que seus filhos e os que nascerem depois deles possam um dia vê-las. Então eles vão descobrir o pensamento dos xamãs Yanomami e vão saber que quisemos defender a floresta[10].

A dúvida é sobre até quando o colonizador poderá se manter fechado a esse chamado. Talvez seja possível começar a mudar o foco do encontro e finalmente o apelo indígena possa ser escutado pelo homem branco. Em todo caso, espero ter mostrado que o "indígena" como categoria genérica foi criado pelo encontro colonial, pela grande aventura que foi a expansão

10. *Ibidem*, p. 498.

ultramarina europeia. Ainda que os primeiros quinhentos anos desse encontro tenham trazido morte e destruição para os povos indígenas, vimos que eles apostam em outro futuro. Vejamos se essa aposta permanecerá restrita a eles, então.

Para saber mais

Castañeda, Carlos. *A erva do diabo: as experiências indígenas com plantas alucinógenas reveladas por Dom Juan*. 3. ed. Rio de Janeiro: Record, 1968.

Clastres, Pierre. *A sociedade contra o Estado: pesquisas de antropologia política*. 5. ed. Rio de Janeiro: Francisco Alves, 1990.

Colombo, Cristóvão. *Diários da descoberta da América: as quatro viagens e o testamento*. 5. ed. Porto Alegre: L&PM, 1991.

Kopenawa, Davi; Albert, Bruce. *A queda do céu: palavras de um xamã Yanomami*. São Paulo: Companhia das Letras. 2015.

Krenak, Ailton. *Encontros: Ailton Krenak*. Organização de Sérgio Cohn. Rio de Janeiro: Azougue, 2015.

Las Casas, Bartolomé de. *O paraíso destruído: a sangrenta história da conquista da América espanhola*. 2. ed. Apresentação e notas de Eduardo Bueno. Porto Alegre: L&PM, 2008.

Lévi-Strauss, Claude. "Raça e história". Em: *Antropologia estrutural II*. Rio de Janeiro: Tempo Brasileiro, 1976, pp. 328-366.

Mires, Fernando. *El discurso de la indianidad: la cuestión indígena en América Latina*. San José: Departamento Ecuménico de Investigaciones, 1991.

León-Portilla, Miguel. *A conquista da América vista pelos índios: relatos astecas, maias e incas*. 3. ed. Petrópolis: Vozes, 1987.

Lima, Tânia Stolze. O dois e seu múltiplo: reflexões sobre o perspectivismo e uma cosmologia Tupi. *Mana*. Rio de Janeiro: 1996, v. 2, n. 2, pp. 21-47.

Taussig, Michael. *Xamanismo, colonialismo e o homem selvagem*. Rio de Janeiro: Paz e Terra, 1991.

Viveiros de Castro, Eduardo. *A inconstância da alma selvagem e outros ensaios de antropologia*. São Paulo: Cosac Naify, 2002.

Parte 2

Povos indígenas fazendo e refazendo história

Presença e ausência dos indígenas na história do Brasil

Cristina Pompa

Os indígenas na história, a história indígena

Há várias maneiras de pensar a relação entre os povos indígenas e a história. Uma delas, herança de um evolucionismo cultural hoje rejeitado pelas ciências sociais, mas ainda presente no senso comum, é aquela que simplesmente nega a própria existência dessa relação. Ainda nos dias de hoje, falar em história indígena parece para muitos uma contradição, já que a ideia de que os povos indígenas estão parados no tempo está tão profundamente enraizada que foi naturalizada. Na própria mídia eles frequentemente são apresentados assim, como povos sem história, como imagens cristalizadas de um passado perdido, instantâneos da nossa pré-história.

No caso brasileiro, essa visão tem um antecedente ilustre: Francisco Adolfo de Varnhagen, um dos autores consagrados da historiografia brasileira, escrevia em 1854, no primeiro volume da monumental *História geral do Brasil*: "De tais povos na infância não há história: há só etnografia". Essa frase traduzia a ideia, dominante na época, de que os povos nativos (de qualquer continente que não o europeu) eram a ilustração viva da pré-história da civilização ocidental, sua "infância". Eles se encontrariam ainda na etapa inicial do percurso evolutivo unilinear, ao término do qual estaria o exemplo mais acabado de evolução civilizatória: a cultura europeia. A posição de Varnhagen, embora não fosse unânime entre os intelectuais da época, prevaleceu: o projeto do Brasil do século XIX, que para preparar seu futuro precisava reencontrar (ou construir) seu passado, negava a possibilidade de escrever a história nacional incluindo a presença indígena. Paralelamente, a etnografia era definida como disciplina pela própria ausência de história de seu objeto; sua tarefa, portanto, seria apenas descrever esse eterno presente.

De certa forma, essa ideia também caracteriza outra maneira de pensar a história indígena, tão desastrosa quanto aquela que a nega: é a postura que resume a história indígena à "crônica de sua extinção", para usar as palavras de John Monteiro[1]. Com efeito, mesmo admitindo a possibilidade de os indígenas terem uma história, esta é pensada apenas nos termos da presença dos povos indígenas na única história possível, marcada por datas, memórias escritas, documentos, monumentos: *a nossa* história. O ponto de partida é, de novo, o pressuposto de que os indígenas não têm história: sua história começa quando eles entram na nossa, com o *descobrimento*. Nessa visão, são posicionados como figurantes de uma história alheia: às vezes pensados como heróis e mártires da resistência, às vezes como vítimas de extermínio físico e cultural. Em todo caso, estão sempre fadados a um rápido e silencioso desaparecimento, absorvidos pela sociedade envolvente, na nebulosa mestiçagem da população rural.

Mas há outra maneira de pensar a história indígena: é aquela pela qual história e etnologia, separadas desde que Varnhagen definiu as competências de uma e de outra, se reencontram, oferecendo seus teóricos e instrumentos de pesquisa. A partir de fontes inéditas e de uma releitura cuidadosa de documentos já conhecidos, as pesquisas históricas das últimas décadas estão procurando reescrever a história colonial da América indígena, mostrando um mundo de rápidas mudanças, de adaptações, de negociações, de construções permanentes de identidades no interior de um quadro político extremamente instável. Nesse quadro, descobre-se uma presença maciça da população indígena, totalmente silenciada pela historiografia nacional, evidenciando que indígenas não foram apenas vítimas de extermínio, mas souberam se inserir como protagonistas no

1. John M. Monteiro, *Tupis, tapuias e historiadores: estudos de história indígena e do indigenismo*, tese (Livre-docência em Etnologia) – Instituto de Filosofia e Ciências Humanas, Universidade Estadual de Campinas, Campinas: 2001, p. 4.

mundo colonial, enfrentando guerras, conversão e escravização por meio de confrontos, mas também de alianças e mediações.

Assim, franceses, holandeses e portugueses eram posicionados como aliados ou inimigos, a depender de configurações políticas, escolhas e interesses das populações indígenas. Para todos, vale o exemplo dos chefes Potiguara durante as guerras holandesas: Antônio Paraupaba e Pedro Poti (seus nomes já revelam o quanto estavam inseridos na Colônia), governadores eleitos dos índios da Paraíba e do Rio Grande do Norte no Brasil holandês. Calvinistas, foram líderes das tropas indígenas do lado holandês, enquanto outro líder Potiguara, Felipe Camarão, católico, chefiou tropas indígenas aliadas dos portugueses. Os três, que se definiam primos (um dos sentidos de *poti* é "camarão" no tupi antigo), trocaram cartas em tupi, das quais conhecemos apenas a tradução holandesa e a sucessiva versão em português. Nelas, comentavam a situação da guerra e as relações com os europeus, tentando convencer um ao outro a mudar de lado, por ser mais conveniente para a autonomia indígena.

Os exemplos poderiam ser multiplicados. O importante aqui é ter claro que a realidade colonial foi muito mais do que um mundo concebido de modo dicotômico, entre indígenas e não indígenas, colonizadores e colonizados, agressores e vítimas. Os europeus foram incorporados num mundo já pleno de diferença, com inimigos e aliados novos e antigos, vindos de longe e de perto. Elementos originariamente estranhos aos mundos indígenas foram transformados e incorporados por estes na construção de novas configurações sociais e cosmológicas.

O mesmo pode ser dito a respeito da "conversão", que foi muito mais do que um dos meios de escapar da escravização e com certeza, na maioria das vezes, não foi uma "perda" cultural ou uma renúncia à identidade tradicional. Foi, ao contrário, a incorporação da força simbólica do "outro", pela qual os indígenas "convertidos" transformaram e dinamizaram sua cultura, sem abdicar dela. Os missionários nunca conseguiram impor o modelo cristão que queriam: sempre tiveram que aceitar práticas religiosas para eles espúrias, mas que eram para os indígenas a maneira mais profunda e mais própria de construir sentido. Os estudos dos últimos quinze anos mostram que a resistência dos indígenas ao impacto colonial não se deu apenas como revolta, mas também como estratégias de mediação, de adaptação e reformulação de identidades, de construção de novas formações sociais e culturais. Assim, descobrimos maneiras indígenas de estar na história e fazer história a seu modo, interpretando a realidade a partir de seus próprios conceitos e valores, que se expressam em narrativas dos tempos primordiais, ritos, cantos, xamanismo, entre outros modos que fazem deles protagonistas e não apenas vítimas ou figurantes numa história que, embora construída, desde a Colônia, *contra* eles, acabou por eles transformada em *suas* histórias.

Se, por um lado, na história que lemos nos livros escolares se silencia a presença indígena e se nega aos povos nativos o papel que na realidade tiveram, por outro lado a literatura e as artes construíram uma imagem do indígena muito distante da realidade. Outra maneira de pensar a história dos povos indígenas consiste, então, em investigar a longa história da construção da sua imagem pelos não indígenas. Desde as crônicas do século XVI até a política indigenista do século XX, as descrições dos indígenas são na verdade construções que afirmam a centralidade do Eu "civilizado" a partir da relação com um Outro. Esse Outro indígena, conforme a necessidade, é absolutamente rejeitado como o "bárbaro selvagem" ou, ao contrário, visto como imagem de uma inocência perdida ou como encarnação da ancestralidade mítica da nação. Sempre, de qualquer maneira, visto como distante, separado, perdido.

A proposta neste artigo é a de acompanhar a construção da alteridade indígena em sua relação necessária com a construção de uma identidade brasileira, antes como colônia e depois como nação. As populações indígenas que viviam naquilo que acabou por se chamar Brasil foram em grande medida apagadas física e simbolicamente da história nacional, sendo classificadas como "selvagens", "atrasadas", "bárbaras". Por outro lado, o "índio mítico" esteve sempre presente na narrativa simbólica da nação, como se fosse um ancestral comum, laço "natural" entre o brasileiro e sua terra, habitante legítimo do Éden tropical do qual somos herdeiros. Rechaçado ou enaltecido, esquecido ou mitificado, o índio está presente até hoje no imaginário brasileiro, como obstáculo a remover ou modelo a imitar. A literatura e as artes em geral, ao descrever, contar, pintar ou cantar o índio, foram determinantes para a construção do estereótipo que muito pouco tem a ver com as populações indígenas de hoje e de ontem. O índio descrito nos livros escolares não representa as populações concretas que hoje lutam – como sempre lutaram – pelo reconhecimento de seu direito à terra, à diferença, à cidadania. É um índio no singular, um índio genérico, em suma, um índio imaginado.

O "ÍNDIO COLONIAL": INFERNO E PARAÍSO

Mais do que descrições objetivas das descobertas em terras americanas, os relatos de viagem quinhentistas são fruto de um processo a que Edmundo O'Gorman chamou "a invenção da América"[2]. Antes de refletir a realidade observada, as observações dos cronistas dizem muito a respeito de seu próprio sistema de crença e valores. Desde Colombo, o que os viajantes descrevem é aquilo que veem, mas mediado pelo filtro de toda uma literatura, clássica e medieval, em que os confins entre o real e o imaginário são muito tênues: da lenda do Eldorado à localização do Paraíso terrestre, das monstruosidades humanas dos bestiários medievais ao mito das amazonas, das viagens de São Brandão às de Marco Polo, todo esse imaginário entra e dá sentido às descrições da natureza e do homem americano.

Entre o real e o imaginário, a descrição da nova terra e de seus habitantes foi funcional, por oposição, à afirmação da necessidade do conquistador, portador de fé, lei e rei – nas palavras de Gabriel Soares de Souza[3] – que os "selvagens" não possuíam e que *precisavam* conhecer. Para o projeto colonial, no qual os indígenas eram peças-chave, estes eram "mansos" ou "bravos" de acordo com sua posição de aliados ou de inimigos, passíveis de serem incorporados à "civilização" ou eliminados. Assim, simbolicamente, as fontes coloniais descrevem a alteridade indígena, alternadamente, como infernal ou paradisíaca, como "monstruosidade

2. Edmundo O'Gorman, *La invención de América*, México: Fondo de Cultura Económica, 1958.
3. Gabriel Soares de Sousa, *Tratado descritivo do Brasil em 1587*, São Paulo: Companhia Editora Nacional/Edusp (Brasiliana 117), 1971, p. 302.

irrecuperável" ou, ao contrário, como imagem da inocência da humanidade do começo do mundo.

Exemplo clássico da leitura em termos de monstruosidade demoníaca dos indígenas da costa do Brasil é o famoso relato do mercenário alemão Hans Staden sobre seu cativeiro entre os Tupinambá, *Nus e cruéis comedores de seres humanos*, como diz o próprio título de seu livro. O modelo do selvagem antropófago, existente desde a antiguidade grega e romana, já fora utilizado por Cristóvão Colombo para os "ferozes" Carib das Antilhas e adquiriu no texto de Staden sua forma mais acabada. O livro, traduzido e resumido de muitas formas e em muitas línguas, transformou-se em um verdadeiro sucesso editorial na Europa do século XVI, faminta de histórias exóticas e extraordinárias.

A fortuna do livro foi devida em grande parte às descrições dos rituais antropofágicos, que receberam ilustrações diversas nas várias edições, até a mais conhecida, de Théodore de Bry (figura 1). Essa ideia do índio como "feroz canibal" continuará a prosperar até o século XIX, indicando uma alteridade absoluta, pensada como irrecuperável à civilização e, portanto, passível de eliminação. A acusação de canibalismo será, com efeito, a justificativa para as expedições de extermínio contra os "ferozes Botocudo", nome que indicava, no século XIX, vários grupos indígenas dos vales dos rios Doce e Mucuri, hostis à presença dos colonos em seu território e, portanto, "rebeldes" à ordem do Estado.

O primeiro exemplo da visão "edênica", ao contrário, é representado pela famosa carta de Pero Vaz de Caminha ao rei Dom Manuel I, que descreve as primeiras impressões da nova terra. Esquecida durante séculos no arquivo lisboeta da Torre do Tombo, foi transcrita apenas em 1773 e publicada pela primeira vez em 1817, na *Corografia brasílica ou relação histórico-geográfica do Reino do Brazil*, do padre Manuel Aires de Casal. A partir da metade do século XIX, quando o Instituto Histórico e Geográfico Brasileiro (IHGB) inicia o trabalho de construção de uma história e de uma geografia humana da nação, a carta começa a ser reimpressa até se tornar leitura canônica, tanto em literatura quanto em historiografia. É reconhecida como o primeiro documento sobre o Brasil, sua verdadeira "ata de nascimento". Fala da beleza e da fertilidade da terra e, sobretudo,

FIGURA 1. Ritual antropofágico com Hans Staden ao fundo.

da cordialidade, da inocência e da formosura de seus habitantes: "A feição deles é serem pardos, maneira de avermelhados, de bons rostos e bons narizes, bem-feitos. Andam nus, sem nenhuma cobertura. Nem estimam de cobrir ou de mostrar suas vergonhas; e nisso têm tanta inocência como em mostrar o rosto"[4].

Paralelamente, a falta de fé religiosa e de poder político faz deles os receptores potenciais dos ensinamentos cristãos e do governo colonial: "Assim, Senhor, a inocência desta gente é tal, que a de Adão não seria maior, quanto à vergonha. Ora veja Vossa Alteza se quem em tal inocência vive se converterá ou não, ensinando-lhes o que pertence à sua salvação"[5].

Essa imagem edênica continua no século XVII, como mostra a *Crônica da Companhia de Jesus do Estado do Brasil*, do padre Simão de Vasconcelos, publicada em 1663, na qual o jesuíta declara que "poderíamos fazer comparações ou semelhança de alguma parte sua com aquele paraíso da terra em que Deus nosso senhor, como em jardim, pôs o nosso pai

4. Pero Vaz de Caminha, *Carta a El Rey D. Manuel*, Rio de Janeiro: Record, 1981, p. 19.
5. *Ibidem*, p. 86.

Adão"[6]. Vale lembrar que, como mostra Sérgio Buarque de Holanda[7], os trechos da *Crônica* de Vasconcelos que se referiam com clareza ao Brasil como lugar do Paraíso terrestre foram censurados pelos superiores da Companhia de Jesus, por causa da excessiva ousadia dessa comparação, vista como perigosamente próxima a posições "heréticas".

Seja como for, a visão edênica desembocou, no século XVIII, numa literatura de tipo arcádico, já influenciada pela imagem do "bom selvagem" criada por Rousseau, que valoriza o "estado de natureza" como uma condição perfeita de liberdade e espontaneidade. Os poemas *Uraguay* (1769), de Basílio da Gama, e *Caramuru* (1781), do padre agostiniano José de Santa Rita Durão, são exemplos dessa literatura que celebra a natureza exuberante e o "indomável espírito" do indígena para produzir, de fato, o discurso colonial sobre a conquista civilizadora do território. *Uraguay*, por exemplo, narra a vitória das tropas portuguesas contra jesuítas e os Guarani nas missões do Sul. Já *Caramuru* conta a história de um náufrago português que passou a viver entre os Tupinambá. O primeiro poema era ferozmente antijesuítico, como era típico do pensamento iluminista da época, pois retratava os missionários como exploradores sem escrúpulos que armavam os inocentes nativos para proteger seus turvos interesses. Já *Caramuru* exaltava a obra de cristianização como fator de civilização dos bárbaros, entre os quais se produzira um "autêntico milagre". Se Basílio da Gama constrói o "índio perfeito" para o arcadismo europeu setecentista, o frei agostiniano será particularmente apreciado no século XIX, no processo de construção de imagens do índio ao gosto romântico, que criará princesas indígenas e nobres guerreiros como ancestrais da "raça" brasileira.

O personagem real da história do poema *Caramuru*, Diogo Álvares Correia, foi um obscuro náufrago português que se estabeleceu entre os indígenas, coisa não rara na época da primeira colonização. A partir da publicação do livro, ele torna-se um autêntico "herói cultural" que ensina aos indígenas os princípios da civilização. No poema, ele volta à Euro-

6. Simão de Vasconcelos, *Chronica da Companhia de Jesus do estado do Brasil*, parte primeira, Rio de Janeiro: Typographia de João Ignacio da Silva, 1864, p. 115.
7. Sérgio Buarque de Holanda, *Visão do Paraíso: os motivos edênicos no descobrimento e colonização do Brasil*, São Paulo: Saraiva, 1958.

pa levando consigo sua esposa indígena, Paraguaçu, dócil e piedosa, que lá será batizada. Enquanto isso, a outra amante, Moema, indócil e orgulhosa, se afogará na tentativa de alcançar o navio que leva o amado. Com ela, simbolicamente, morre a dimensão selvagem e insubmissa às regras da Colônia e do catolicismo.

Se, na intenção do autor, a obra celebrava a colonização e a cristianização do Brasil por parte de Portugal, sua recuperação pelo movimento romântico, cinquenta anos mais tarde, oculta tanto o aspecto apologético quanto o catequético, para concentrar-se na exaltação do caráter nacional, iniciando a construção daquele mito historiográfico e literário que ocupa até hoje o imaginário nacional.

Romantismo, naturalismo, indianismo

A personagem Moema, pouco relevante no enredo de *Caramuru*, torna-se central no indianismo romântico do século XIX (figura 2), convertendo-se no emblema da "naturalidade" indígena e da qual se invoca a descendência heroica.

Esse estilo, representado pela pintura de Victor Meirelles e Rodolfo Amoedo, pela música de Carlos Gomes, pela poesia de Gonçalves Dias e pela narrativa de José de Alencar, recupera a imagem edênica do indígena no século XIX. Nesse mesmo período, o imaginário diabólico, longe da literatura celebrativa da nação, permanece no horizonte conceitual e ideológico da prática política voltada para a eliminação do indígena que naquele momento se opunha ao avanço da "civilização" nos sertões. É o caso dos Botocudo, contra os quais, antes da guerra de extermínio e como justificativa desta, foi lançada uma campanha ideológica que se utilizou precisamente da categoria do canibalismo, sinal diacrítico da mais absoluta selvageria.

Essa ambiguidade na construção da imagem do indígena reflete de alguma forma a oscilação de um pensamento e de uma prática voltados para a solução, aparentemente impossível, do problema nacional. Tratava-se de construir um equilíbrio precário entre a valorização de cunho romântico da ancestralidade, que apontasse para a peculiaridade brasileira,

Figura 2. Victor Meirelles, *Moema*, óleo sobre tela, 1866.

e o esforço "civilizatório" que tinha como modelo a Europa e como base "científica" o positivismo das ciências naturais e das teorias raciais.

O Instituto Histórico e Geográfico Brasileiro é o próprio símbolo dessa ambiguidade, entre o romantismo nostálgico das "origens", construtor de nacionalidade da história pátria, e o positivismo cientificista que organiza a realidade na base da objetividade das ciências naturais. Com efeito, a revista do Instituto, na qual escreviam poetas e literatos, recuperou e publicou toda a literatura de viagem quinhentista sobre o Brasil, boa parte da qual tinha permanecido quase inédita. É o caso do *Tratado descritivo do Brasil em 1587*, de Gabriel Soares de Sousa, a própria *Carta* de Caminha e a correspondência jesuítica, documentos estes descobertos ou redescobertos nesse período, como patrimônio de conhecimento sobre os primórdios do país e de suas gentes. Por outro lado, em 1845, o IHGB abriu um concurso para o melhor texto sobre "Como se deve escrever a história do Brasil", que acabou premiando o naturalista alemão Carl Friedrich Philipp von Martius.

Von Martius já escrevera, com Johann Baptist von Spix, *Viagem ao Brasil*, um dos muitos relatos naturalísticos da época, como os de Auguste de Saint-Hilaire e Richard Burton. Com esse pano de fundo naturalístico e biologizante, o texto vencedor do concurso é o primeiro a falar do Brasil em termos de mistura biológica (e hierárquica) das "raças" indígena, europeia e africana. Ou seja, é o primeiro a colocar em debate a questão racial. Von Martius também repropõe a ambiguidade entre o passado indígena como ancestralidade fundante da nação (já que o Brasil independente do século XIX não olha mais Portugal como metrópole, e, sim, como opressor colonial) e o projeto de um futuro "civilizado" no padrão europeu, que teria nos indígenas um fator de "atraso". A componente racial indígena, junto com a negra, era pensada por Von Martius como necessária para a construção da peculiaridade brasileira, cuja mistura étnica era representada naturalisticamente como um encontro entre três rios. Contudo, o juízo sobre os indígenas daquele período é extremamente desqualificador: "o triste e penível quadro que nos oferece o atual indígena brasileiro não é senão o *residuum* de uma muito antiga, posto que perdida história"[8].

Von Martius considerava particularmente interessantes as línguas indígenas e convidava o historiador a estudá-las. Isso pontualmente aconteceu com o Tupi, que foi apaixonadamente estudado pelo próprio imperador Dom Pedro II e chegou a ser proposto por alguns literatos como língua nacional. O personagem tragicômico Policarpo Quaresma, protagonista do romance satírico de Lima Barreto publicado em 1915, remete a esse tipo de patriotismo que defende o retorno à autenticidade indígena mediante o uso do tupi como língua nacional.

O texto de Von Martius é um bom exemplo da tensão, resolvida literariamente, entre um suposto passado glorioso a ser celebrado e um presente tido como embaraçoso com o qual lidar. Para o naturalista, nos primórdios da colonização, os indígenas teriam contribuído, mediante a mestiçagem, para a construção da especificidade da "raça" brasileira, mas a parte que se conservara imune (biologicamente) do contato teria "degenerado" no absoluto estado selvagem. Com efeito, em suas próprias palavras, os costumes dos indígenas de seu tempo, em sua estagnação na

8. Karl Friedrich Philipp von Martius, "Como se deve escrever a história do Brasil", *Revista do Instituto Histórico e Geográfico Brasileiro*, Rio de Janeiro: 1845, v. 6, n. 24, pp. 381-403.

infância da civilização, mostrariam "a mais bruta degeneração"[9]. Essa ideia da degeneração das raças ainda isoladas antecipava, de certa forma, a valorização da mestiçagem e a teoria do "branqueamento". Esta última, que pensava a mistura das raças como aperfeiçoamento, devido à introdução do elemento branco "superior", acabou prevalecendo sobre as teorias raciais inspiradas em Gobineau, que, como veremos, atribuía a "degeneração" justamente à mestiçagem.

Dos indígenas que compunham o "triste quadro", Von Martius e Varnhagen propunham o estudo etnográfico, que constituiu uma das preocupações centrais da abordagem "científica" da nacionalidade realizada pelo Instituto Histórico e Geográfico Brasileiro. Com efeito, se, por um lado, a etnografia se configurava como a resposta brasileira às sugestões românticas dos estudos europeus do folclore, por outro, ela era pensada como documento para a escrita da história "primitiva" do Brasil, segundo os paradigmas racialistas e evolucionistas desses autores.

O mesmo movimento intelectual que assumia a tarefa de escrever a história da nação, cujos membros eram ligados à burocracia imperial e, em geral, ao governo, esforçou-se para dotar o país de uma literatura "autenticamente" brasileira, que encontrou seu emblema no indígena. Gonçalves Dias, o maior expoente da primeira geração dessa literatura, considerado o poeta nacional por excelência, era o presidente da seção etnográfica do IHGB. Sua poesia, animada por um espírito nacionalista e lusofóbico, declaradamente hostil aos colonizadores, canta as virtudes guerreiras e a coragem indomável dos indígenas, descrevendo-os nos moldes das novelas de cavalaria. A identificação do poeta e de seus leitores com o indígena marcava uma posição nativista, de valorização das coisas brasileiras contra os "estrangeiros", sobretudo os portugueses, vistos como os destruidores da pureza do país em sua primeira infância. A linguagem poética incorporava vocábulos indígenas e descrições pormenorizadas da natureza tropical, de acordo com a analogia índio/natureza inaugurada pela literatura de viagem de cunho "edênico".

9. *Ibidem.*

Mas esse Éden estava definitivamente perdido: a lírica indianista referia-se a um passado remoto que não tinha relação com o presente (tampouco com a realidade histórica): a nobreza indígena parece terminar com a morte dos valorosos guerreiros Tupi, cuja descendência não é mencionada. Os indígenas dos quais Gonçalves Dias produz etnografia e vocabulários, conforme a moda do nacionalismo romântico, não são vistos como possíveis atores da história nacional que seus ancestrais fundaram. O índio-herói construído pelo indianismo é exilado na não-história do mito e no "eterno presente etnográfico". Nesse sentido, apesar de criticar a atitude preconceituosa de Varnhagen a respeito dos "silvícolas", o romantismo literário segue o mesmo modelo historiográfico do autor.

Um exemplo paradigmático da união entre literatura e pesquisa histórica sobre o passado, subordinadas ao gosto da época e aos interesses da monarquia, foi Gonçalves de Magalhães, protegido do imperador Dom Pedro II e autor do poema épico "A confederação dos Tamoios". O episódio dessa "confederação" é na realidade uma construção *a posteriori* da historiografia a respeito da guerra vitoriosa dos portugueses contra os Tupi definidos nas fontes como Tamoio (sendo *tamõi* a palavra tupi para "avô", como os líderes eram chamados), aliados dos franceses, em meados do século XVI.

No poema, o nascimento da nação é atribuído ao heroico sacrifício dos nobres selvagens, considerados inimigos pela historiografia colonial, mas agora, com a independência, vistos como heróis da resistência aos colonizadores. O providencialismo cristão, também típico do romantismo, tornava de qualquer forma necessário o sacrifício dos Tamoio. Esse fatalismo parece informar também o famoso quadro *O último Tamoio*, de Rodolfo Amoedo (figura 3), análogo à *Moema* de Meirelles. O jesuíta piedoso segura nos braços o Tamoio agonizante, fixando para sempre a necessidade do desaparecimento dos indígenas diante do avanço da civilização, da monarquia e da modernidade.

O poema foi criticado severamente, por razões estilísticas, pelo maior representante do indianismo nacionalista, José de Alencar, que preferiu o gênero romance para fundar a nova literatura e a nova história, em contraste aberto com a elite que olhava para a Europa como modelo a imitar

Figura 3. Rodolfo Amoedo, *O último Tamoio*, óleo sobre tela, 1883.

na literatura e na cultura em geral. Alencar se vale de uma experimentação linguística que introduz expressões indígenas para construir uma língua "autenticamente brasileira". Mais uma vez, trata-se do tupi, mas é um tupi inventado e adaptado às exigências literárias de uma classe intelectual distante do "povo" por ela celebrado e mais distante ainda do índio que glorificava como símbolo nacional.

Até hoje leitura obrigatória num ensino médio que custa a introduzir a história e as culturas indígenas em seus programas, *Iracema*, de 1865, é o grande afresco metafórico da conquista da "terra virgem". O enredo segue o modelo clássico do "amor fatal": ele, o colonizador guerreiro, ela, símbolo da natureza, continuamente comparada a aves, flores e elementos naturais, na fisionomia e nos sentimentos. Eterna virgem da floresta, submete-se apenas ao seu amor, pelo qual abandona sua gente. Morre após o parto, assim como morrem Moema e o último Tamoio, de acordo com o esquema do herói cultural de quem se origina uma nova estirpe, mas que precisa morrer, por pertencer a um mundo mítico, anterior à cultura.

A temática do sacrifício voluntário do indígena em prol do futuro da civilização permeia também o primeiro grande romance indianista de

Alencar, *O Guarani*, anterior a *Iracema* e logo transformado em ópera lírica por Carlos Gomes. O índio Peri apresenta-se, no enredo, como um cavaleiro medieval, um autêntico fidalgo, disposto a sacrificar sua vida (em um ritual antropofágico) para salvar o colonizador, pai de sua amada. O final enigmático, no qual o indígena e a branca desaparecem no horizonte durante uma tempestade, prenuncia a constituição da nova "raça", a dos mestiços, e da nova nação, nascida das ruínas tanto da estirpe portuguesa quanto da indígena. Com efeito, todos os personagens anteriores a essa nova ordem morrem numa grande explosão: entre eles, os Aymoré. Definidos como "selvagens canibais" desde o *Tratado descritivo do Brasil* de Gabriel Soares de Sousa – bem no período em que foram "descobertos" –, os Aymoré são o modelo da diversidade selvagem a aniquilar, por serem rebeldes primeiro à ordem colonial e depois à ordem imperial, as quais os denominam Botocudo.

A tensão apontada entre a "barbárie absoluta" e a "possível recuperação" dos indígenas à civilização, entre a visão diabólica e a edênica, portanto, se resolve literariamente no século XIX, projetando a ancestralidade da nação no passado mítico da fundação. O "índio literário" oitocentista é nobre, fundador da raça e, definitivamente, *está morto*, seja fisicamente, como os Tamoios, as Moemas, as Iracemas, seja simbolicamente, como os Peris e as Paraguaçus, sobrevividos apenas para dar origem à nova estirpe.

O indígena real, quando não exterminado como no caso dos Botocudo, era objeto, nesse período, do grande projeto "civilizatório" contido no Regulamento das Missões de Catequese e Civilização dos Índios, promulgado em 1845. O programa da política indigenista do Império consistiu na implantação, em todo o país, de aldeamentos indígenas sob a administração de missionários capuchinhos, contratados como funcionários do governo. Tratava-se, de fato, de colônias agrícolas que tinham a finalidade de atrair populações indígenas e transformá-las em trabalhadores rurais, liberando assim as terras em que elas até então viviam para a ocupação de fazendeiros e colonos migrantes.

Observa-se aqui uma diferença de perspectiva da própria elite dirigente, oscilante entre "o filantropo e o exterminador", para usar as palavras de John Monteiro[10], pois o paradigma da civilização acolhia os dois extremos. Uma civilização pensada no modelo europeu, mas, contraditoriamente, ansiosa para libertar-se desse modelo, projetava o indígena no plano da ancestralidade mítica ao mesmo tempo que o eliminava, física e culturalmente, do presente, absorvendo-o na categoria indiferenciada dos "caboclos".

O "problema etnológico" no Brasil

A literatura, então, enaltecia o indígena, ao passo que a política o eliminava. Por outro lado, à exceção da militância abolicionista, que tinha seu maior expoente em Castro Alves, nem sequer nomeava o negro. Apesar de contar com muitos pardos nas fileiras de seus homens de letras mais ilustres, como Machado de Assis, o negro era fonte de constrangimento permanente para a classe dirigente de um país escravocrata. Dos negros se ocupava a ciência. Na segunda metade do século XIX difundiam-se as teorias raciais, principalmente por obra da Faculdade de Medicina da Bahia e seu representante mais famoso, Raymundo Nina Rodrigues, conhecido seguidor das doutrinas raciais de Cesare Lombroso, Louis Agassiz e Joseph Arthur de Gobineau e, portanto, contrário à mestiçagem, pensada como produtora de degenerados.

A questão racial encontrava-se no cerne das preocupações teóricas e políticas na nação, já em plena batalha abolicionista. A passagem dos afrodescendentes da condição de escravos para aquela de componentes da nação exigia, além de providências de caráter político, também uma reflexão intelectual. Justamente as teorias raciais, utilizadas como justificativa plausível para o "atraso" brasileiro na comparação com as nações europeias, acompanhavam o desabrochar das ciências sociais no Brasil. Instituições constituídas a partir da segunda metade do século XIX buscavam introduzir e consolidar uma matriz cientificista. Com efeito, as primeiras faculdades universitárias a serem institucionalizadas no Brasil

10. John. M. Monteiro, *Tupis, Tapuias e historiadores: estudos de história indígena e do indigenismo*, *op. cit.*, p. 142.

foram justamente as de medicina, direito, engenharia e geologia. Dessa matriz nasceram novas reflexões sobre o país que, embora criticassem o romantismo, seguiam o impulso nacionalista deste. Daí nasceu também uma literatura *sui generis*, entre o cientificismo positivista e a exaltação romântica da "brasilidade".

Curiosamente, as disciplinas científicas estão profundamente ligadas à literatura, justamente porque, como no caso do Instituto Histórico e Geográfico Brasileiro, o esforço de construção da identidade nacional do ponto de vista historiográfico e científico se traduz em elaborações literárias. A *História da literatura brasileira*, de Sílvio Romero, considerada a grande obra literária do final dos oitocentos, é também considerada por boa parte das elites nacionais o fundamento da nação. Muitas de suas páginas são mais parecidas com um tratado sobre a questão racial do que com uma análise estética ou filológica. Jurista de formação, folclorista, crítico literário, historiador e seguidor das teorias raciais, Sílvio Romero encarna a vocação de uma época faminta de grandes narrativas, em equilíbrio instável entre romantismo e positivismo. Embora apaixonado pelo folclore nacional, à moda dos românticos, ele é um crítico feroz do indianismo por ser pouco fiel à ciência. Para Romero, a ciência era o único saber capaz de contribuir para a modernização do Brasil e, ao mesmo tempo, de conservar o patrimônio cultural nacional:

> O índio não é ainda plenamente entre nós um objeto de ciência; é antes, e acima de tudo, um assunto de poesia. Exceção feita aos trabalhos linguísticos de Batista Caetano, alguns estudos de Couto de Magalhães e Carlos Hartt, sob o ponto de vista etnográfico, tudo o mais que no Brasil se tem escrito à conta do selvagem é sem mérito absolutamente. E se a questão é de amor para com as raças que constituíram o nosso povo, por que motivo não se estuda o negro, como se estuda o índio?[11]

11. Sílvio Romero, *Teoria, crítica e história literária*, seleção e apresentação de Antonio Candido, São Paulo: Edusp, 1978, p. 47.

Sem meios-termos, antecipa-se aqui em quase cinquenta anos a posição que será de Gilberto Freyre com respeito à irrelevância da componente indígena e à centralidade da contribuição cultural africana para a identidade nacional. Contribuição esta que precisa de estudo "científico", pois "o negro não é uma máquina econômica: ele é, antes de tudo, e malgrado sua ignorância, um objeto de ciência"[12].

O vínculo entre ciência e literatura, que nesse período tenta resolver a controversa questão racial, acentua-se com o esforço de modernização que acompanha a República e produz uma das obras-primas da literatura nacional: *Os sertões*, de Euclides da Cunha, híbrido de literatura, história e ciência que se vale da geologia na descrição do semiárido nordestino e de sua gente. A obra articula a perspectiva positivista, que atribui ao determinismo ambiental o caráter do homem do sertão, tão propenso ao "misticismo" e ao "fanatismo", a uma estética marcada pelo fatalismo doloroso com o qual o intelectual republicano moderno olha a miséria do povo do campo.

O coração da narrativa é, como afirma o próprio Euclides, "a complexidade do problema etnológico no Brasil"[13]: o indígena volta, dessa vez como elemento constitutivo da mestiçagem nordestina. Se a literatura indianista celebrava romanticamente o ancestral indígena, a positivista de Euclides o enaltece cientificamente, retomando as teorias raciais de Gobineau que colocam o negro no degrau mais baixo da escala evolutiva. Curiosamente, a visão negativa da "mistura das raças", característica de Gobineau, funciona para Euclides apenas no caso da mestiçagem entre branco e negro e não naquela entre indígena e branco. Com efeito, o herói trágico da epopeia sertaneja é descrito como "antes de tudo, um forte", apesar de sua ignorância e miséria, porque fruto da mistura entre os indígenas do sertão e os bandeirantes, por sua vez fruto da união entre os indígenas da costa e os primeiros colonizadores. Esse mestiço, "documento vivo de atavismo", possui em si uma espécie de nobreza rude, em

12. *Idem, Estudos sobre a poesia popular no Brasil*, Rio de Janeiro: Laemmert, 1888, p. 11.
13. Euclides da Cunha, *Os sertões*, 3. ed., Rio de Janeiro: Laemmert, 1905, pp. 65 ss.

nada parecida com o "raquitismo exaustivo dos mestiços neurastênicos do litoral", evidentemente "contaminados" pelo "elemento negro"[14].

A ideia do indígena como elemento fundador do caráter nacional permanecerá também, de forma transfigurada, na literatura modernista, que romperá com o romantismo, com o positivismo e, em geral, com todos os modelos culturais anteriores. Mais do que a imagem do índio, a arte modernista recupera da esfera indígena a noção de antropofagia, para reafirmar a especificidade brasileira que reabsorve e canibaliza os modelos europeus para construir uma arte própria. "*Tupi or not Tupi, that's the question*", declara Oswald de Andrade no *Manifesto antropofágico*, de 1928, que denuncia a dependência cultural do Brasil em relação à Europa e propõe a metáfora da devoração do Outro como fundamento do processo criativo: o canibal, então, como metáfora da descolonização cultural.

A *indianidade* aqui torna-se o símbolo tanto do canibalismo estético-intelectual quanto da naturalidade primitiva do "índio nu, polígamo e ocioso", pensada como ausência de vestimenta e ausência de constrições. O *Manifesto*, publicado no primeiro número da *Revista de Antropofagia*, leva a data do "ano 374 da deglutição do bispo Sardinha", em lembrança ao episódio do religioso português que, naufragado no litoral do Nordeste brasileiro, foi devorado pelos "ferozes" Caeté. Mais uma vez, uma metáfora, uma construção, um "índio literário" distante da realidade dos indígenas das décadas de 1920 e 1930. Boa parte dos povos indígenas experimentava nesse período a "tutela" e a "pacificação" do Estado, por meio do Serviço de Proteção aos Índios (SPI), criado e dirigido por Cândido Rondon, outro engenheiro militar como Euclides da Cunha.

A ideia da mestiçagem como característica positiva, porque símbolo de riqueza e singularidade cultural, triunfará na obra de Gilberto Freyre, que, em *Casa-grande e senzala*, de 1933, retoma as posições de Sílvio Romero. Como este último, Freyre deixa em segundo plano a figura do indígena e traz para o centro do palco o africano e suas contribuições culturais: da música à língua, da culinária à religião. O paradigma racial, típico do positivismo da Primeira República, é substituído pelo culturalista,

14. *Ibidem*, p. 114.

da escola antropológica estadunidense de Franz Boas. Outra ideia – não declarada por Freyre, mas a ele atribuída e largamente aproveitada pelos regimes autoritários – é a chamada "democracia racial": a ideologia nacional baseada naquilo que Roberto da Matta chama de a "fábula das três raças"[15], pela qual a proximidade (inclusive sexual) existente desde a Colônia leva a uma suposta harmonia social, em um sistema aparentemente integrador mas de fato hierárquico, pois indígenas e negros encontram-se nos degraus mais baixos da pirâmide social.

Casa-grande e senzala inaugura também, junto com outras duas grandes obras da época – *Raízes do Brasil,* de Sérgio Buarque de Holanda, e *Formação do Brasil contemporâneo,* de Caio Prado Júnior –, o início da reflexão propriamente antropológica e sociológica, à qual será entregue a tarefa de pensar a nação. A questão étnica, tão central para o país, abandona assim a literatura e as ciências naturais para se tornar objeto de investigação das ciências sociais, que encontrarão espaço nas primeiras faculdades de filosofia e letras, fundadas exatamente na década de 1930.

Uma outra história, outras narrativas

A partir da metade do século XX, as ciências sociais começam a derrubar a "fábula das três raças", revelando seu caráter ideológico de justificativa da opressão social e étnica. Para o país abre-se uma nova agenda, fundada nas *políticas de reconhecimento* das diferenças étnicas e culturais. Desde a Constituição de 1988, o Brasil começa a se pensar como país multiétnico e multicultural e a reconhecer os direitos indígenas, mesmo que não tenha logrado garantir a plena efetivação desses direitos.

Junto com o movimento político voltado para a reivindicação dos direitos dos povos indígenas, nascem ou se fazem visíveis também uma museografia indígena, uma literatura indígena, uma historiografia indígena, uma antropologia indígena, ou seja, uma produção intelectual não mais *sobre os índios,* mas de autoria indígena. De diferentes maneiras, essa

15. Roberto da Matta, "Digressão: a fábula das três raças, ou o problema do racismo à brasileira", em: *Relativizando: uma introdução à antropologia social,* Petrópolis: Vozes, 1981.

produção volta-se sobretudo para a afirmação e a defesa de uma maneira outra de pensar e viver o mundo. Paralelamente, os mitos indígenas são propostos não mais como exemplos de folclore nacional ou objetos de investigação etnológica, mas como forma legítima de construção de historicidade.

Para saber mais

Almeida, Maria Regina Celestino. *Metamorfoses indígenas: identidade e cultura nas aldeias coloniais do Rio de Janeiro*. Rio de Janeiro: Arquivo Nacional, 2003.

Carvalho Jr., Almir Diniz. *Índios cristãos: poder, magia e religião na Amazônia colonial.* Curitiba: CRV, 2017.

Garcia, Elisa Frühauf. *As diversas formas de ser índio: políticas indígenas e políticas indigenistas no extremo sul da América portuguesa*. Rio de Janeiro: Arquivo Nacional, 2009.

Giucci, Guillermo, *Viajantes do maravilhoso: o Novo Mundo.* São Paulo: Companhia das Letras, 1992.

Mello e Souza, Laura. *Inferno atlântico: demonologia e colonização: séculos XVI-XVIII.* São Paulo: Companhia das Letras, 1993.

Mazzoleni, Gilberto. *O planeta cultural: para uma antropologia histórica.* São Paulo: Edusp, 1992.

Pompa, Cristina. *Religião como tradução: missionários, Tupi e Tapuia no Brasil colonial.* Bauru: Edusc, 2003.

Raminelli, Ronald. *Imagens da colonização: a representação do índio de Caminha a Vieira.* Rio de Janeiro/São Paulo: Zahar/Edusp-Fapesp, 1996.

Créditos das imagens

Figura 1: Ilustração de Théodore de Bry/Acervo da autora.
Figura 2: Foto de Antonio Carlos Vilela/Acervo do Museu de Arte de São Paulo (Masp).
Figura 3: Google Arts & Culture/Acervo Museu Nacional de Belas Artes

Paiter de awe ytxa matehr ewe mã lade ewe tig: a experiência Paiter Suruí a partir da pesquisa acadêmica sobre história e outros modos de aprender

Luiz Weymilawa Suruí

Introdução

Quase todos os dias em minha aldeia, meu pai, Gãkamam, conta histórias sobre o nosso povo. São histórias de guerras, de festas, de acontecimentos num passado recente ou em tempos antigos. Cresci nesse ambiente onde a educação é feita através da oralidade. Hoje estamos em um momento de grande preocupação com o enfraquecimento desse modo de conhecer ao longo de quase cinco décadas de contato com os não indígenas. Alguns mais velhos da comunidade estão refletindo sobre isso, e muitos de nós querem fortalecer a tradição oral como nossa fonte principal de transmitir conhecimentos.

Pela oralidade e através da prática é que ensinamos a nossas crianças o artesanato, o preparo de nossas comidas, os modos de caçar, pescar e fazer nossas roças. As tecnologias dos *yara* (brancos) em nossas aldeias têm atrapalhado essa transmissão, já que programas de televisão e cultos religiosos vêm ocupando o espaço de contar histórias e compartilhar ensinamentos. A escrita também está se fazendo presente por meio da escola. Por isso meu objetivo é escrever sobre a história do meu povo com base nas falas de velhos sábios Paiter, buscando assim resguardar e transmitir nossas histórias e saberes. Quando são registradas, essas falas se transformam. Mas crianças e jovens que as lerem poderão também continuar transmitindo-as oralmente na aldeia para além dos contextos escolares.

Figura 1. O autor, Luiz Weymilawa Suruí, apresentando o mapa que desenhou com base nas histórias dos mais velhos.

Este texto é um resumo do meu trabalho monográfico de conclusão do curso de licenciatura em educação básica intercultural realizado na Fundação Universidade Federal de Rondônia (Unir), em 2015. As palavras na língua Paiter aparecem em itálico, a não ser os nomes próprios. Inicio contando sobre minha trajetória, para em seguida apresentar minha pesquisa sobre histórias do contato com os não indígenas a partir dos conhecimentos e palavras dos mais velhos, sobretudo meu pai e minha mãe. Meu objetivo é que indígenas e não indígenas conheçam nossa história contada por um historiador que integra o povo Suruí. Para nós, a divisão entre o que os brancos chamam de mito e o que chamam de realidade não tem essa rígida fronteira. São acontecimentos que envolvem seres visíveis e invisíveis, em diferentes tempos e espaços do cosmos.

Da escola até a vida universitária

Meu nome é Luiz Weymilawa Suruí e pertenço ao clã G̃apg̃ir, do povo indígena Paiter Suruí. Nosso povo vive na Terra Indígena Sete de Setembro, localizada entre os estados de Rondônia e Mato Grosso, numa área de mais de 248 mil hectares. G̃apg̃ir da Linha 14, onde nasci e cresci, é uma das aldeias dessa terra, localizada a 55 quilômetros da sede do município de Cacoal, no estado de Rondônia. Tem mais de 47 famílias e 200 pessoas, de acordo com o auxiliar de enfermagem da aldeia. Ela é a mais populosa das aldeias dos Paiter, que somam aproximadamente 1.300 pessoas, sendo a maioria crianças e jovens.

Quando eu era criança, nós saíamos para o mato de manhã e só voltávamos no fim da tarde, quando nossos pais já estavam preocupados. Passávamos o dia todo brincando como se fôssemos adultos, muitas vezes imitando as atividades dos madeireiros na nossa área. Cada um escolhia uma menina e formava um casal, e as crianças mais novas eram filhos.

Conforme fomos crescendo, vieram as restrições de contato entre nós. Em dado momento, os meninos não se enturmavam mais com as meninas. Fui ficando uma criança muito caseira, em razão de muitos problemas de saúde. Passava dias inteiros na maloca aos cuidados da minha mãe e da minha irmã. Comecei a trabalhar com pouca idade, ajudando meu pai com a roça. Ele era encarregado do trabalho comunitário no cafezal e no arrozal, e no período de cortar e pilar o arroz eu carregava água para ele, além de ajudar no serviço. Como eu o ajudava, ele comprou uma bicicleta para mim ao me ver atrás dos meninos que tinham.

Até hoje, lembro bem quando ele dizia que sair para estudar na cidade não seria bom para mim. Eu ficava em silêncio. Quem respondia para ele era minha mãe, dizendo que eu poderia, sim, sair para estudar na cidade. Conforme outras crianças foram saindo, ele percebeu que eu não poderia ficar de fora, e com ajuda da minha mãe consegui permissão para sair e estudar na cidade. Hoje, ambos me apoiam e demonstram interesse por aquilo que produzo estudando e pelo meu trabalho como professor.

Com dez anos comecei a estudar na Escola Indígena Estadual de Ensino Fundamental e Médio Sertanista José do Carmo Santana, localizada na minha aldeia. Nessa época não sabia falar na língua portuguesa, apenas na língua Paiter. Por isso, tive muita dificuldade em compreender o que a professora ensinava. Naquele tempo quem dava aula nessa escola era uma mulher não indígena chamada Janete. As turmas eram multisseriadas, pois havia apenas uma sala de aula na escola, que na época era feita de madeira e mais distante da aldeia. Tínhamos problemas até com a merenda, que só era feita quando levávamos um pouco de arroz, cará e mandioca.

Quando cheguei na quarta série, comecei a frequentar a Escola Nossa Senhora do Carmo. Fui então morar com meu irmão fora da aldeia, contrariando meu pai. Nessa época, eu ainda tinha muita dificuldade com a língua portuguesa e isso prejudicou o meu rendimento escolar. Acabei reprovando a sexta série e por causa disso fui levado de volta para a aldeia por minha mãe. Fiquei um ano inteiro sem estudar.

Quando voltei a estudar, frequentei a escola urbana, contando com um ônibus que todo dia nos levava e buscava. Mas o transporte dava muitos problemas. O formato de aulas que me possibilitou concluir o ensino fundamental veio da antiga Escola Agrícola Auta Raupp, atual Instituto Federal de Rondônia (Ifro). Lá eu ficava quinze dias estudando e quinze dias na aldeia. Em relação ao ensino médio, as dificuldades foram semelhantes: problemas financeiros e distância, que foram superados quando fui morar com um amigo e pude concluir o ensino em 2008.

No mesmo ano, voltei a morar na aldeia e fui escolhido como educador, pois precisavam de mais um professor, e eu era o único que havia concluído o ensino médio. Comecei o trabalho sem nenhuma experiência, tentando adaptar os conteúdos do meu ensino fundamental e médio à realidade da comunidade. Para isso contei com a ajuda de Laide Ruiz, querida orientadora pedagógica que me ensinou a elaborar meus planos de aula. Com o passar do tempo, fui ganhando experiência, mas desejava me aperfeiçoar nas minhas atividades como professor da aldeia. Nesse sentido, em 2010 prestei o vestibular e passei no curso de licenciatura em educação básica intercultural, oferecido pela Universidade Federal de Rondônia (Unir), *campus* de Ji-Paraná.

Já na graduação, três momentos importantes despertaram o meu interesse por estudar o que viria a ser o tema do meu trabalho de conclusão de curso e deste texto. O primeiro ocorreu entre 2011 e 2014, quando participei do Programa Institucional de Bolsa de Iniciação à Docência (Pibid/Diversidade), financiado pelo Ministério da Educação, desenvolvendo o subprojeto "Estudando Projeto Político Pedagógico da escola no âmbito da comunidade de aldeia G̃apg̃ir", com orientação dos professores Genivaldo Scaramuzza, Maria Lúcia Gomide e Josélia Neves. O principal objetivo era colocar em prática nossa autonomia na escola, desenvolvendo trabalhos em sala de aula e buscando melhorias para a educação indígena da Escola Sertanista José do Carmo Santana.

O segundo momento aconteceu quando começamos a estudar as disciplinas específicas da licenciatura intercultural e tivemos a oportunidade de estagiar em escolas não indígenas em Ji-Paraná. Essa experiência nos possibilitou testar nossos conhecimentos pelas experiências nas escolas da aldeia e interagir com os alunos não indígenas, explicando nossos conhecimentos e modos de viver para desmistificar preconceitos e estereótipos.

O terceiro momento ocorreu quando comecei a estudar os sistemas de parentesco a partir das leituras de Lévi-Strauss em uma disciplina do curso e fiquei animado para contar a história do povo Paiter. Comecei a pensar em como era antes do contato com a sociedade envolvente e quais consequências esse contato nos trouxe. Também me interessava pelos mitos indígenas, pois gosto de desenhar e transcrever histórias contadas pelos velhos da minha aldeia. Mas como transformar isso em um trabalho acadêmico?

Os desafios foram muitos. Por morar e trabalhar na aldeia, não tinha acesso à internet nem telefone. Tinha que me deslocar a Ji-Paraná a fim de estabelecer contato com meus professores fora do período das aulas do curso de licenciatura. Outra dificuldade foi a falta de acesso aos livros e materiais escritos sobre nosso povo, pois temos dificuldades de juntar essa literatura. Tive muita preocupação com o tempo dessa pesquisa, pois achei que passou muito rápido, e isso me deixou muito ansioso. Mas ao mesmo tempo estava feliz, pois, para minha surpresa, minha família estava gostando do meu trabalho, principalmente meu pai e minha mãe. Essas experiências contribuíram para o meu aprendizado, reforçando minha postura como professor, me desinibindo, trazendo novas metodologias de trabalho e me estimulando a construir e elaborar materiais direcionados para os alunos indígenas da escola em que atuo como professor.

Somos *Paiter ey*, ou seja, "nós mesmos". O sufixo *ey* após substantivo indica plural na língua Paiter, que pertence à família linguística Mondé, do tronco Tupi. No início do contato, os não indígenas observaram outros grupos indígenas da região nos chamando de *Yory*. Então, confundiram o som de *yory* e nos deram o nome de Suruí. Dizemos, então, que somos *Yory yway ey*, "aqueles que têm risco no rosto", por causa de nossas pinturas corporais, principalmente dos mais velhos.

O povo Paiter vem crescendo, mesmo que lentamente, com o passar dos anos. Estamos em processo de reversão do quadro dos primeiros contatos com os não indígenas, em que muitos de nós morreram e a nossa população quase acabou. Antes do contato, existiam muitos clãs, como o Kaler ey (borboletas), mas acabaram sendo extintos pelas doenças, pela violência dos brancos e pelas guerras contra os povos Cinta Larga, Zoró, Gavião e Aruá – que, assim como os Paiter, são falantes de línguas da família Tupi Mondé. Hoje existem apenas quatro clãs: Kaban (fruta mirindiba), G̃apg̃ir (maribondo branco), G̃amep (maribondo preto) e Makor (taquara).

Alguns antropólogos escreveram sobre os Paiter Suruí, como a antropóloga Betty Mindlin, que conviveu com os Paiter no final da década de 1970 e início da década de 1980, mantendo até hoje contato com a gente. No livro *Nós Paiter: os Suruí de Rondônia*, ela também ouviu os mais velhos para relatar fatos importantes da nossa história e da forma como nos organizamos.

Ela conta sobre o primeiro contato dos Paiter com a Funai, que enviara uma expedição chefiada por José "Apoena" Soares Meireles e seu pai, Francisco, em 1969. Nesse encontro, Apoena levou aos Paiter facões, machados, espelhos, espingardas e panelas em sinal de paz, sendo bem recebido. Apoena se tornou amigo dos Suruí e buscava protegê-los contra a violência dos não indígenas. Porém, muitos adoeceram ao serem visitados pelos novos conhecidos e parte deles morreu. Os relatos dos Paiter colhidos pela autora apontam que a Funai era vista como aquela que trouxe a doença e que fez muito pouco para curá-la, já que a assistência médica era muito precária.

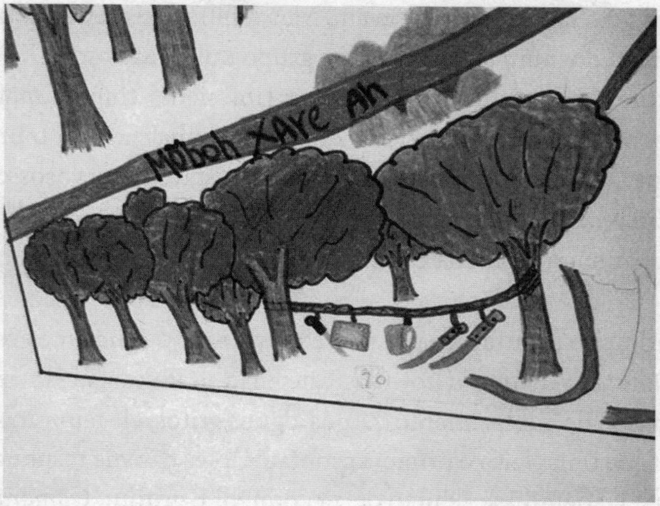

Figura 2. Ilustração do autor mostrando os presentes deixados na mata para os Paiter nos primeiros contatos com os não indígenas.

Em geral, as pessoas acreditam que 1969 foi o ano do primeiro contato com os brancos, mas na verdade ele é muito mais antigo. Os Paiter já faziam uso de machados e facões, espreitando e esperando os brancos saírem para trabalhar e então pegando os objetos. Os Paiter evitavam contato frente a frente com os brancos para prevenir conflitos e mortes. Assim, consideramos 1969 o ano do contato oficial, quando paramos de viver como antigamente e fomos aldeados num posto da Funai.

A seguir, apresento passagens importantes da nossa história, contadas pelo sábio mais velho de nossa aldeia, Gãkamam Suruí, meu pai, com Imakor, minha mãe.

Ãna Paiter ey pere de awey txa mater: assim os Paiter viviam antigamente

"Um Ĝapĝir, de nosso clã, disse: vou fazer contato com *yara*, que é o branco, mas antes disso já havia tido o primeiro contato com os *yara ey*. O filho desse que fez o primeiro contato é quem estava planejando o segundo. Quando o pai soube disso, disse ao filho que, sempre que fazíamos contato com os *yara ey,* eles nos atacavam. Mas o filho insistiu, e o pai foi com ele em busca dos *yara ey*, levando um grupo do clã Makor.

"Para seu azar, antes disso os *lat ey* (inimigos) tinham matado um dos brancos. Foi Goxor, do povo Zoró, que tinha matado o branco. O clã G̃apg̃ir foi até os brancos sem saber que estavam nervosos com essa morte. Em uma canoa estavam o filho e o pai G̃apg̃ir com outros da família G̃amep. Em outra canoa estavam *Bey ah* (avó) e *Amõ* (avô), que eram pajés.

"O primeiro a entrar em contato com *yara* foi o *Amõ*, que gritou bem alto: '*Gãmará! Gãmará!*' (hoje os Paiter não usam mais essa expressão, que é um tipo de cumprimento). Após alguns gritos, ele falou ao seu filho, o G̃apg̃ir que tinha feito o primeiro contato: 'Eles não me respondem'. Foi aí que este G̃apg̃ir disse: 'Então deixa comigo'. E gritou: '*Gãmará! Gãmará!*', enquanto remava. Quando ele começou a pensar que não seriam respondidos, um *yara* abriu a janela da casa atirando com espingarda.

"Para se proteger dos tiros, o G̃apg̃ir fez do *kõy ah* (remo) seu escudo, mas mesmo assim ele foi atingido. Quando o atirador ia dar mais um tiro, o grupo da outra canoa começou a flechar, então ele parou de atirar. Diziam que o G̃amep que flechou o *yara* era filho de G̃amep com Watãr (clã extinto), mistura de dois clãs.

"Assim que flecharam o branco, os G̃amep ey pularam na água para fugir. Até hoje não entendo por que não saíram depressa remando na canoa. Assim, eles teriam chance de sobreviver. Como foi atingido, o G̃apg̃ir era o último a nadar, enquanto os outros já estavam chegando do outro lado do rio. O filho, que planejou esse segundo contato, disse ao seu pai: 'Venha, pai, você vai conseguir, o rio está raso'. Falava isso enquanto nadava, mas olhou para trás e não viu mais o seu pai. O rapaz só viu um enorme peixe com carne de gente na boca. Isso aconteceu porque um G̃amep matou o branco. Não se deve entrar no rio depois de matar, senão o espírito da vítima se vinga. E foi isso que aconteceu com ele, com o espírito na forma do peixe.

"Dizem que *Amõ* afundou no rio e sentou no fundo, também atingido pelo tiro do *yara*. Seu espírito começou a tirar os adornos, quando se lembrou de sua mãe, que sempre lhe dizia: 'Filho, quando você estiver passando um perigo, lembre-se de mim!'. E ele respondia a ela: 'Eu voltarei, mãe'. E foi aí, quando lembrou de sua mãe, que começou a se mexer, saindo do fundo do rio e boiando de novo na água, nadando, até conseguir atravessar o rio. Alguns conseguiram atravessar e outros não, como *Moya ah* (avó) e outro que morreram nadando. Havia um homem chamado Omay que estava lá e disse que parecia que ia acabar o mundo, com tanto barulho dos tiros.

"O filho que planejou o segundo contato ouviu de sua mãe: 'Eu te avisei várias vezes, meu filho'. E o filho respondeu: 'Mãe, eu sou culpado do falecimento do meu pai'. Sua mãe continuou dizendo: 'Eu te avisei muito para não inventar essa viagem'. Mais tarde, o filho desse G̃apg̃ir cresceu e se tornou líder do povo. Os meus avós o chamavam de *koko anar sega* (titio de cabeleira) e as pessoas falavam *amõ anar sega* (vovô de cabeleira) também."

Yapeh tirip mãp ah sap moy: onde foi cozido material que faz ponta de flecha

"Depois saíram desse lugar e formaram uma nova aldeia, Yapehtire Sem Ewa Ah. Então, tomamos muita chicha. Foi o pai do irmão do Toroy *txangã* que fez, recomeçando uma festa que foi interrompida quando saímos de um lugar onde morávamos com medo do branco. Ele disse que havia visto um rastro de grandes animais e queria tomar chicha. Então, organizou a festa. O sogro do pai do Toroy *txangã* deu bebida para ele, *yokura sih*, chicha da abóbora. Daí disse que Pamakag̃ũyn, povo que não sabemos quem são, estavam nos matando, e os Paiter ey saíram das casas de onde moravam. Foram para outro lugar, lá formaram Yapehtire Sem Ewa Ah e moraram por muitos anos."

Moratih sap moy: lugar antigo onde tinha gengibre

"Foi aí que começamos a nos dividir, cada grupo pegou seu caminho. Foi aí que o pai de Imakor disse que iria para o lado do *Moratih sap moy*, onde nessa época os Zoró moravam e cultivavam o gengibre. Uma vez eu fiquei

Figura 3. Mapa etnoambiental da Terra Indígena Sete de Setembro elaborado pelo autor.

doente e meus tios foram caçar, passaram nesse lugar e pegaram gengibre para pingar no meu olho. Fiquei curado na hora.

"Os Paiter ey se dividiram em quatro grupos, cada grupo tomou um rumo diferente, se espalhando. Uns voltaram para trás, de onde vieram. Outros foram para a direita, outros para a esquerda. E outros foram direto. Penso que cada pessoa criou opinião própria de não seguir mais o líder e fazer sua vida, principalmente em família. O lugar a que fomos é o atual distrito de Riozinho. Nós saímos do local onde é *Ykabeh*, rio, e íamos ao riozinho atrás dos brancos para pegar facões e machados."

Espigão d'Oeste

"Depois que nós nos juntamos em família, fomos atrás de outra morada, até que decidimos ficar na região onde é a atual cidade de Espigão d'Oeste. Porque, se nós tivéssemos ido com o grupo maior, aconteceria o que aconteceu com eles: guerra de novo. Como nós estávamos em menor grupo, não daríamos muita pista. Essa foi a última vez que ficamos com um grupo maior.

"Nessa época, diziam que os Gõxor estavam nos rodeando para nos matar, então fomos embora. Quando saímos do lugar onde estávamos morando, passamos dias e noites para chegarmos até Espigão. Chegando lá, meus irmãos foram direto ao barracão que havia no centro da cidade. Como minha filha Ih xãg ah, Margarida, tinha acabado de nascer, eu não queria me envolver com os brancos. Por isso, fiquei um pouco afastado da cidade, ficando na mata. Construí barracão para minha família na beira da cidade, enquanto outros se instalaram nas casas dos brancos. Mataram uma criança indígena, mas não soubemos quem teria feito isso naquela época. Por esse motivo, aos poucos, as pessoas que tinham ido para as casas dos brancos foram chegando e se juntando comigo ali, onde eu estava com a minha família."

Imakor, minha mãe, interrompe e esclarece: "Hoje a mãe da criança sabe e conhece quem foi que matou o seu filho naquele tempo. Porque a pessoa gostava dela, mas, como não poderia ficar com ela, com raiva matou a criança".

Segue então meu pai: "Foi aí que eu tive uma ideia de construir uma maloca ali na cidade. Fui e falei com o Miro, a pessoa que mandava ali na cidade naquela época. Falei com ele: 'Miro, você pode me indicar um local onde posso instalar minha família? Quero construir uma casa para eles'.

"Naquela época, as pessoas que mandavam na cidade de Espigão d'Oeste eram: Miro, José, Romeu, Gelson, Carlão, Roberto, Martins, Joaquim e Amõ koxi ûp (o homem que tinha bastante saliva), um apelido dado por um Paiter. Me arrumaram um lugar que foi derrubado para fazer uma roça, onde construí uma casa grande. Depois de termos construído a casa, fizemos uma festa para comemorar. Essa casa pegou fogo, por isso tivemos que fazer outra.

"Durante esse tempo em Espigão, morávamos entre os brancos. O Miro, que tanto queria construir um barracão para nós, Paiter, parou com essa ideia porque a Funai apareceu alegando que os brancos daquele local estavam tomando conta das pessoas que não eram de responsabilidade deles. Falavam que iriam processar essas pessoas. Depois de um bom tempo a Funai descobriu onde estávamos e veio nos chamar para nos juntarmos aos outros Paiter ey, para ficar aos cuidados dela, como o restante dos Paiter ey."

Posto da Funai e primeira aldeia da comunidade Gãpgir da Linha 14

"Nesse momento surge a Funai outra vez me chamando para sair dali com minha família. Arrumei minhas coisas para me mudar. Mas, antes de aceitar a proposta da Funai, eu já tinha vindo algumas vezes para ver o lugar e só depois voltei definitivamente. Mas fui enganado, me disseram que nós poderíamos ficar onde mora um fazendeiro conhecido como Osmarzinho. Então não pudemos ficar lá e viemos parar no posto da Funai.

"Logo construímos um grande barraco. Chegando a esse lugar, fiz roça, plantei muita coisa, como mandioca, café, banana, e trabalhei na extração de caucho. Depois que tudo estava pronto, voltamos a Espigão para buscar de vez as nossas coisas e nossas famílias. Aos poucos os funcionários da Funai foram chegando, construindo postos de saúde, escolas e assim por diante.

"Também trabalhamos na abertura de uma estrada ligando a antiga aldeia até a Terra Indígena Sete de Setembro. Foi então que os Paiter ey se espalharam ao longo da extensão da Terra Indígena e eu continuei indo muito para o mato, principalmente na direção de onde tínhamos vindo, sem ter medo nenhum. Hoje estou aqui, sem força, mesmo tendo sido uma pessoa corajosa, enfrentado muita coisa nessa vida. Só me acalmei porque nos estabilizamos na primeira aldeia. O tempo foi passando, e com isso o pensamento e o modo de vida foi mudando.

"Nessa época, depois do contato com branco, o primeiro cacique da aldeia Linha 14 foi um Paiter chamado Pipira Suruí. Mas logo perdeu a função para meu tio Joaquim, atual cacique da aldeia Gãpgir da Linha 14."

Ãna toy sada nã toy eytxa ã karba mi e: como vivemos hoje

Hoje vivemos aldeados na Terra Indígena Sete de Setembro, mas nosso território vai além da aldeia. Temos uma larga extensão de floresta, mas infelizmente existiam pastos para gado dentro da Terra Indígena, decorrentes de invasões em nosso território. Porém, hoje recuperamos a soberania sobre esses pastos, e eles pertencem a famílias indígenas que os alugam como meio de sobrevivência econômica.

Para nós, Paiter, a terra é mais do que um lugar em que moramos ou plantamos, significa nossa vida. Através da floresta respiramos, conhecemos nossa história e buscamos elementos para construir nosso modo de viver. Assim dizem alguns mais velhos, como Patanga Suruí:

> A terra é a nossa vida e o ar que respiramos, sem terra não teríamos vida. Portanto, por estarmos ainda na floresta é que estamos vivendo e respirando o ar, sem isso não seríamos quem somos hoje. Sem a terra não teríamos onde morar e sobreviver, a natureza é o nosso lar. Por isso a terra tem significado para nós, Paiter. É aqui que está a nossa vida. Antigamente vivíamos pensando que a natureza sempre seria como era antes, mas hoje tudo mudou, e agora temos que cuidar do pouco que sobrou da invasão e cuidar para manter em pé.

Ou, então, nas palavras de Joaton Pagater Suruí:

> Agora, o que é o nosso conhecimento? É a necessidade e os problemas que passamos hoje, é a forma que podemos pensar como vamos fazer a nossa vida. É através desse olhar que vamos ensinar nossas crianças, mantendo as práticas da nossa cultura, ensinar a importância da preservação da nossa terra e a importância da existência nela. Apreendendo tudo isso é que eles irão saber quem são, de onde vieram e como progredir a sua vida. Na sociedade Paiter alguém só é reconhecido através do saber que possui sobre as suas origens. Essa é a diferença entre os Paiter, o reconhecimento de princípio de vida que cada um possui, e assim vão respeitar as suas diferenças.

Infelizmente, porém, essa consciência não está atingindo a todos. Enfrentamos constantemente invasões de madeireiros e garimpeiros em nosso território e buscamos meios legais de retirar essas pessoas da nossa área. Assim fica claro que não temos o mesmo território de antes. A demarcação em 1983 deixou de fora parte do nosso território original, perdemos muitos elementos da nossa antiga floresta. Já não existem determinadas espécies de árvores e animais, e a paisagem do nosso território não é mais a mesma de antigamente. Apesar desses acontecimentos, nós, Paiter, conhecemos muito bem nosso território, visitamos os lugares significativos e aprendemos com os mais velhos as histórias desses lugares, e seguimos lutando para preservar o que temos.

Outra mudança brusca que sofremos foi na economia, pois antes do contato éramos coletores e caçadores, e nosso ciclo de vida girava em torno da nossa vida ritual. Com o contato, as invasões na nossa terra e a expulsão dos colonos, ficamos com os cafezais e acabamos aprendendo a cultivar o café e outros produtos.

Minha família na Linha 14 sempre resistiu às imposições, por isso nem sempre fazíamos como outros clãs. Resistimos muito para manter nosso modo de vida tradicional, por isso não deixamos de fazer nossas roças com alimentos tradicionais, como cará, mandioca, milho e amendoim.

Dentro dessa nova economia ocidental, surgiu também a necessidade do dinheiro, que não conhecíamos, já que sempre trocamos produtos e presentes motivados pelas regras de parentesco e cordialidade. Apesar desse novo elemento na vida da aldeia, ainda mantemos parte desse costume, incluindo nas trocas também as mercadorias do mundo ocidental, como roupas e produtos industrializados.

Com o passar desses anos de contato, o contexto foi mudando, e hoje necessitamos de alternativas de sobrevivência em nosso território. Ouvimos falar muito de sustentabilidade, definida como uma busca pelo equilíbrio entre a melhora da qualidade de vida dos homens e o limite ambiental do planeta. No meu entender já praticávamos isso desde há muito tempo, nossos problemas agora são novos elementos vindos com o contato e toda a pressão que sofremos de madeireiros e garimpeiros em nossa área.

Algumas lideranças e professores da aldeia G̃apg̃ir da Linha 14 pensaram em estratégias para trabalhar de forma sustentável, surgindo assim a Associação G̃apg̃ir do Povo Indígena Paiter Suruí, representada pelo clã G̃apg̃ir da Terra Indígena Sete de Setembro, em 8 de fevereiro de 1999.

Hoje, na aldeia, ainda mantemos grande parte da nossa alimentação tradicional, mas infelizmente consumimos muitos produtos industrializados. As práticas de caça, pesca e coleta foram impactadas, pois era necessário tempo para as novas práticas econômicas, entre elas o cuidado do café, do gado e idas à cidade para realizar compras. Isso tudo levou à simplificação da nossa dieta e à inclusão de produtos manufaturados.

Essa alimentação trouxe o desenvolvimento de problemas de saúde que os Paiter antigos não conheciam, como hipertensão e diabetes. No passado nossos males eram curados pelos nossos pajés com ervas medicinais e reza, mas após esses 46 anos de contato fomos adquirindo um longo histórico de epidemias e doenças, inclusive com aumento da mortalidade infantil.

Apesar de ainda hoje recorrermos aos poucos pajés que existem na Linha 14, essa prática é feita somente por alguns Paiter e quase sempre como um complemento, pois o que prevalece é o uso dos medicamentos do posto de saúde existente na nossa aldeia. Quando há casos mais graves, estes são comunicados à Sesai de Cacoal, que remove o doente da aldeia para um hospital com mais recursos, mas nem sempre esse sistema de saúde é eficaz. Nesse caso verificamos mais uma consequência negativa do nosso contato com os não indígenas.

A educação para nós, Paiter, está dividida em duas partes: a educação "informal" como instrumento pelo qual aprendemos nossas tradições, em que praticamos nossa oralidade e vivemos nossos rituais, valorizando nossos sábios e construindo nossa identidade Paiter; e a educação formal (educação escolar) como instrumento de luta para a garantia de direitos e sobrevivência junto à sociedade envolvente. Muitas vezes misturamos esses conhecimentos, pois para nós tudo está interligado. Um exemplo disso foi o Programa Mais Educação na escola da aldeia G̃apg̃ir, onde os monitores são sábios Paiter, ensinando às crianças e aos jovens cantos tradicionais, artesanato e histórias, além de questões do meio ambiente.

Quase nunca é fácil combinar conhecimentos indígenas e não indígenas, mas esse é o desafio de nossa vida nos dias de hoje. Concluo este trabalho com muitas inquietações e novas ideias, desejando aprofundar esta pesquisa em trabalhos futuros, trabalhar muitos aspectos na escola e não esquecer o que é ser Paiter nem jamais esquecer minhas responsabilidades com minha família, minha aldeia, meus alunos da escola indígena e comigo mesmo.

Para saber mais

Geertz, Clifford. *A interpretação das culturas*. Rio de Janeiro: LTC, 1989.

Junqueira, Carmen. *Antropologia indígena: uma introdução*. São Paulo: Educ, 1991.

Lévi-Strauss, Claude. *As estruturas elementares do parentesco*. Petrópolis: Vozes, 1976.

Malinowski, Bronislaw Kasper. *Argonautas do Pacífico ocidental*. 2. ed. São Paulo: Abril Cultural, 1978.

Mindlin, Betty. *Nós Paiter, os Suruí de Rondônia*. Petrópolis: Vozes, 1985.

________. *Notícia sobre os Suruí de Rondônia (Paiter)*. São Paulo: ISA, 1985.

Sermann, Jörn. "A toponímia como construção histórico-cultural: o exemplo dos municípios do estado do Ceará". *Revista Vivência*. Natal: 2005, n. 29, pp. 207-24.

Suruí, Joaton. *Metar et ah: Uma proposta de educação escolar indígena diferenciada para o povo Suruí Paiter de Rondônia*. Trabalho de Conclusão de Curso (licenciatura em educação básica intercultural) – Departamento de Educação Intercultural, Fundação Universidade Federal de Rondônia, Ji-Paraná: 2013.

Suruí, Luiz Weymilawa. *Toy eitxa toy je or ewe same: notas da história do povo Paiter da aldeia G̃apg̃ir na Linha 14*. Trabalho de Conclusão de Curso (licenciatura em educação básica intercultural) – Departamento de Educação Intercultural, 91 p. Fundação Universidade Federal de Rondônia, Ji-Paraná: 2015.

Xijein, Carlos Oro Waram. *Os lugares e os nomes na memória dos mais velhos da aldeia Lage Novo*. Trabalho de Conclusão de Curso (licenciatura em educação básica intercultural) – Departamento de Educação Intercultural, Fundação Universidade Federal de Rondônia, Ji-Paraná: 2015.

Créditos das imagens

Figura 1: Fotógrafo desconhecido/Acervo do autor.
Figura 2: Ilustração feita pelo autor.
Figura 3: Mapa desenhado pelo autor.

A grande jornada: a entrada do *Homo sapiens* nas terras baixas da América do Sul

Cláudia R. Plens

Um outro clima, um outro mundo

As histórias das migrações dos nossos antepassados são as mais audaciosas aventuras pelas quais a humanidade já passou. Migrar para terras desconhecidas, adaptar-se a novos climas e meios ambientes para sobreviver nunca foi um processo fácil, e foi lutando entre a vida e a morte que os agrupamentos humanos aprenderam o que aproveitar ou não dos recursos naturais.

Para compreender a migração de sociedades para o território que hoje corresponde à América – o último a ser habitado pela humanidade –, é importante saber como era o mundo com o qual essas pessoas lidavam. Lembremos que a Terra passou por diferentes tempos geológicos de longa duração, em que a temperatura na superfície terrestre e a atmosfera do planeta sofreram grandes variações. Entre 110 mil e 12 mil anos AP (sigla para "antes do presente"), o clima era diferente do atual: a Terra estava em seu último período glacial, a Glaciação Wisconsin, que marca o final do Pleistoceno e a transição para a era geológica atual, o Holoceno.

Por volta de 25 mil a 20 mil anos AP, a temperatura gelada em todo o planeta levou ao maior resfriamento das calotas polares e à gelificação de grande quantidade de água do mar, cujo nível, consequentemente, teve uma diminuição. Isso tornou as planícies costeiras de todo o planeta maiores, por vezes interligando porções de terra que outrora eram separadas pelas águas.

Esse clima mais frio favorecia a existência de uma flora diferente da atual e, por conseguinte, de uma fauna adaptada a esse ambiente. Nesse período final da era glacial, os caçadores asiáticos, *Homo sapiens sapiens* (assim como nós), estavam adaptados ao frio intenso e à caça de grandes mamíferos, como bisões e mastodontes.

Uma passagem para a América

Na região do estreito de Bering (figura 1), entre a Ásia e a América, abriu-se um caminho de terra, formado pelo recuo do nível do mar, que serviu de ponte para a migração de mamíferos e caçadores. No início do século XX, arqueólogos norte-americanos localizaram próximo a essa área pontas de flechas associadas a um remanescente ósseo de um bisão do Pleistoceno final, as conhecidas pontas Folsom.

Esses projéteis eram confeccionados com pedra, ou seja, material lítico. Dada a alta preservação desse material no solo, esss artefatos tornaram-se a fonte mais importante para o estudo das sociedades de então, por meio da chamada *cultura material* – as construções humanas que expressam modos de viver e visões de mundo em sua singularidade. Mais adiante, a identificação de outra indústria lítica, conhecida como Clóvis, datada de 11400 AP, corroborou o debate sobre a origem do *sapiens* americano via estreito de Bering.

Ao longo de mais de cem anos de pesquisas em todo o continente americano, outros achados, tão ou mais antigos, problematizaram ainda mais a discussão sobre a entrada de grupos humanos na América. Vários outros sítios arqueológicos indicam datações antigas que não são facilmente explicadas por uma única rota a partir da América do Norte. Entre os exemplos estão Monte Verde, o mais antigo, com datações mais empiricamente controladas, localizado ao sul do Chile e datando de 11500 a 13200 AP, além de uma dezena de outros na América do Sul. Por exemplo, na Serra da Capivara, no Piauí, são mais de trinta sítios arqueológicos, havendo ainda outros em Lagoa Santa, em Minas Gerais, e Capelinha, no sul de São Paulo.

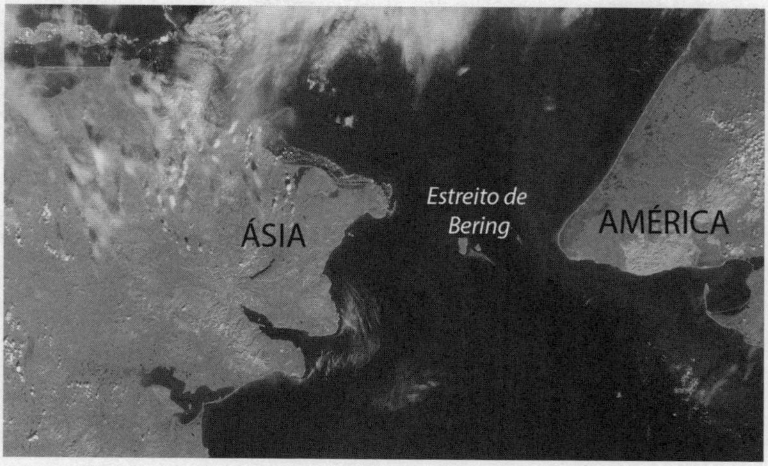

Figura 1. Imagem de satélite do estreito de Bering, que separa a Ásia da América.

Teria havido outras entradas transoceânicas? Embora isso seja plausível, nenhum vestígio atesta essas outras rotas, mas as datações sugerem que uma complexidade de eventos migratórios teria levado à colonização humana na América. Seja como for, se a passagem pelo estreito de Bering já era tida como certa, atualmente ela é corroborada por mais evidências. Uma datação bem mais recuada aponta que as primeiras ondas migratórias aconteceram há muito mais tempo por essa rota. Ossos de um mamute, associados com artefatos, provenientes do sítio Bluefish Cave, em Yukon, Canadá, foram datados de 28 mil anos AP.

Na América do Sul, a parte final do período glacial fez o recuo do nível do mar deixar expostas grandes áreas de praia onde, provavelmente, sociedades do passado teriam habitado. Com base nisso, alguns arqueólogos postulam que o aumento do nível do mar nos dias atuais teria submergido antigas aldeias que, por essa razão, não poderiam ser localizadas na atualidade.

Já em Minas Gerais, longe do mar, o sítio Lagoa Santa, na serra do Cipó, guarda remanescentes esqueléticos humanos que datam de até 11 mil anos AP, tendo como mais proeminente vestígio desse período o crânio da Luzia. Além da idade recuada, os sítios arqueológicos da região revelam que caçadores-coletores do fim do Pleistoceno já estavam adaptados ao seu ambiente, buscando matéria-prima em locais específicos e produzindo artefatos próprios para serem usados no seu cotidiano. Diversos objetos feitos de ossos, assim como anzóis, são achados nessa região, evidenciando que na transição do Pleistoceno para o Holoceno já havia uma adaptação ambiental e conhecimento na utilização dos recursos.

Além desses sítios associados ao período das primeiras ocupações da América, classificado pelos arqueólogos como Paleoíndio, outros, muito mais numerosos e de grande diversidade cultural, são encontrados em todas as regiões do Brasil.

Diferentes culturas na geografia do território brasileiro

Dada a grande diversidade e quantidade de sítios arqueológicos atestando a presença indígena no território brasileiro em todo o Holoceno, faremos uma descrição sucinta, por região, das estruturas mais comuns localizadas pelos arqueólogos, tentando cobrir diferentes cronologias.

Como não é possível identificar diferentes povos nas sociedades do passado por falta de informações mais específicas, como a língua falada por eles, os arqueólogos classificam as sociedades pelos indícios de sua cultura material, ou seja, pela morfologia e pelas características dos sítios e artefatos arqueológicos que são comuns entre os grupos culturais. Cada conjunto de elementos semelhantes da cultura material é associado a *tradições* e *subtradições* arqueológicas.

Região meridional

Começamos nossa viagem pelo sul do Brasil. Nessa região há, por exemplo, sítios de grupos nômades de caçadores-coletores (pescadores), classificados pelos arqueólogos, com base em sua morfologia e características artefatuais, como sítios de sambaquis, tradições Umbu e Humaitá e, mais tardiamente, *cerritos*.

No litoral, os mais visíveis e numerosos são os sambaquis, que caracterizam os sítios de maior ocupação contínua durante quase todo o

Figura 2. Vista do sítio Cubatão, Joinville (SC).

Figura 3. Sambaquis em Jaguaruna (SC).

Holoceno (figuras 2 e 3). Na ordem de centenas, esses sítios têm formas monticulares de 2 a 30 metros de altura. Compostos por camadas de sedimentos e conchas entremeados por artefatos líticos, fibras vegetais, grande quantidade de ossos de fauna e, por vezes, de humanos, fogueiras, além de vegetais variados, os sambaquis apresentam estruturas complexas, evidenciando processos construtivos que variam de poucos a centenas de anos de construção.

Antigamente, a literatura arqueológica reconhecia a existência de sambaquis litorâneos desde o Espírito Santo até o Rio Grande do Sul – sendo o mais antigo o sítio Branco, no sul de São Paulo, datado pelo arqueólogo Flávio Calippo[1] em 8 mil anos AP –, mas nas últimas décadas novas pesquisas localizaram sua presença também nos litorais baiano e maranhense.

Em Santa Catarina, onde hoje se localizam os maiores sambaquis, por vezes é possível, a partir do topo de um deles, avistar uma longa cadeia de outros até o horizonte. Madu Gaspar sugere a possibilidade de que os sambaquis tenham sido marcos territoriais, em que um sambaqui maior seria rodeado por depósitos satélites menores, cada qual correspondendo a ocupações com funções diferenciadas[2]. De acordo com Andreas Kneip, dois locais de importante concentração de sambaquis são Joinville e entorno (área da baía da Babitonga) e Laguna e arredores[3].

Segundo o arqueólogo André Prous[4], com base no material lítico podem-se constatar diferenças regionais entre os sambaquis, e possivelmente essas características destacam diferenças culturais nos grupos que ocuparam o litoral brasileiro. Interessante notar que nesse tipo de sítio,

1. Flávio R. Calippo, *Sociedade sambaquieira, comunidades marítimas*, tese (Doutorado em Arqueologia) – Museu de Arqueologia e Etnologia, Universidade de São Paulo, São Paulo: 2010.
2. Madu D. Gaspar, "Considerations about the sambaquis of the Brazilian coast", *Antiquity*, Durham (Reino Unido): 1998, v. 72, n. 227, pp. 592-615.
3. Andreas Kneip, *O povo da lagoa: uso do SIG para modelamento e simulação na área arqueológica do Camacho*, tese (Doutorado em Ciências) – Museu de Arqueologia e Etnologia, Universidade de São Paulo, São Paulo: 2004.
4. André Prous, *Arqueologia brasileira*, Brasília: Editora Universidade de Brasília, 1992; *idem*, *O Brasil antes dos brasileiros: a pré-história de nosso país*, 2. ed. rev., Rio de Janeiro: Zahar, 2006.

Figura 4. Zoólito em forma de tubarão, vista lateral.

tão conhecido e estudado por arqueólogos brasileiros, não se encontraram até hoje evidências concretas de moradia.

Uma característica presente em alguns desses sítios são os zoólitos, artefatos esculturais em formas geometrizadas com aspecto semelhante ao de animais, de beleza estética incontestável. No entanto, ainda pouco se sabe sobre a funcionalidade desses objetos, uma vez que poucos foram encontrados *in loco*, dificultando uma análise contextual dos achados (figura 4).

Mas não é somente no litoral que estruturas de sambaquis são evidenciadas. Ao longo de rios, em várias regiões do Brasil, se encontram sítios conhecidos como sambaquis fluviais. Na região amazônica, o Taperinha, no Pará, e o Monte Castelo, em Rondônia, são importantes para o debate da origem da cerâmica e da domesticação de alimentos na América do Sul, como veremos adiante. Porém, esses sítios são menos evidentes na paisagem, atingindo, em geral, 2 metros de altura e localizados frequentemente no meio da mata.

Na região sul do estado de São Paulo, no vale do Ribeira do Iguape, onde a equipe do arqueólogo Levy Figuti localizou mais de quarenta sambaquis fluviais, está o mais antigo deles, o sítio Capelinha, no município de Cajati, cuja datação do sepultamento completo aponta que sua construção se deu entre 10000 e 6000 AP. Os demais sítios têm datações que variam de 9000 a 1000 AP, atestando a presença desse grupo de forma contínua na região durante nove milênios.

Figura 5. *Cerrito* em India Muerta, Uruguai.

A partir do estudo do sítio Moraes, no município de Miracatu (SP), Cláudia R. Plens[5] verificou que a sociedade que fez seus enterramentos ao longo de dois mil anos (6000-4000 AP) no mesmo local conhecia muito bem seu meio ambiente, tinha uma organização social de certa complexidade, dedicava cuidados especiais ao sepultar seus mortos e voltava, recorrentemente durante esses dois milênios, para cumprir uma tradição aos antepassados. Ademais, seus integrantes caçavam com diferentes finalidades as mais variadas espécies da fauna da mata atlântica e demonstravam alto conhecimento e extensa utilização da flora local.

Outros sítios arqueológicos, de proporções menores na paisagem, são os *cerritos*, que correspondem a montículos de sedimentos construídos em praias inundáveis, variando entre 0,5 a 2 metros de altura (figura 5). Os remanescentes localizados em sítios ao sul de Torres e no nordeste do Uruguai, próximos a lagoas rasas, indicam que grupos de pescadores captavam recursos aquáticos.

De acordo com André Prous, pesquisas indicam que, no Uruguai, esses sítios começaram a ser construídos 5 mil anos AP, com um aumen-

5. Cláudia R. Plens, *Sítio Moraes, uma biografia não autorizada: análise do processo de formação de um sambaqui fluvial*, tese (Doutorado em Arqueologia) – Museu de Arqueologia e Etnologia, Universidade de São Paulo, São Paulo: 2008.

to populacional a partir de 3 a 2 mil anos AP. Se no primeiro momento são caracterizados por material lítico e vegetais, na segunda fase vê-se a introdução do material cerâmico não decorado. Trata-se de cerâmica da tradição Vieira, de plano fundo, propícia para o preparo de peixe. Nesse período de intensificação da construção de *cerritos*, os sítios menores parecem ter sido usados como áreas residenciais, enquanto os maiores, como cemitérios.

Tanto sambaquis quanto *cerritos* chamam a atenção por serem característicos de sociedades construtoras, que ao longo de milênios se juntaram em torno de empreendimentos coletivos.

No Sul e no Sudeste do Brasil, mais especificamente entre o Rio Grande do Sul e o sul de Minas Gerais, aparecem ainda outros tipos de sítio. Também na ordem de centenas e dispersos em grande diversidade geográfica, esses sítios sem construção monticular atestam a permanência e continuidade cultural de grupos de caçadores-coletores denominados *tradições Umbu e Humaitá*.

Por muito tempo, a literatura arqueológica tratou os sítios Umbu como aqueles localizados em zonas baixas e os Humaitá como os situados no alto de encostas. Nos sítios Umbu localizavam-se sobretudo artefatos de ponta de flecha, enquanto os Humaitá apresentavam instrumentos conhecidos como *choppers* e bifaces, que eram usados como machados, picões e cunhas para o trabalho no solo e em madeira. No entanto, recentemente, Adriana Schmidt Dias e Sirley Hoeltz[6], em uma revisão da tecnologia lítica, demonstraram que as diferenças entre essas duas categorias estão mais relacionadas a áreas de atividades específicas do que a grupos culturais distintos.

Outra interessante evidência de sociedades antigas adaptadas à geografia local aparece a partir do ano 1000 da nossa era: as *casas subterrâneas*. De acordo com Pedro Inácio Schmitz[7], desde o Rio Grande do Sul até o Paraná (recentemente também foram localizados sítios com essa morfo-

6. Adriana S. Dias e Sirley E. Hoeltz, "Indústrias líticas em contexto: o problema Humaitá na arqueologia sul-brasileira", *Revista de Arqueologia*, Teresina: 2010, v. 23, n. 2, pp. 40-67.
7. Pedro I. Schmitz *et al.*, "Casas subterrâneas no planalto de Santa Catarina: São José do Cerrito", *Pesquisas: Antropologia*, São Leopoldo: 2010, n. 68, pp. 7-78.

logia ao sul de Minas Gerais), estruturas monticulares discretas, medindo de 2,5 a 20 metros de diâmetro, aparecem na paisagem. Elas constituem coberturas de casas cavadas no subsolo, associadas a terrenos de aterro inclinados, em encostas ou topo de morros.

Usualmente, essas casas subterrâneas estão localizadas em regiões frias das terras altas da porção meridional do Brasil, com mata de *Araucaria angustifolia* (araucária). Como aponta a arqueóloga Silvia Copé[8], foram construídas muitas vezes com pisos rebaixados, de modo individual, conjugado ou, ainda, em um conglomerado de casas conectadas por um corredor também subterrâneo. Essas estruturas interligadas poderiam constituir diferentes territórios, cada qual com uma função específica. Tal complexo sustentava a vida desses grupos, contendo desde espaços residenciais até áreas fúnebres e de celebrações. Essas sociedades possuíam formas sofisticadas de manejo ambiental, tendo o pinhão (a semente da araucária) como um dos recursos principais para a alimentação.

As cerâmicas associadas a essas casas muitas vezes são identificadas como pertencentes à tradição Taquara/Itararé, porém, dada sua grande variabilidade, parecem estar ligadas, em algumas casas, a grupos culturais distintos, com modo diferenciado de confeccioná-las, o que levou os arqueólogos a classificá-las em subtradições e fases da tradição Taquara/Itararé.

Curiosamente, informações do livro *Arqueologia brasileira,* de André Prous, apontam que na região de Minas Gerais, onde também foi localizada estrutura de casa subterrânea, a cerâmica é associada à tradição Aratu, dos povos do Brasil central. Já em Santa Catarina, há casas que não apresentam qualquer evidência de material cerâmico, tendo seu material lítico associado à tradição Umbu, de grupos caçadores-coletores da porção meridional do Brasil.

As cerâmicas Taquara e Itararé encontradas em casas subterrâneas levam alguns arqueólogos a associarem essa tradição aos povos indígenas

8. Silvia M. Copé, *Les grands constructeurs précoloniaux du plateau du Sud du Brésil: étude de paysages archéologiques à Bom Jesus, Rio Grande do Sul, Brésil,* tese (Doutorado em Arqueologia) – Institut d'Art et d'Archéologie, Université de Paris 1, Paris: 2006.

que seriam falantes de língua da família Jê do Sul, como os Xokleng e os Kaingang, as populações mais numerosas do Planalto Meridional em período histórico (embora se trate apenas de conjectura, uma vez que não há conhecimento real ou memória que autentique a continuidade histórica entre esses grupos construtores de casas subterrâneas e os Xokleng e Kaingang).

A região setentrional

Caminhando mais para o norte, rumo às regiões do Brasil central, Alto Xingu e Amazônia central, encontramos sítios arqueológicos que remontam ao século VIII: as *tradições Uru e Aratu*. Cristiana Barreto[9] demonstra que se caracterizam por serem sítios a céu aberto, geralmente próximos a encostas suaves de morros com manchas de terra preta, em forma arredondada, onde se encontravam aldeias organizadas em dois ou três anéis no entorno de uma praça central.

Em *Os índios antes do Brasil*, Carlos Fausto descreve as aldeias Aratu associadas a áreas de cultivo de milho e batata-doce, geralmente com cerca de 7 hectares e diâmetro pouco menor que 300 metros. Já as aldeias Uru são menores, com menos de 4 hectares e diâmetro de 230 metros, sendo a mandioca aparentemente o seu principal cultivo[10].

Dentro desse panorama, o Pantanal brasileiro também incorpora a problemática da ocupação do Brasil central. Seria esta região o "cruzamento" ou a área de passagem entre a bacia Amazônica e a Platina, os Andes e as terras baixas? Ou o receptáculo natural de populações oriundas de diferentes biomas? Nas áreas de terra firme/alta que margeiam o Pantanal há evidências de sítios de grande antiguidade (como Santa Elina, de 20 mil anos).

Entretanto, a abundância e riqueza biológica do Pantanal o torna um local propício para a ocupação de economias caçadoras-coletoras, que

9. Cristiana Barreto, "A construção social do espaço: de volta às aldeias circulares do Brasil central", *Habitus*, Goiânia: 2011, v. 9, n. 1, pp. 61-79.

10. Carlos Fausto, *Os índios antes do Brasil*, Rio de Janeiro: Zahar, 2000.

ali construíram aterros, montículos de terra e conchas, desde 5 mil anos atrás. Posteriormente, perto do século X da nossa era, essa riqueza atrairia grupos ceramistas da Amazônia e do Chaco, e/ou levaria ao desenvolvimento de tradições locais, como a Descalvado e a Uru, gerando ocupações de numerosos grupos nas faixas ribeirinhas do Pantanal.

Em um paralelo etnológico, a configuração dessas aldeias, assim como seu material cerâmico, geralmente é associada à dos grupos falantes de línguas Macro-Jê. Mas essas semelhanças gerais, submetidas a um trabalho mais refinado dos dados, apontam para distinções culturais entre as grandes aldeias Uru e Aratu do Brasil central, do Alto Xingu e da Amazônia central.

Outra tradição importante que atesta as migrações de povos indígenas no passado é a Una, que representaria os primeiros horticultores do Planalto Central, ali chegados por volta de 3500 anos AP. Remanescentes dessa tradição aparecem na Gruta do Gentio, no noroeste de Minas Gerais. Mas a história de dispersão desses grupos é complexa. Acredita-se que essa tradição teria tido uma origem mais remota, na Amazônia, de onde teria se expandido até atingir o sul de Minas Gerais, o norte de São Paulo e, posteriormente, a Serra Fluminense, a Baixada de Campos, o litoral do Rio de Janeiro e, por fim, a serra do Espírito Santo. Por volta de 1000 AP, a tradição Una também é encontrada em Goiás e, em torno de 950 AP, no sudoeste da Bahia.

A tradição Una ocorre de maneira diferenciada, conforme a região geográfica. Suas ocupações acontecem tanto em grutas (Minas Gerais e serras) como a céu aberto. A cerâmica, de pequeno porte, apresenta cor escura (devida à queima redutora), formas arredondadas (as mais antigas lembrando cabaças) e alguma decoração. Outros vestígios são material lítico (lascado, polido e picotado), adornos diversos e, nos sítios de maior preservação, abundante material têxtil e vegetal. Os sepultamentos apresentam uma grande variação entre as suas fases, inclusive com a prática da cremação.

Outra tradição, também com origem amazônica e que migrou para várias regiões do Brasil, é a Tupi-Guarani. Ela não possui um modelo de assentamento específico, provavelmente por ser um grupo disperso em

Figura 6. Geoglifo no Acre.

uma grande região geográfica, mas em geral seus assentamentos se concentram em áreas de floresta tropical e subtropical, caracterizadas por matas ciliares com solo rico em matéria orgânica. Em alguns pontos do litoral, as ondas migratórias parecem ter se imposto por meio da expulsão de antigos moradores. Em São Paulo e no Paraná há grandes casas, capazes de abrigar cerca de 200 pessoas, segundo descrevem os cronistas.

Hoje a hipótese mais aceita sobre a origem dos grupos da tradição Tupi-Guarani é a amazônica. Os proto-Tupi, antes mesmo de terem se tornado ceramistas, teriam partido em duas grandes ondas migratórias, uma ocidental e outra oriental. A primeira teria seguido pelo rio Madeira até a bacia do Paraná, alcançando dali o Rio Grande do Sul e depois o litoral do Paraná. A segunda teria descido pelo litoral até o sul de São Paulo.

Os grupos Guarani teriam vindo da Amazônia para ocupar as terras baixas e alagadas ao sul, provavelmente expulsando da região os grupos mais antigos que ali moravam. Artefatos atestam rearranjos sociais no encontro dessas diferentes tradições culturais.

Na Amazônia ocidental há outros tipos de sítios bastante interessantes: os *geoglifos*. Há menções de que arqueólogos já teriam conhecimento da existência de algumas dessas estruturas desde a década de 1970. Contudo, foi a partir da descrição de geólogos que sobrevoaram a região que elas voltaram a ser mencionadas. Em 2005, as arqueólogas Denise Schaan e Cláudia R. Plens – alertadas pelo geólogo Alceu Ranzi, que havia sobrevoado a região – identificaram algumas dessas estruturas, e, a partir de então, pesquisas sistemáticas começaram a ser desenvolvidas por diversos pesquisadores nacionais e internacionais. Os geoglifos, estruturas em forma de círculos, retângulos, hexágonos, octógonos e outras figuras que só podem ser vistas por sobrevoo, dadas as suas dimensões, foram construídos por populações que viveram aproximadamente entre 700 e 200 anos AP (figura 6).

Não se sabe ao certo a funcionalidade dessas estruturas, contudo poucos artefatos foram ali encontrados. Portanto, até o momento, acredita-se que se trate de construções com finalidades simbólicas.

O mundo amazônico

O mundo amazônico é mesmo um caso à parte, pois traz importantes questões para a compreensão da dispersão indígena no Brasil. Se nos parágrafos anteriores vimos que alguns grupos de outras regiões parecem ter tido origem na Amazônia, outras histórias, ainda mais complexas, se desenrolaram nessa região.

Os primeiros trabalhos relativos a populações indígenas na América do Sul foram reunidos no *Handbook of the South American Indians*, coeditado por Julian Steward na década de 1940[11]. Segundo essa publicação, posteriormente criticada por seu determinismo ecológico, o ambiente era o elemento central para condicionar o comportamento humano. Na década de 1950, tal abordagem orientou o trabalho da arqueóloga Betty Meggers[12], a qual defendia a hipótese de que a restrição proteica, por baixa quantidade de animais na mata, fora um fator limitante para o desenvolvimento econômico e social das populações amazônicas. Também a ausência de cultivos de tubérculos e a baixa fertilidade do solo eram interpre-

11. Julian H. Steward (ed.), *Handbook of South American Indians*, Washington: Smithsonian Institution, Bureau of American Ethnology, v. 5, 1946-1950.
12. Betty Meggers, "Environmental Limitation on the Development of Culture", *American Anthropologists*, 1954, v. 56, pp. 801-24.

tados, à época, como razões pelas quais essas populações teriam mantido baixa demografia e organização política igualitária.

Posteriormente, Donald Lathrap[13] contradisse o modelo de Meggers destacando a emergência da agricultura na Amazônia, onde o cultivo da mandioca, relacionado a cerâmicas sofisticadas nas terras baixas entre 4 e 5 mil anos AP, teria levado ao aumento demográfico e à centralização política.

Na década de 1980, Anna Roosevelt[14], embora de acordo com o modelo de Meggers de baixa fertilidade do solo amazônico, considerou que o cultivo do milho melhorou a dieta proteica, o que possibilitou o aumento da demografia populacional e levou à emergência de sociedades complexas baseadas em cacicados distribuídos em terras da região do Orinoco.

O cultivo intensivo de milho e mandioca, combinado com a caça e a pesca, foi identificado como uma estratégia de subsistência subjacente ao desenvolvimento local de outras sociedades pré-coloniais tardias em áreas mais férteis (de várzea) da Amazônia, como a ilha do Marajó e a região de Santarém. De acordo com Roosevelt, essas sociedades tornaram-se organizações hierarquizadas em cacicados, com assentamentos sedentários e diferenciações sociais bem caracterizadas entre os indivíduos da comunidade.

Hoje se sabe que a importância da mandioca para a economia neotropical das terras baixas se deve a sua boa adaptação a solos ácidos com poucos nutrientes e, também, à possibilidade de ser estocada no solo por até dois anos, sendo menos vulnerável a pestes do que outras plantações. A mandioca, como ressalta Manuel Arroyo-Kalin[15], é um recurso rico em

13. Donald W. Lathrap, "Our Father the Cayman, Our Mother the Gourd: Spinden Revisited or a Unitary Model for the Emergence of Agriculture in the New World", in C. A. Reed, (ed.), *Origins of Agriculture*, Den Haag: Mouton, 1977, pp. 713-51.

14. Anna C. Roosevelt, *Parmana: Prehistoric Maize and Manioc Subsistence along the Amazon and Orinoco*, New York: Academic Press, 1980.

15. Manuel Arroyo-Kalin, "The Amazonian Formative: Crop Domestication and Anthropogenic Soils", *Diversity*, 2010, v. 2, n. 4, pp. 473-504, disponível em: <http://dx.doi.org/10.3390/d2040473>, acesso em: 20 nov. 2017.

amido, o que a tornou um alimento básico para o estilo de vida sedentário graças à sua alta concentração de carboidratos.

Um modelo de regressão de agricultura desenvolvido por William Balée[16], baseado em concentração de árvores frutíferas, geralmente associada com "terras pretas", explica que tais concentrações derivam de jardins ou assentamentos humanos abandonados. Contudo, o arqueólogo Gustavo Politis[17], por meio de observações etnoarqueológicas, aponta que concentrações de árvores frutíferas podem também ser resultado do descarte de sementes por grupos nômades.

Outro problema levantado na década de 1950 foi a questão da complexidade social encontrada na ilha do Marajó, que apresentava produção de uma cerâmica sofisticada, confeccionada por artesãos altamente capacitados, típica de uma organização social mais complexa em período pré-colonial. Para tanto, Meggers e Evans[18] formularam um modelo no qual explicavam essa complexidade por meio de influências exógenas, ou seja, o conhecimento da confecção da cerâmica, originado nos Andes, teria migrado para as terras baixas – modelo este nunca sustentado por nenhuma evidência arqueológica.

No entanto, na década de 1990, o Projeto Amazônia Central (PAC), coordenado por Eduardo Neves, conseguiu dados que inovaram a interpretação da ocupação da Amazônia ao apontarem um processo contínuo de aumento demográfico desde 2300 até 1500 AP. Diferentemente de

16. William Balée, "The Culture of Amazonian Forests", em: William Balée e Darrell Posey (eds.), *Resource Management in Amazonia: Indigenous and Folk Strategies*, Bronx: New York Botanical Garden, 1989, pp. 1-21; *idem*, "People of the Fallow: A Historical Ecology of Foraging in Lowland South America", em: K. H. Redford e C. Padoch (eds.), *Conservation of Neotropical Forests: Working from Traditional Resource Use*, New York: Columbia University Press, 1992, pp. 35-46.

17. Gustavo Politis, "Moving to Produce: Nukak Mobility and Settlement Patterns in Amazonia", *World Archaeology*, London: 1996, v. 27, n. 3, pp. 492-511; *idem*, "Plant Exploitation Among the Nukak Hunter-Gatherers of Amazonia: Between Ecology and Ideology", em: Chris Gosden e Jon G. Hather (eds.), *Prehistory of Food: Appetites for Change*, London: Routledge, 1999, pp. 99-126.

18. Betty Meggers e Clifford Evans, "Archaeological Investigations at the Mouth of the Amazon", *Bureau of American Ethnology Bulletin*, Washington, D.C.: 1957, v. 167.

Meggers, Neves e Petersen[19] interpretaram os dados como de ocupações de sociedades em sedentarismo intensivo.

Especificamente no Holoceno tardio, de acordo com vários autores, uma mudança social é vista com a intensificação do sedentarismo e um aumento demográfico resultantes de uma provável estratégia de subsistência de agricultura. Mais do que isso, dados indicam práticas de agricultura por volta de 1000 AP.

A bacia Amazônica e a confluência dos rios Solimões e Negro, os quais misturam águas claras e turvas, fazem da região um estuário para a diversidade de produtos de fauna e flora disponíveis para o consumo humano. Claide Moraes e Anne Rapp Py-Daniel[20] descrevem que, nessa região, a maioria dos sítios arqueológicos é localizada em zona de várzea, uma área adjacente aos morros, onde grandes concentrações de cacos cerâmicos são achadas, por vezes formando aterros construtivos.

Além disso, grossas camadas que foram nomeadas *terra preta de índio* (TPI) indicam atividades humanas intensas e são altamente férteis, possibilitando grandes plantações. Além da TPI das várzeas e colinas, pesquisas em sítios do Holoceno tardio apontam para estruturas de montículos artificiais, como valas defensivas e enterramentos em urnas funerárias ou no solo com cerâmica de diferentes tipologias, sugerindo a existência de sociedades complexas por um longo período de continuidade cultural.

Os ameríndios à época do contato

A demografia indígena no território brasileiro à época da colonização europeia é um desafio ainda não superado. Contudo, há estudos específicos

19. Eduardo G. Neves e James B. Petersen, "Political Economy and Pre-Columbian Landscape Transformations in Central Amazonia", em: William Balée e Claire L. Erickson, *Time and Complexity in Historical Ecology: Studies in the Neotropical Lowlands*, New York: Columbia University Press, 2006, pp. 279-309.

20. Claide P. Moraes, "Arqueologia na Amazônia central: um contraste entre fase Paredão e fase Guarita", em: Edithe Pereira e Vera Guapindaia (orgs.), *Arqueologia Amazônica 2*, Belém: Museu Paraense Emílio Goeldi, 2006, pp. 583-604; Anne Rapp Py-Daniel, *Arqueologia da morte no sítio Hatahara durante a fase Paredão*, dissertação (Mestrado em Arqueologia) – Museu de Arqueologia e Etnologia, Universidade de São Paulo, São Paulo: 2009.

para a região amazônica. Na década de 1990, o geógrafo William Denevan[21] propôs que, por volta do ano 1492, existiriam cerca de 5,5 milhões de indivíduos só na Amazônia. Neves *et al*[22], contudo, baseados em dados arqueológicos que revelam grandes aldeias, acreditam que no ano 1000 a população fosse ainda maior nesse território.

Os primeiros viajantes espanhóis que navegaram pelo Amazonas em 1542, Orellana e Carvajal, descreveram grandes vilas com inúmeras pessoas às margens dos rios e artesãos que produziam as mais belas cerâmicas do mundo. Contudo, anos depois, quando a colonização chega ao Amazonas, os grupos indígenas já não pareciam numerosos. Para arqueólogos e antropólogos, essa baixa demográfica teria ocorrido por fatores indiretos da colonização, como a propagação de doenças, mesmo por contatos indiretos.

Descrições bem mais atuais demonstram o impacto do contato de indígenas com doenças ocidentais para as quais não eram resistentes. Rubens Valente, em livro recente sobre o contato de grupos indígenas isolados na época da ditadura militar, descreve uma série de exemplos em que comunidades contaminadas com o vírus da gripe ou do sarampo perderam dezenas de pessoas em pouco menos de 48 horas[23].

Considerações finais

A partir do momento em que grupos de caçadores-coletores entraram no continente americano e se espalharam por diferentes regiões, passaram a lidar de modos particulares com a realidade que os cercava. Criaram novas formas de viver, com ampla gama de artefatos específicos, cons-

21. William M. Denevan, "Native American Populations in 1492: Recent Research and a Revised Hemispheric Estimate", em: William M. Denevan (ed.), *The Native Population of the Americas in 1492*, Madison: The University of Madison Press, 1992, pp. xvii-xxx.
22. Michael J. Heckenberger, James B. Petersen e Eduardo G. Neves, "Village Size and Permanence in Amazonia: Two Archaeological Examples from Brazil", *Latin American Antiquity*, 1989, v. 10, n. 4, pp. 353-76.
23. Rubens Valente, *Os fuzis e as flechas: história de sangue e resistência indígena na ditadura*, São Paulo: Companhia das Letras, 2017.

truindo estruturas, casas e aldeias que levaram a organizações sociais e universos culturais específicos.

O objetivo do capítulo foi selecionar sítios e tradições arqueológicas que representassem a diversidade e a longevidade das ocupações indígenas no território brasileiro. Contudo, essa seleção está longe de ser exaustiva, havendo muito mais casos, sítios, tradições, subtradições e fases arqueológicas que não foram mencionados.

A arqueologia brasileira pré-colonial é complexa, vasta, com centenas de sítios e seus artefatos testemunhando a longevidade da ocupação do território pelos mais variados grupos indígenas, que por milênios manejaram o seu ambiente e a ele sobreviveram – desde mais de 11 mil anos AP até os dias atuais. Embora os sítios arqueológicos sejam de beleza estética ou monumentalidade que foge ao tradicionalmente venerado pela sociedade ocidental, a complexidade das relações sociais e as adaptações ao meio dessas populações, cujo passado os arqueólogos apenas começam a desvendar, foram surpreendentes.

Não há dúvida de que há muito mais a conhecer sobre a importância, a longevidade e a diversidade dos povos indígenas do período pré-colonial e, assim, contribuir para maior compreensão e respeito a seus descendentes, os indígenas da atualidade.

Para saber mais

Caromano, Caroline F. *Fogo no mundo das águas: antracologia no sítio Hatahara, Amazônia central.* Dissertação (Mestrado em Arqueologia) – Museu Nacional, Universidade Federal do Rio de Janeiro. Rio de Janeiro: 2010.

Cascon, Leandro M. *Alimentação na floresta tropical: um estudo de caso no sítio Hatahara, com base em microvestígios botânicos.* Dissertação (Mestrado em Arqueologia) – Museu Nacional, Universidade Federal do Rio de Janeiro. Rio de Janeiro: 2010.

Dias Jr., Ondemar F. "Breves notas a respeito das pesquisas no sul de Minas Gerais". *Publicações Avulsas do Museu Paraense Emílio Goeldi*, 1971, v. 15, pp. 133-48.

Figuti, Levy; Plens, Claúdia R.; DeBlasis, Paulo. "Small Sambaquis and Big Chronologies: Shellmound Building". *Radiocarbon*, 2013, v. 55, pp. 1215-21.

Greaves, Russell; Kramer, Karen L. "Hunter-Gatherer Use of Wild Plants and Domesticates: Archaeological Implications for Mixed Economies Before Agricultural Intensification". *Journal of Archaeological Science*, 2014, v. 41, pp. 263-271.

HILBERT, Peter Paul. *Archäologische Untersuchungen am Mittleren Amazonas*. Berlin: Dietrich Reimer, 1968.

LIMA, Helena P. *A história das caretas: a tradição da borda incisa na Amazônia central*. Tese (Doutorado em Arqueologia) – Museu de Arqueologia e Etnologia, Universidade de São Paulo. São Paulo: 2008.

MILLER, Eurico T. "Adaptação agrícola pré-histórica no alto rio Madeira". Em: MEGGERS, B. J. (ed.). *Prehistoria sudamericana: nuevas perspectivas*. Washington: Taraxacum, 1992, pp. 219-231.

PROUS, André. *Arqueologia brasileira*. Brasília: Editora Universidade de Brasília, 1992.

_______. *O Brasil antes dos brasileiros: a pré-história de nosso país*. 2. ed. rev. Rio de Janeiro: Zahar, 2006.

RANZI, Alceu; AGUIAR, Rodrigo. *Geoglifos na Amazônia: perspectiva aérea*. Florianópolis: Faculdades Energia, 2004.

ROOSEVELT, Anna C. *Moundbuilders of the Amazon: Geophysical Archaeology on Marajó Island, Brazil*. San Diego: Academic Press, 1991.

SCHAAN, Denise. "Geoglifos da Amazônia ocidental: evidência de complexidade social entre povos da terra firme". *Revista de Arqueologia*. Teresina: 2007, v. 20, pp. 67-82.

_______; PLENS, Cláudia R. "Diagnóstico sobre a situação do patrimônio arqueológico na área de implantação das linhas de transmissão LT138 KV Epitaciolândia/Rio Branco e LT 69 KV Rio Branco/Sena Madureira (incluindo áreas das subestações)". Belém: Museu Paraense Emílio Goeldi, 2005.

_______ *et al*. "Construindo paisagens como espaços sociais: o caso dos geoglifos do Acre". *Revista de Arqueologia*. Teresina: 2010, v. 23, n. 1, pp. 30-41.

Créditos das imagens

Figura 1: NASA GSFC JPL MISR, 2000.
Figura 2: Foto de Levy Figuti, 2009.
Figura 3: Foto de Sandra Nami Amenomori & Andreas Kneip, 2003.
Figura 4: Foto de Ricardo André Frantz (Tetraktys)/Wikicommons, 2013.
Figura 5: Foto de Camila Gianotti, 2005.
Figura 6: Foto de Diego Lourenço Gurgel, 2009.

Os indígenas durante a colonização da América portuguesa

Fernanda Sposito

Introdução

A história dos indígenas na conquista da América e durante a colonização dessas terras é usualmente tratada como a história do genocídio desses povos, processo causado por uma guerra microbiológica involuntária, somada às práticas de conquista e às políticas de extermínio, que trouxeram um cenário de desolação e morte. Ao mesmo tempo, a escravização, os regimes de trabalhos forçados e os aldeamentos também contribuíram para o aumento da mortandade indígena ao trazerem uma evidente piora das condições de vida dessas populações. No entanto, a história não termina aqui.

A despeito das catástrofes, os indígenas viveram, sobreviveram e ajudaram a definir os rumos da colonização. A própria instalação dos núcleos coloniais seguiu a geopolítica dos povos indígenas, que, em parte, determinou os melhores portos, as terras mais férteis e o acesso às rotas que se conectavam ao interior do continente. Também a extração e o cultivo de alguns produtos – tanto aqueles vitais para a sobrevivência das populações na América como alguns que foram comercializados em escala mundial – dependeram dos conhecimentos e da mão de obra indígenas. Além disso, a colonização foi influenciada pelas alianças e inimizades que essas sociedades e suas aldeias nutriam umas pelas outras.

No Regimento de Tomé de Souza, o primeiro governador-geral do Estado do Brasil, em 1548, já era apontada a necessidade de manter próximos das povoações coloniais os indígenas com quem tinham alianças. Ao mesmo tempo, esses nativos aliados seriam mobilizados para combater os indígenas inimigos. A percepção dessa estratégia é a chave para compreender o duplo caráter no qual a política indigenista portuguesa se assentou: aliança-inimizade; liberdade indígena-guerra justa. Este capítulo discutirá as negociações e conflitos entre indígenas e colonizadores e os princípios que estiveram por trás dessas práticas.

Quando falamos aqui em negociação, nos referimos às estratégias que resultaram em sobrevivência dos chamados grupos subalternos, dentro de uma estrutura desigual de poder. Muitas vezes o enfrentamento armado, que se efetivava por meio de guerras, fugas e morte dos senhores, era uma medida extrema, que trazia consequências muito pesadas, como punição aos atos rebeldes, levando a mutilações e mortes de rebeldes e escravizados. Assim, a luta pela sobrevivência no cotidiano, tanto no plano das trocas culturais como nas negociações por condições menos cruéis de exploração, tem sido enxergada pela historiografia e pelos movimentos sociais como uma forma de resistência silenciosa. Em síntese, embora houvesse opressão e violência, não se podem negar os espaços de atuação dos povos dominados ao longo da história.

Dentre essas estratégias de negociações e conflitos, analisaremos a política das aldeias coloniais, as chamadas guerras justas contra os nativos do continente, os descimentos de diversos grupos do sertão e as bandeiras empreendidas pelos colonizadores contra os indígenas como mecanismos que visavam à sua conquista e domínio.

O trabalho indígena na Colônia

Embora muita gente pense que os trabalhadores que construíram a colonização do Brasil tenham sido os africanos e africanas escravizados e trazidos, os indígenas e as indígenas também foram utilizados em larga escala como escravizados. Em algumas regiões da Colônia e durante certo período foram, aliás, a mão de obra predominante. No entanto, muito se diz sobre uma possível incapacidade do indígena de suportar o trabalho pesado, fosse por sua suposta debilidade física, por sua alegada indisciplina ao trabalho regrado ou, ainda, por sua preguiça.

Essas foram justificativas utilizadas na própria época e que se perpetuaram ao longo de séculos, sendo repetidas até os dias de hoje pelo senso comum. Mas, ao analisar com cuidado os dados econômicos e os discursos teológicos e morais do período colonial, vemos que a ideia de que os indígenas eram incapazes ou ferozes foi propositalmente construída para respaldar uma série de medidas adotadas pela Coroa portuguesa. Obviamente, os modelos das sociedades ameríndias nem sempre se enquadravam na lógica mercantil europeia. Entre outras coisas, não visavam à produção de excedentes para acumulação de riquezas. Os padrões de sexualidade e as práticas rituais dos indígenas também, não raramente, chocavam os europeus. A despeito disso, quando interessou aos invasores, milhões de indígenas no Brasil (e no continente americano, como um todo) foram compelidos a trabalhar dentro do ritmo mercantil.

Todos os empreendimentos comerciais levados a cabo por Portugal nesta terra foram inicialmente viabilizados com a mão de obra indígena. Desde a esquadra de Cabral, aportada aqui em 1500, precisou-se de suprimentos para as naus prosseguirem suas jornadas. Assim, madeiras e alimentos foram obtidos por meio do trabalho ameríndio, e esse esquema foi se ampliando cada vez mais conforme novas embarcações, portuguesas e de outros reinos, passaram a explorar a costa da América portuguesa. Animais exóticos e pau-brasil passaram a ser enviados à Europa, além da mandioca, cultivada pelos nativos, cuja farinha foi incorporada como alimento das tripulações das naus que negociavam na costa do Brasil.

A cana-de-açúcar, por exemplo, não era uma planta nativa da América. Trazida pelos portugueses, adaptou-se plenamente ao clima tropical. Todas as fases da produção do açúcar – plantio e colheita da cana, moagem e cozimento do caldo, secagem, embalagem e transporte até os portos na costa atlântica – fizeram-se predominantemente com trabalhadores indígenas escravizados, ao menos até a virada do século XVI para o XVII. A partir de então, no Nordeste açucareiro houve uma inversão da curva, e os africanos, que começaram a chegar a partir da segunda metade dos anos quinhentos, passaram a ser a maioria dos escravizados. Se no passado a justificativa para essa substituição era a insubordinação ou incapacidade dos indígenas, os historiadores dos últimos dois séculos continuam problematizando a questão.

Na década de 1850, Francisco Adolfo de Varnhagen creditou o insucesso da escravidão indígena à sua barbárie. Conforme visto no capítulo "Presença e ausência dos indígenas na história do Brasil", de Cristina Pompa, parte integrante deste livro, Varnhagen foi um notório detrator de indígenas. Mais de um século depois, o historiador Stuart Schwartz, em estudo pioneiro[1], mostrou a importância dos indígenas para a montagem da lavoura canavieira e da indústria do açúcar, como exposto no parágrafo anterior. No entanto, por meio de dados econômicos incompletos do século XVI, Schwartz argumentava, que o indígena seria fisicamente menos produtivo que o africano. Hoje em dia, outras interpretações parecem ser mais plausíveis. Entre elas, a de Fernando Novais[2], por exemplo, na década de 1970, sugeriu que o motivo da adoção da escravidão africana foi o tráfico negreiro, e não o contrário. Ou seja, foi a lucratividade do tráfico negreiro, com a prática de um comércio de longo alcance interligando vários agentes econômicos, que explica o porquê de o africano ter sido escolhido. Avançando ainda mais nessa direção, tem-se o estudo de Luiz Felipe de Alencastro[3], entre os anos de 1980-90, que afirmou que a escravidão africana foi um mecanismo bastante engenhoso de Portugal para obter o domínio simultâneo dos continentes americano e africano, modelo esse que foi imitado depois por outras metrópoles. Ao mesmo tempo que a escravidão africana permitia o lucro das metrópoles europeias, também impedia que os colonizadores na América tivessem um poder desmedido, que escapasse ao controle dos reis. Afinal, caso os próprios moradores da América controlassem o tráfico de indígenas escravizados e o consumo dessa mão de obra, os reis perderiam o domínio sobre o continente. A grande disputa que houve ao longo de todo perío-

1. Stuart Schwartz, *Segredos internos: engenhos e escravos na sociedade colonial, 1550-1835*, São Paulo: Companhia das Letras, 1988.
2. Fernando A. Novais, *Portugal e Brasil na crise do antigo sistema colonial, 1777-1808*, 7. ed., São Paulo: Hucitec, 2002.
3. Luiz Felipe de Alencastro, *O trato dos viventes: formação do Brasil no Atlântico Sul: séculos XVI e XVII*, São Paulo: Companhia das Letras, 2000.

do colonial contra a escravização indígena era mais do que uma questão humanitária. O que estava em jogo era outra coisa: quem controlasse o acesso à mão de obra indígena poderia controlar a própria colonização.

Desde o início, a questão do trabalho dos indígenas e da sua escravização foi algo polêmico. Isso levou a inúmeras disputas entre os grupos de colonizadores e dos colonizadores com a Igreja e a Coroa. Em linhas gerais, os termos dessas lutas eram: quem teria a preferência na exploração da mão de obra indígena? Como se criaria um fluxo contínuo de fornecimento de trabalhadores? E, finalmente, um aspecto central: de que forma se daria essa exploração? Aqui, se tratava de definir se os indígenas seriam ou não livres, a partir do momento em que passassem a viver sob o controle europeu.

Foram essas questões que resultaram nos debates entre juristas, acadêmicos, religiosos e membros das cortes de Portugal e Espanha a respeito da humanidade dos habitantes da América, de suas capacidades e seus direitos. De maneira resumida, a postura que ambos os reinos passaram a seguir a partir de 1550 era: os indígenas eram homens e mulheres livres, aos quais deveria ser oferecida a vassalagem aos reis europeus, bem como sua conversão ao cristianismo, já que expandir a fé em Cristo era uma das finalidades das viagens ultramarinas.

Aparentemente, essas medidas para os indígenas foram mais brandas do que as adotadas para os africanos. Na maior parte dos reinos africanos que os portugueses conseguiram invadir, adotou-se a escravização daqueles povos e sua comercialização numa escala transcontinental. No entanto, a liberdade destinada aos indígenas pelos europeus pode ser interpretada como a "liberdade de servir aos colonizadores", pois, como vassalos, os índios deveriam retribuir ao rei (e seus representantes na América) pela proteção recebida. Por causa disso, deveriam pagar tributos em espécie ou por meio da prestação de serviços. O grande problema é que essa prestação de serviços não só era perpétua como também hereditária. Isso porque os indígenas poderiam passar de geração para geração sua condição de encomendado, escravizado, aldeado ou administrado.

Na América portuguesa havia várias formas de compelir os indígenas ao trabalho. Com a invasão europeia de seus territórios, alguns grupos entraram em guerra contra os europeus que estavam em sua área de influência. Os reis portugueses se valeram então dessa resistência indígena ao poder colonial para implementar o princípio da "guerra justa", uma prática medieval que passava a ser ressignificada durante a expansão ultramarina. A guerra justa medieval era uma prática que fazia sentido dentro do espírito das Cruzadas. Nas batalhas contra os inimigos do cristianismo, como os muçulmanos, um capturado poderia ser poupado da morte e, como "clemência", tornado escravo. Durante a colonização da América, passou-se então a usar essa prerrogativa de escravização dos inimigos da expansão da fé cristã como justificativa para arrumar trabalhadores que explorassem a terra a serviço dos europeus. Assim, guerra justa nesse contexto significou simplesmente a transformação de indígenas em escravos.

Utilizava-se, então, a guerra justa como meio de legitimar o confronto e a captura dos ameríndios pautando-se por alguns critérios. Primeiro, não poderia ser realizada atendendo interesses particulares, somente podendo ser decretada por uma autoridade justa, normalmente o próprio monarca ou aqueles que representavam seu poder, como governadores ou capitães-gerais. Além disso, deveria ter um motivo justo que, segundo a lógica do Antigo Regime, se dava caso os indígenas impedissem o pleno domínio do rei português sobre a América ou, ainda, se resistissem à conversão religiosa. Estariam assim justificadas as guerras contra esses povos considerados rebeldes.

A segunda dimensão da política portuguesa para os indígenas é um desdobramento dessa política agressora. Tratava-se justamente de oferecer a paz àqueles povos, desde que aceitassem o domínio europeu. Na que foi considerada a primeira lei sobre a liberdade indígena na América portuguesa (uma carta régia em 20 de março de 1570), o rei ordenava que não se usasse "fazer cativos os ditos gentios", como até então se praticava. No entanto, por essa mesma lei, o cativeiro indígena foi garantido para aqueles "que forem tomados em guerra justa"[4]. Ou seja, a lei de liberdade era, na verdade, para garantir como se dariam as exceções, já que os indígenas

4. "Regimento de Tomé de Souza (seleção). 15 de dezembro de 1548", *apud* Georg Thomas, *Política indigenista dos portugueses no Brasil. 1500/1640*, São Paulo: Loyola, 1982, p. 221.

também poderiam ser escravizados. Dentro dessa lógica, o rei português oferecia proteção e supostas benesses que o cristianismo e o modelo societário europeu propiciariam aos indígenas. Isso desde que estes aceitassem a presença colonizadora e se submetessem ao seu controle.

Como veremos ao longo deste capítulo, mais do que um processo de mão única, aqui entram as margens de negociação entre indígenas, colonizadores e Coroa. Claro que falamos de uma estrutura de dominação europeia, que se implementou através de um poder avassalador, consolidado com práticas de violência legal e cotidiana contra os povos nativos da América. No entanto, há inúmeros casos em que sociedades ameríndias, ou indivíduos indígenas representando a si mesmos ou a sua parentela, pleitearam junto às câmaras das vilas, aos ouvidores, aos missionários e às vezes diretamente ao rei os seus direitos como súditos de Portugal. Valendo-se do estatuto de indígenas livres e vassalos do rei, reivindicavam o direito às terras das aldeias coloniais, o recebimento de pagamento por serviços realizados ou ainda a sua própria liberdade e de outros indígenas que estivessem representando.

Os chefes das aldeias eram reconhecidos como autoridades e comandavam tropas indígenas a serviço dos reis lusos. Esses líderes, que eram chamados "caciques" ou "principais", também poderiam requisitar para si mercês e patentes militares. De todo modo, essa distinção honorífica era obtida muito raramente. Os principais podiam ser nobilitados na Colônia com o título de "dom", por exemplo. No entanto, acabavam barrados em Portugal nas instâncias burocráticas por não pertencerem às consideradas linhagens nobres do reino, conforme estudou Ronald Raminelli[5]. Obviamente, as resistências continuavam, e muitos grupos passaram a defender seus territórios da presença europeia, evitando estabelecer contatos e mantendo uma política de guerra contra os invasores.

Voltando à questão do trabalho indígena, mesmo os nativos livres, que aceitassem viver segundo as regras e leis portuguesas, poderiam ser

5. Ronald Raminelli, "Honras e malogros: trajetória da família Camarão, 1630-1730", em Ronaldo Vainfas e Rodrigo B. Monteiro (orgs.), *Império de várias faces: relações de poder no mundo ibérico da época moderna*, São Paulo: Alameda, 2009.

entregues a particulares, como se fazia com os indígenas que eram trazidos das terras mais distantes, denominadas pelos europeus "sertão". Os recém-chegados eram repartidos entre os religiosos, as autoridades da vila e os moradores. Esses moradores deveriam "administrar" a instrução dos indígenas na vida civil, bem como cristianizá-los. A condição de "administrados", na verdade, encobria a prática dos colonizadores de simplesmente escravizar esses indígenas, inclusive comercializando-os, marcando-os a ferro e deixando-os em testamento, como era usual com os oficialmente escravizados. A existência de indígenas escravizados era uma situação corriqueira na capitania de São Vicente entre os séculos XVI e XVII e no estado do Grão-Pará e Maranhão, onde não havia grande fluxo de tráfico de africanos escravizados, até mesmo depois da independência do Brasil.

Outro modelo de prestação de serviços poderia ocorrer através dos descimentos. Esse modelo era uma estratégia de buscar indígenas em regiões mais afastadas das vilas coloniais, que normalmente eram instaladas no litoral ou em portos fluviais, como na região amazônica. Com o esgotamento populacional das primeiras aldeias indígenas que foram exploradas pelos portugueses, estes passaram a adentrar o território americano em busca de mais pessoas que pudessem trabalhar em suas lavouras ou realizar a coleta das chamadas "drogas do sertão" (como cravo, cacau, urucum e salsaparrilha) no estado do Grão-Pará e Maranhão. Os descimentos davam-se com expedições de tropas de portugueses, muitas vezes acompanhadas por missionários, que visavam "convencer" aldeias inteiras a se transferirem para próximo das vilas coloniais. Convencidos pelas armas ou pela retórica, os indígenas eram assim retirados de suas terras. Seus grupos eram repartidos para atender aos interesses dos colonizadores. Uma parte poderia ser levada para viver nas casas e fazendas dos moradores lusitanos, como administrados, conforme dito anteriormente. Outra seria destinada ao poder público, prestando serviços em obras gerais. Já uma terceira parte seria enviada para viver sob o regime de aldeias, normalmente controladas por ordens religiosas.

No entanto, para os indígenas, a vida nas aldeias controladas pelos padres não significava necessariamente maior liberdade e menos opressão do que nos outros sistemas de trabalho coloniais. As aldeias poderiam até oferecer algumas vantagens, como a manutenção de um certo padrão de coletividade, expresso pelo direito às terras. Mas, por outro lado, também representavam um modelo de controle e coerção dos europeus sobre os indígenas, como veremos a seguir.

Das aldeias indígenas aos aldeamentos coloniais

A aldeia pode ser considerada a unidade básica onde viveu e vive a maior parte dos povos indígenas que não estão situados em áreas urbanas. Essa é a realidade de coletivos indígenas de várias partes do continente americano, especialmente nas chamadas terras baixas da América do Sul.

A palavra "aldeia" em sua origem tem relação com a forma como os portugueses da época moderna definiam as pequenas povoações rurais, "menores que lugares", habitada por "rústicos habitantes", de acordo o dicionário de Raphael Bluteau, de 1728[6]. Portanto, a nomenclatura "aldeia" representava, de acordo com os critérios portugueses, um modelo de organização social mais precário do que as vilas e as cidades. Mas o que significava "aldeia" no contexto dos indígenas, na época da colonização portuguesa do continente? Na verdade, não se pode falar num único padrão. As formas de organização variavam segundo os grupos, mas é possível tentar encontrar algumas modalidades de aldeia, como veremos a seguir.

Visando criar uma tipificação do que seriam as aldeias dos povos Tupinambá antes da chegada dos europeus, estudos procuraram sistematizar os relatos do início da colonização. É claro que a tentativa de criação desse modelo é, por definição, uma idealização, já que muitos dos cronistas retrataram sociedades que estavam em acelerada mudança e dissolução diante da invasão dos portugueses. Igualmente, relatos são construídos a partir de filtros e juízos de valores de seus autores, o que nos obriga a relativizar suas narrativas.

6. Raphael Bluteau, *Vocabulario portuguez & latino: aulico, anatomico, architectonico (...)*, Coimbra: Collegio das Artes da Companhia de Jesus, 1712-1728, v. 1, p. 229, disponível em: <https://www.bbm.usp.br/pt-br/dicionarios/vocabulario-portuguez-latino-aulico-anatomico-architectonico/?q=aldea#dic-viewer >, acesso em: fev. 2022.

De acordo com Florestan Fernandes[7] em seus estudos entre os anos de 1940-50 sobre registros do período colonial, os Tupinambá estavam localizados em centenas de aldeias que se espalhavam por um território difuso e enorme. Inicialmente, suas aldeias estariam na costa do Atlântico Sul, estendendo-se por uma região que ia aproximadamente da capitania da Bahia à de São Vicente. Visando afastar-se dos colonizadores, alguns grupos teriam migrado do litoral da atual região Nordeste para o interior do território, em direção ao Maranhão.

Além dos Tupinambá, no momento da invasão da América pelos europeus, existiam inúmeros povos falantes de línguas Tupi. Os grupos falantes de famílias linguísticas do tronco Tupi com os quais os colonizadores tiveram contato inicialmente (muitos dos quais acabaram extintos) eram povos da costa atlântica e de áreas que adentravam aproximadamente cem quilômetros pelo interior do continente. Era o caso, por exemplo, dos Tupiniquim que viviam no entorno da futura vila de São Paulo de Piratininga. Além deles, os registros históricos do período apontam a existência dos Tupinaé, Tamoio, Temiminó, Caeté, Tremembé, Potiguara, entre muitos outros. A forma como os europeus passaram a chamar certos coletivos indígenas foi baseada no modo como certos indígenas denominavam outros grupos. Assim, quando os Tupiniquim chamavam outro de "tamoio", poderiam não estar identificando uma coletividade tão distinta deles, mas grupos com quem tinham parentesco, já que "tamoio" no idioma Tupi significa "avô". Essas denominações eram, portanto, pouco claras para os portugueses da época colonial, o que nos dificulta acessar corretamente as identificações dos grupos.

Outro grupo pertencente à mesma família linguística Tupi – e, portanto, com inúmeras conexões em seu universo conceitual e ritual – são os Guarani. Localizados ao sul do continente americano, situavam-se em áreas que iam do sul de São Vicente até o litoral do atual estado de Santa Catarina, bem como numa larga faixa pelo interior, que se estendia do

7. Florestan Fernandes, *Organização social dos Tupinambá*, 2. ed., São Paulo: Difusão Europeia do Livro, 1963.

Paraná, Mato Grosso do Sul e Rio Grande do Sul a partes da Argentina, Uruguai e Paraguai atuais.

Voltando aos estudos de Florestan, as aldeias Tupinambá seriam compostas de quatro a sete malocas, que eram grandes casas de moradia coletiva. Cada maloca poderia abrigar de cem a quinhentas pessoas, comportando vários núcleos familiares. No modelo Tupinambá, as malocas contornavam uma grande área central retangular, na qual se dava a vida social dos moradores e eram realizados os rituais. Além disso, eram cercadas por fortificações de madeira, instaladas em pontos estratégicos para defesa contra os grupos inimigos. Evidentemente, esse modelo sofreu variações conforme o grupo e o terreno onde estava localizado.

A estrutura das malocas era construída, em geral, com grandes toras de madeira. A vedação de paredes e tetos podia ser feita com palha trançada ou outro material extraído da natureza e habilmente trabalhado pelos nativos. A durabilidade dessas construções acompanhava o ciclo das atividades produtivas dos grupos Tupi-Guarani, que viviam da caça, da coleta, da pesca e do cultivo de alimentos como milho e mandioca.

Cada aldeia possuía seus guerreiros, cujas qualidades se efetivavam principalmente pelos confrontos e ritos antropofágicos. Um grande guerreiro era um homem que agregava em sua aldeia muitos parentes, que passavam a residir em sua maloca. Nessa casa, o guerreiro poderia abrigar seus descendentes (netos e filhos), genros e cunhados, além das muitas mulheres que podia desposar. Com isso, abria-se uma exceção no padrão de constituição de parentesco Tupi, em que usualmente o homem, quando se casava, ia residir na casa dos parentes de sua mulher (matrilocalidade). O prestígio desse grande homem se completava nas guerras que travava contra outras aldeias ou agrupamentos inimigos. Ainda que as guerras pudessem se dar por disputas territoriais ou desentendimentos entre familiares ou chefias, também se davam por motivos religiosos. O ponto culminante desses conflitos ocorria com a realização do ritual antropofágico, em que o inimigo, capturado alguns meses ou até anos antes, era morto e preparado para ser deglutido pelos presentes numa grande festa, processo já descrito no capítulo "Povos indígenas e a potência da diferença", de Valéria Macedo, que integra este livro.

De acordo com o antropólogo Renato Sztutman[8], os guerreiros Tupi-Guarani continham em si outros homens. Aqueles que se tornavam chefes, chamados de "principais" pelos colonizadores quando com estes estabeleciam alianças, franqueavam a presença invasora em seus territórios e organizavam os membros da aldeia para prestação de serviços em prol da colonização. Além disso, suas armas e estratégias de guerra foram fundamentais para debelar os inimigos dos portugueses – que tanto podiam ser de outras aldeias indígenas como invasores da América a serviço de outros reinos europeus. Ao mesmo tempo, aqueles grandes guerreiros e seus grupos que não foram vencidos pelos europeus significaram uma barreira intransponível para o avanço da colonização.

Outro ponto importante a respeito dos povos Tupi-Guarani é seu padrão de ocupação territorial, que era um modelo misto de fixação e mobilidade pelo território americano. Costumavam residir em terrenos férteis e próximos de rios, em locais estratégicos para se protegerem dos inimigos. Ali, construíam suas moradias, cultivavam e lavravam suas plantações. No entanto, migravam conforme o esgotamento dos recursos naturais dos territórios onde se instalavam, bem como de acordo com as guerras e disputas de áreas de influência com as aldeias inimigas. Além disso, o padrão migratório podia ocorrer por motivações cosmológicas, como a busca da terra da imortalidade, que ficou conhecida como "terra sem mal", geralmente orientada por um líder profético.

Foi nesse universo que os portugueses se inseriram. A colonização da América começou a se consolidar a partir da vinda do primeiro governador-geral do Brasil, Tomé de Souza, em 1549. Desde a chegada das primeiras caravelas, diversos tipos de relações foram estabelecidos entre nativos e invasores, como tratos de comércio, guerras, casamentos, exploração do trabalho indígena, além do alastramento involuntário de muitas doenças.

A partir de 1534, com o regime das capitanias hereditárias, o rei português incentivou a ação de agentes privados, homens nobres e com capital. Os donatários recebiam privilégios régios, como a doação de centenas de

8. Renato Sztutman, *O profeta e o principal: a ação política ameríndia e seus personagens*, São Paulo: Edusp/Fapesp, 2012.

quilômetros de terras, como se ali não estivessem outros povos. Evidentemente, conflitos fatais entre os nativos e os invasores foram inevitáveis. A adoção pela Coroa portuguesa de um governo-geral para o Brasil em 1548 tinha o objetivo, portanto, de vencer aqueles que eram reputados como inimigos do reino: os grupos indígenas que impediam a invasão em definitivo da América e os rivais europeus. Para tornar viável estratégica e economicamente a empresa colonial, era necessário debelar a resistência indígena, que os colonizadores chamavam de "barbárie" e "selvageria". É isso que explica as medidas do primeiro governador-geral, citadas no início do capítulo: aproximar os indígenas aliados das povoações portuguesas, utilizando-se deles para combater os inimigos, internos e externos, da Coroa portuguesa.

Atores que iriam marcar definitivamente a história dos indígenas durante a colonização do Brasil foram os jesuítas, padres da Companhia de Jesus, uma ordem religiosa católica fundada entre os anos de 1530-40, em reação à Reforma protestante e às críticas à Igreja católica. A história da Sociedade (ou Companhia) de Jesus iniciou-se com a trajetória de Ignácio de Loyola, um soldado espanhol que se internou num monastério e passou a escrever centenas de textos que se tornaram os fundamentos de uma nova prática de missionação. A nova ordem trazia o mesmo espírito da era das grandes navegações: visava sair pelo mundo convertendo novos corpos e almas ao cristianismo, diferentemente de outras ordens católicas, que eram mais contemplativas e enclausuradas. Assim, quando o rei de Portugal enviou um governante para o Brasil, achou por bem enviar também padres dessa companhia recém-criada. Essa era a missão do jesuíta Manuel da Nóbrega, que, junto com outros religiosos, chegou à América na mesma embarcação que trouxe o governador-geral do Brasil, em 1549.

Durante quase uma década os jesuítas fizeram expedições itinerantes de conversão, principalmente nas aldeias de falantes do tronco linguístico Tupi. Ao longo desse tempo, sua sensação foi de fracasso, pois percebiam que os indígenas, da mesma maneira que demonstravam grande interesse pelo cristianismo, eram, segundo sua ótica, inconstantes e rebeldes às suas práticas. Com isso, em 1558, Nóbrega escreveu um texto em que apresentou o que é considerado o protótipo do modelo das "aldeias coloniais" (também chamadas pela historiografia de "aldeamentos", para que não sejam confundidas com as moradias originais dos indígenas). Nesse texto, o jesuíta demonstrava sua descrença em relação às possibilidades de conseguir com bons tratos a conversão dos nativos, aos quais se referia como "o mais vil e triste gentio do mundo". Para que fossem de fato convertidos, estando também sujeitos ao poder do rei, deveriam ser entregues aos cuidados dos portugueses. Essa era a estratégia para os "índios amigos". Para os inimigos, Nóbrega projetava uma política ainda mais danosa: guerras e sujeição forçada (escravidão). Para ele,

> [s]ujeitando-se o gentio, cessarão muitas maneiras de haver escravos mal havidos e muitos escrúpulos, porque terão os homens escravos legítimos, tomados em guerra justa, e terão serviço e vassalagem dos Índios e a terra se povoará e Nosso Senhor ganhará muitas almas e Sua Alteza terá muita renda nesta terra, porque haverá muitas criações e muitos engenhos já que não haja muito ouro e prata[9].

Ou seja, a fé e o lucro não estavam dissociados na lógica da colonização. Nem mesmo os padres da época moderna, que muita gente associa à proteção aos indígenas, estavam distantes da ideia de sua exploração, como livres ou escravizados. Isso nos mostra quanto é preciso conhecer com mais detalhes seus discursos e práticas. Assim, percebe-se que até os jesuítas entendiam que, para garantir a lucratividade da Coroa, era necessário sujeitar à força os indígenas aliados ou inimigos.

Não foi à toa que um dos principais apoiadores dos padres foi Mem de Sá, o terceiro governador-geral do Brasil, que iniciou a política dos aldeamentos jesuíticos. Ele, que foi considerado o grande "pacificador" da Colônia, descreveu em 1570 como silenciava a rebeldia indígena[10]. Com tá-

9. Manuel da Nóbrega, "Plano civilizador. Carta do P. Manuel da Nóbrega ao P. Miguel de Torres, Lisboa (Baía, 8 de Maio de 1558), *apud* José Eisenberg, *As missões jesuíticas e o pensamento político moderno: encontros culturais, aventuras teóricas*, Belo Horizonte: Ed. UFMG, 2000, p. 239.
10. "Instrumentos dos serviços de Mem de Sá, 1570", em: *Annaes da Biblioteca Nacional do Rio de*

ticas de guerra, chegava às aldeias de indígenas contrários aos portugueses queimando tudo e matando os que resistissem. Aqueles que não morriam nem fugiam e aceitavam a rendição eram repartidos em aldeias sob controle dos jesuítas, nas quais deveriam viver sob o domínio português. Ali, de acordo com Mem de Sá, os indígenas aprenderiam a doutrina cristã, a ler e a escrever, e viveriam segundo os "bons costumes". Os próprios convertidos atuavam nas guerras contra os "índios levantados" na capitania da Bahia e em outras que o governador-geral seguiu "pacificando".

Depois de implementados, os aldeamentos procuravam inserir os indígenas na vida "civil". Para isso, os jesuítas procuravam fazê-los adotar um ritmo cotidiano ditado pelo trabalho nas lavouras e demais beneficiamentos, intercalado pelas práticas religiosas. Ao acordarem com o sol nascendo, praticavam as rezas e iam ao trabalho. O final do dia também era marcado pela ritualística católica. A igreja, no centro da aldeia, concentrava essas práticas, onde se davam as prédicas e missas. O cristianismo vetava aos nativos as bebedeiras, a poligamia e a antropofagia, que estavam na base dos rituais Tupi-Guarani. No entanto, diversas práticas indígenas acabaram sendo ressignificadas nos termos do cristianismo. Os padres encenavam temas religiosos e promoviam festividades, misturando elementos cristãos e tupis, o que acabava substituindo os antigos rituais indígenas.

Para se comunicar com os indígenas, os jesuítas adotaram o tupi, codificando numa gramática escrita as diversas línguas orais do tronco Tupi como se fossem uma só. Foi assim que nasceu a chamada língua geral, uma aproximação das línguas faladas pelos povos Tupi-Guarani e que passou a ser adotada por brancos e indígenas como uma língua colonial. A língua geral, ou *nheengatu*, era utilizada na comunicação dos colonizadores com todos os indígenas, mesmo que originalmente não fossem falantes do Tupi. Além disso, para buscar suprir a figura dos xamãs – chamados pelos padres de "feiticeiros" – muitos jesuítas imitavam seus

Janeiro 1905, v. XXVII, Rio de Janeiro: Officina Typographica da Biblioteca Nacional, 1906, disponível em: <http://memoria.bn.br/pdf/402630/per402630_1905_00027.pdf>, acesso em: jan. 2022.

gestos, adotando até mesmo o maracá, objeto de uso ritual, nas práticas e encenações cristãs.

De acordo com Mem de Sá, "depois de Deus", seriam os indígenas convertidos os principais responsáveis pela paz da Colônia. Paz essa que produziu uma das cenas mais aterradoras da história colonial: ao longo de uma praia na capitania de Bahia, foram dispostos os cadáveres dos inimigos Tupiniquim mortos pelo governador e suas tropas numa batalha. Ao lado dos portugueses lutavam "índios forros" (ou seja, libertos), que encurralaram grupos de Tupiniquim. Estes tentaram escapar a nado pelo mar, onde também foram perseguidos e acabaram por se afogar. Para celebrar sua vitória e amedrontar os demais rebeldes, Mem de Sá, de acordo com seu próprio relato, espalhou os corpos na praia, ocupando uma faixa de areia que se estendia por cerca de seis quilômetros (uma légua).

Cabe lembrar que os Tupiniquim, assim como outros grupos Tupi, eram um povo guerreiro. Mesmo que estivessem sob o regime colonial, de certa maneira continuavam praticando suas guerras, utilizando-se também do poderio português para confrontar seus antigos inimigos.

Os "outros índios"

Como foi exposto até aqui, entre as sociedades Tupi, havia inúmeras formas de relação com os europeus. Os retratos feitos pelos colonizadores a respeito dos indígenas mudavam conforme os interesses em jogo. Em determinado momento, grupos Tupi eram chamados de dóceis e criaturas inocentes. Diante de uma situação adversa, os mesmos indígenas que pareciam tão amistosos eram tachados de ignorantes e bestiais, mais próximos dos animais que dos humanos. Assim se dava a construção de estereótipos, já que as características atribuídas aos ameríndios variavam positiva ou negativamente, conforme o grau de adesão de aldeias e indivíduos aos propósitos coloniais.

Se com os grupos do tronco Tupi os europeus podiam ser mais condescendentes e dispostos a se aliar, com os demais grupos os conflitos eram mais gritantes. Os não Tupi foram chamados genericamente de tapuia, o que não corresponde a nenhuma etnia específica. Os linguistas presentemente classificam boa parte das línguas indígenas faladas no território brasileiro em dois grandes troncos linguísticos, o Tupi e o Macro-Jê. Mas essa classificação não abarca a diversidade de idiomas e famílias linguísticas indígenas existentes hoje no Brasil. Há ainda dezoito famílias linguísticas que não guardam semelhanças com nenhum dos dois grandes grupos. Ressalte-se que essa diversidade de hoje é ainda pequena, se comparada ao que se acredita que foi a realidade colonial.

A identificação dos indígenas como tapuia pelos colonizadores tem a ver com a própria forma como os Tupi denominavam seus inimigos – em seu idioma, essa palavra poderia significar "contrário", "inimigo". Dentro da dualidade com a qual se construiu a colonização, a criação desse opositor veio bem aos interesses dos colonizadores. Já que os indígenas eram tratados como aliados ou inimigos, dóceis ou ferozes, os portugueses, de maneira esquemática, classificaram os povos do litoral como "tupis", "amigos" dos portugueses, ao passo que os povos do interior, com os quais não tinham muito contato e dos quais pouco sabiam, foram tratados de maneira extremamente genérica como tapuias, inimigos irredutíveis, povos de "língua travada", ou seja, não Tupi.

No período colonial, Pernambuco esteve sob ocupação holandesa durante duas décadas (1630-1654). Assim como em outras regiões da Colônia, quando tentaram conquistar o Brasil povos estrangeiros, valeram-se da aliança com indígenas que eram inimigos dos portugueses. Tal aconteceu com os Tamoio (que eram grupos Tupi) que se aliaram aos franceses na região do atual Rio de Janeiro até a década de 1570. O mesmo se deu com os chamados genericamente de tapuia do Nordeste. Os holandeses diziam que o sertão, região desconhecida e pouco explorada pela colonização, era o "país dos tapuias", tentando dar uma unidade cultural que não existia entre os povos que viviam ali desde milhares de anos antes da chegada dos europeus. Os holandeses chamavam-nos de "aliados infernais", mesmo depois de terem se valido de sua mão de obra e de seus guerreiros para obterem suporte à ocupação do Nordeste. Esses povos diversos foram identificados nos registros históricos como Cariri, Paiaiá, Aguace, Tairariu, Rodela, Aracuí, Umã, Jaicó, Icó, Copinharó, entre outras dezenas de designações.

Figura 1. Albert Eckhout, *Mulher Tupi*, óleo sobre tela (274 × 163 cm), 1641.
Figura 2. Albert Eckhout, *Mulher tapuia*, óleo sobre tela (272 × 165 cm), 1641.

Conforme se pode observar por meio de alguns quadros pintados durante a ocupação holandesa, está ali a mais pura idealização da alteridade Tupi-tapuia, construída pelos colonizadores. Uma pintura de Albert Eckhout, por exemplo, visa a representar uma mulher Tupi inserida numa paisagem colonial, com seus artefatos, traços e gestos mais dóceis (figura 1), ao passo que outra do mesmo artista (figura 2) representaria uma mulher tapuia por meio do antagonismo com o retrato anterior. *Mulher tapuia* traz um personagem em paisagem selvática, com rosto rude e carregando restos humanos em seu cesto, o que denotaria a prática de canibalismo.

Representações como essas, mais do que imagens em museus para entreter os europeus, são emblemáticas do massacre dos povos indígenas do interior do Nordeste. Sob justificativa de barbárie ou alegando que esses povos haviam sido aliados dos holandeses, os portugueses praticaram uma grande ofensiva contra eles. Trata-se do evento conhecido como Guerra dos Bárbaros, que englobou regiões descontínuas entre o leste do Maranhão e o norte da Bahia, envolvendo o interior do Ceará, Piauí, Rio Grande do Norte, Paraíba e Pernambuco. Ali foram realizadas expedições contra dezenas de grupos indígenas entre os anos de 1650 e 1720.

Tais ataques estavam relacionados com o avanço da pecuária, uma atividade colonial que a partir do século XVII se estendeu para além do entorno dos engenhos do litoral nordestino. Aonde o gado chegava, os indígenas que ali viviam matavam os animais e ameaçavam os colonizadores que adentravam seu território. Obviamente, isso acirrou os ânimos, e a administração colonial começou a enviar tropas para aniquilar sem piedade os indígenas inimigos. Os governadores de Pernambuco e Bahia contrataram os bandeirantes paulistas para guerrear, já que os moradores da capitania de São Vicente eram experientes perseguidores de indígenas.

Encerramos então este capítulo referindo-nos a essa outra prática colonial que teve um sentido completamente contrário ao que se propagandeia até os dias de hoje. As bandeiras paulistas não foram alargadoras de fronteira. Antes, foram despovoadoras e aniquiladoras dos povos que viviam nas regiões que invadiram, como já alertava John Monteiro em seus estudos dos anos 1990[11].

As bandeiras iniciaram-se na capitania de São Vicente no final do século XVI, com a justificativa de que havia um "inimigo cruel" no interior do território que precisava ser combatido. Naquele contexto, tais inimigos eram chamados genericamente de "carijó" (hoje associados a um subgrupo Guarani, os Cário, que habitavam a região de Assunção, no Paraguai).

Em geral, os Guarani eram um povo admirado pelos colonizadores, que os achavam muito disciplinados no trabalho, produtores de artefatos de algodão e cultivadores de grandes plantações. Essa imagem positiva, que na verdade expressava a cobiça tanto de portugueses quanto de espanhóis por esses povos, pode ser observada na figura 3. Os paulistas empreenderam as bandeiras justamente para se valer desses trabalhadores

11. John Manuel Monteiro, *Negros da terra: índios e bandeirantes nas origens de São Paulo*, São Paulo: Companhia das Letras, 1994.

FIGURA 3. Ulrich Schmidel, *Boa esperança*, gravura, 1599.

para suas lavouras, já que em 1580 as aldeias Tupiniquim de São Vicente haviam sido aniquiladas por guerras, doenças e trabalhos forçados. As incursões em direção a Guairá, Tapes e Itatim (respectivamente, partes dos atuais Paraguai-Paraná, Rio Grande do Sul-Uruguai e Mato Grosso do Sul) foram arrasando essas regiões, destruindo tanto as missões (aldeamentos) jesuítico-guaranis quanto indígenas de outros grupos que viviam em suas aldeias originárias.

No total, calcula-se um tráfico de cerca de 100 mil indígenas trazidos do rio da Prata e do Paraguai para trabalharem nas fazendas e casas de moradores paulistas. Os indígenas vencidos nas batalhas eram amarrados e presos a ferro e assim deveriam seguir a jornada para seu novo destino. A despeito de toda a história de massacre e guerra, foram os braços Guarani, ao longo de séculos, os responsáveis pela construção de cidades tão distantes quanto Buenos Aires, Assunção e São Paulo. Hoje, só no Brasil os Guarani somam mais de 80 mil pessoas associadas a diferentes subgrupos. Vê-se, portanto, que, apesar da violência dos colonizadores e da invisibilidade a que a historiografia brasileira relegou os indígenas, estes sempre se fizeram presentes e resistentes na história do Brasil.

Para saber mais

Almeida, Maria Regina Celestino de. *Metamorfoses indígenas: identidade e cultura nas aldeias coloniais do Rio de Janeiro*. Rio de Janeiro: Arquivo Nacional, 2003.

Anchieta, José de. *Cartas, informações, fragmentos históricos e sermões do padre Joseph de Anchieta, S. J. (1554-1594)*. (Cartas Jesuíticas iii). Rio de Janeiro: Civilização Brasileira, 1933. Disponível em: <www.literaturabrasileira.ufsc.br/documentos/?id=136067>. Acesso em: jun. 2018.

Eisenberg, José. *As missões jesuíticas e o pensamento político moderno: encontros culturais, aventuras teóricas*. Belo Horizonte: Editora da ufmg, 2000.

Farage, Nádia. *As muralhas do sertão: os povos indígenas no Rio Branco e a colonização*. Rio de Janeiro: Paz e Terra/Anpocs, 1991.

Perrone-Moisés, Beatriz. "Índios livres e índios escravos: os princípios da legislação indigenista do período colonial". Em: Carneiro da Cunha, Manuela (org.). *História dos índios no Brasil*. São Paulo: Companhia das Letras/Secretaria Municipal de Cultura/Fapesp, 1998.

Puntoni, Pedro. *Guerra dos Bárbaros: povos indígenas e a colonização do sertão nordeste do Brasil, 1650-1720*. São Paulo: Hucitec/Edusp/Fapesp, 2002.

Sposito, Fernanda. *Santos, heróis ou demônios?: sobre as relações entre índios, jesuítas e colonizadores na América meridional (São Paulo e Paraguai/Rio da Prata, séculos xvi--xvii)*. Tese (Doutorado em História Social) – Faculdade de Filosofia, Letras e Ciências Humanas, Universidade de São Paulo. São Paulo: 2012.

Vainfas, Ronaldo. *A heresia dos índios: catolicismo e rebeldia no Brasil colonial*. São Paulo: Companhia das Letras, 1995.

Vieira, Antonio. *Cartas do P. Antonio Vieyra da Companhia de Jesus*. Tomo ii. Lisboa Occidental: Officina da Congregação do Oratório, 1735. Disponível em: <https://digital.bbm.usp.br/handle/bbm/4524>. Acesso em: jun. 2018.

Zeron, Carlos Alberto de Moura. *Linha de fé: a Companhia de Jesus e a escravidão no processo de formação da sociedade colonial (Brasil, séculos xvi e xvii)*. São Paulo: Edusp, 2011.

Créditos das imagens

Figuras 1 e 2: Coleção de etnografia do Museu Nacional da Dinamarca, Copenhague.
Figura 3: Acervo da John Carter Brown Library.

Os indígenas durante a formação dos Estados nacionais na América e no contexto brasileiro

André Roberto de A. Machado

Um mundo em mudança

No alvorecer do ano de 1821, na capitania do Grão-Pará – um extenso território que hoje corresponde, grosso modo, à Amazônia brasileira –, começava uma revolução. E, como toda revolução, ninguém sabia muito bem quais seriam os seus desdobramentos. O objetivo era claro para aqueles que insuflaram as forças armadas: derrubar o governo da capitania e se juntar a uma outra revolução que começara do lado oposto do oceano. Começando na cidade do Porto, em Portugal, poucos meses antes, estava em marcha um movimento que também tinha tomado o poder e exigia duas coisas bastante audaciosas. A primeira delas, que se criasse uma Constituição em Portugal, à qual todos estariam subordinados, inclusive o rei. A segunda era que o próprio monarca, Dom João VI, retornasse à Europa, de onde saíra no final de 1807 rumo ao Brasil com toda a sua corte.

Derrubado o antigo governo da capitania, os principais envolvidos naquele levante no Pará pareciam estar muito satisfeitos com o resultado da sua revolução. De modo geral, eram membros destacados da sociedade política e econômica local e estavam certos de que seriam cidadãos da nação portuguesa que se esboçava, gozando de maior liberdade. A derrubada do Antigo Regime traria os encantos então prometidos pelo liberalismo: fim da censura, eleições de governos locais e até de parlamentos nacionais. Tudo regulado por uma lei maior, a Constituição.

Evidentemente, acreditavam que toda essa mudança seria gozada apenas pelo seu grupo social, que enxergavam como o único capacitado para participar da vida política.

No entanto, não foi isso que aconteceu. Outros grupos decidiram também reivindicar direitos, entre eles os indígenas. Poucos dias depois de esse primeiro grupo de paraenses ensaiar os seus dias de "queda da Bastilha", outro levante aconteceu. Já não era formado pela elite da sociedade paraense, mas pelos trabalhadores do Arsenal da Marinha, uma instituição muito importante na economia local, que construía embarcações que chamavam a atenção e o interesse até da corte. Essa pujança econômica era produzida, fundamentalmente, por alguns africanos escravizados e por muitos indígenas que, mesmo sendo homens livres, eram recrutados e obrigados a prestar serviços compulsórios em várias instituições públicas e até mesmo para particulares.

O Arsenal da Marinha era uma dessas instituições, e os textos da época o descrevem como um inferno. Muitos indígenas trabalhavam ali muito mais tempo do que eram obrigados pela lei, chegando a fugir antes de receber qualquer salário. Alguns relatos de instituições semelhantes no Pará, que também usavam trabalho compulsório indígena, descrevem que os trabalhadores viviam sob a mira de armas. Não por acaso, era comum que os indígenas fugissem para a floresta, ou para outras povoações, ao menor sinal de que pudessem ser recrutados para trabalhar no Arsenal.

Pois esses trabalhadores, indígenas na sua maioria, resolveram transformar a revolução constitucionalista do Porto em sua revolução também. Sublevaram-se contra o chefe-maior do Arsenal da Marinha, o intendente João Antonio Rodrigues Martins, exigindo a sua deposição do Senado da Câmara de Belém. Apesar da promessa de novos tempos, todas as pesadas críticas contra o intendente não modificaram a decisão do governo da província de ignorar os reclamos dos operários. Para pôr fim ao problema, exigiu-se que os trabalhadores trouxessem as reclamações por escrito, algo que se acreditava que não teriam condições de cumprir.

Para surpresa de todos, no entanto, os trabalhadores do Arsenal escreveram uma longa reclamação por escrito que chegou até a corte constitucional que tinha sido instalada em Lisboa. Aqueles indígenas, agora, estavam no centro da revolução. A carta expressava um manejo contundente do vocabulário liberal por parte dos trabalhadores, que associavam o intendente ao despotismo e à arbitrariedade. O trabalho compulsório ao qual os indígenas eram submetidos, assim como as práticas de violência contra os trabalhadores, eram claramente o foco das reclamações contra João Martins, identificado como o "terror da capital e dos sertões". Ao mesmo tempo, o marco da revolução liberal foi adotado pelos trabalhadores do Arsenal como um divisor de águas: era descrito como a "aurora da liberdade". A pressão foi tamanha que o próprio intendente se demitiu, dizendo que a causa eram os "operários [do Arsenal] desejosos de novidade, da desordem e da insubordinação"[1]. João Martins não só admitia que a revolução do Porto tinha influenciado aqueles trabalhadores indígenas como via essa como uma ação autônoma dos operários, sem manipulação de outros grupos.

O levante dos trabalhadores do Arsenal da Marinha do Grão-Pará, com grande participação indígena, é uma síntese do problema histórico a ser explorado neste capítulo: as revoluções constitucionalistas e a posterior criação dos Estados nacionais na América trazem à cena muitos episódios de protagonismo e resistência indígena, bem como pontuam importantes alterações na relação entre indígenas e não indígenas.

Com forte influência da Revolução Francesa, partia-se da ideia de que cada um dos novos Estados nacionais criados na América Ibérica era fruto de um grande pacto social feito por homens politicamente ativos, os cidadãos. Portanto, uma nova pergunta surgia: os indígenas eram cidadãos nesses novos Estados? Tinham direitos? Para os indígenas que trabalhavam no Arsenal da Marinha, ao que parece, estava claro que, sim, eram cidadãos e tinham direitos. Mas o que se verá ao longo do capítulo é que essa é uma história errática. Em muitas ocasiões, inclusive na criação do Estado nacional brasileiro, os direitos dos indígenas como cidadãos serão questionados ou até negados.

1. *Apud* André Roberto de A. Machado, *A quebra da mola real das sociedades: a crise política do Antigo Regime português na província do Grão-Pará (1821-25)*, São Paulo: Hucitec, 2010, p. 135.

Essas questões eram algo absolutamente novo. No Antigo Regime, prevalecia a ideia de uma sociedade "naturalmente" desigual, com uma escala de liberdades em que o monarca era o cume a partir do qual se distribuía o lugar de cada um na sociedade. Em sociedades imperiais como Espanha e Portugal, havia uma série de composições sociais, incluindo alianças com chefias locais que poderiam garantir autogoverno em troca da submissão ao império. Em razão dessa lógica, reconheceram-se alguns direitos diferenciados a certos grupos indígenas durante a colonização, como a posse de terras coletivas, mas alguns historiadores chegam a afirmar que o reconhecimento de grupos indígenas como cidadãos, já no contexto do Estado nacional, muitas vezes podia representar um cavalo de Troia: a igualdade perante os demais era o argumento para se acabar com seu *status* diferenciado, abrindo caminho para tomar as terras comunais dos indígenas e para o avanço da fronteira agrícola tocado por grandes proprietários.

Sem abrir mão de sua diferença, vários grupos indígenas reivindicaram para si a condição de cidadãos, buscando alargar direitos. E muitas vezes fizeram isso à maneira dos trabalhadores do Arsenal da Marinha do Pará: mesmo sem ser citados nem lembrados explicitamente pelos constituintes, esses homens reinterpretaram ao seu modo a era das revoluções. Esse é um ponto a ser destacado aqui: os indígenas não estiveram indiferentes à marcha liberal do século XIX e à quebra da submissão colonial. Ao contrário, foram atores importantes, inclusive nas guerras de independência, ora a favor dos americanos, ora a favor dos europeus, mas sempre com vistas aos seus próprios interesses. Como buscaremos demonstrar ao longo do capítulo, a lógica das resistências indígenas era multifacetada e complexa: podia ir de alianças pontuais até a total recusa a qualquer forma de domínio dos não indígenas.

Ao contrário do que a maioria das pessoas supõe, portanto, os indígenas não foram importantes apenas durante a colonização. No século XIX continuaram a ter papel central; por exemplo, ainda que o trabalho escravo de origem africana fosse preponderante no Império do Brasil, os indígenas ainda eram uma mão de obra fundamental em várias partes do país, submetidos a diferentes regimes de trabalho compulsório. Igualmente, as terras indígenas permaneceram sob contínuo ataque de grandes proprietários, motivando a criação de novas leis e impulsionando conflitos armados. Terra e trabalho, portanto, também são questões centrais para compreender o lugar dos indígenas no século XIX no Brasil e serão igualmente tratados neste capítulo.

No entanto, o primeiro passo para aproximar nossos leitores dos problemas mencionados é responder à seguinte pergunta: o que era ser indígena no século XIX? Evidentemente, não há uma resposta unívoca, já que seus modos de existência e experiências de contato com os não indígenas eram múltiplos, como ainda o são nos dias de hoje. Mas podemos nos valer de fontes históricas para abordar algumas possibilidades.

O QUE ERA SER INDÍGENA NO SÉCULO XIX

Toda a política indigenista, seja na colonização portuguesa, seja no Estado brasileiro até 1988, foi assimilacionista. A verdade é que, até a nossa última Constituição, todas as políticas sempre tiveram o objetivo de conversão dos indígenas no "outro": em vassalo português, em cristão ou em cidadão brasileiro. A meta de transformar indígenas em vassalos passou a estar no centro da política diplomática portuguesa na segunda metade do século XVIII, com evidentes consequências para a emergência dos Estados nacionais no século XIX.

O marquês de Pombal foi um dos protagonistas dessa empreitada, sobretudo em razão das disputas de fronteira entre espanhóis e lusos. De acordo com o famoso Tratado de Madri, foi estabelecido que os territórios desejados por cada um dos lados pertenceriam à parte que efetivamente os estivesse habitando. A solução para atribuir a Portugal vastos territórios do que hoje são estados como Pará e Amazonas ou partes do Rio Grande do Sul foi alegar que os indígenas que estavam nessas regiões eram portugueses. Pela política pombalina, a liberdade dos indígenas foi assegurada de forma mais enfática do que nos séculos anteriores. Era evidente o esforço para distinguir os indígenas, que eram considerados vassalos portugueses, da condição dos africanos escravizados. Isso não significava abrir mão dos trabalhadores indígenas: ao contrário, o sempre lembrado Diretório dos Índios é, ao mesmo tempo, uma garantia de liberdade e um poderoso regulador da mão de obra indígena, assegurando que esses braços estariam disponíveis de forma ampla e regular para o Estado e os agentes privados. Ao mesmo tempo, como nos séculos anteriores, a liberdade indígena era condicionada à sua submissão ao monarca português: aqueles que se recusassem eram alvo de guerras de extermínio e escravização.

O governo de Pombal, na sua obsessão por transformar indígenas em portugueses, extinguiu os antigos aldeamentos cristãos que reuniam, cada um deles, centenas ou milhares de indígenas. Em substituição, foram criadas vilas e lugares com administração civil nos mesmos moldes de qualquer parte do império português. Mais do que isso, a preferência na ocupação dos cargos típicos dessas localidades – como vereadores e juízes – era dos indígenas ou de brancos que decidissem casar com eles. O incentivo ao casamento entre brancos e indígenas foi evidente, a ponto de existirem vários registros na historiografia que dão conta da presença de alguns governadores de capitanias em núpcias de lideranças indígenas ou de seus familiares. Para além disso, a própria entrada de brancos nos territórios das antigas aldeias foi estimulada, ainda que sob controle dos "diretores de índios" – cargo criado pelo diretório sob cuja tutela estavam todos os indígenas e seus bens. Ainda cabe o registro de que as línguas gerais – formas de comunicação interétnicas existentes em vários pontos da Colônia – foram duramente reprimidas nesse momento, revertendo uma política anterior que as estimulara a tal ponto que o português estava praticamente extinto no norte da América portuguesa. A partir de então, o português passou a ser a única língua aceita pelo Estado luso.

O resultado disso foi errático, é claro. As razões são muitas e vão desde os abusos dos diretores responsáveis pelos indígenas e pelo controle dessa mão de obra – principal motivo alegado na época para o fracasso dessa política – até a evidente incapacidade do governo português em extinguir as distinções entre indígenas e brancos. Além disso, autores como Patrícia Sampaio[2] demonstram que o diretório pombalino foi

2. Patrícia Maria de Melo Sampaio, *Espelhos partidos: etnia, legislação e desigualdade na colônia*, Manaus: Edua, 2012.

extinto na Amazônia ainda no século XVIII – em grande parte, pela resistência dos indígenas a essa medida. Na região do rio Branco, os levantes indígenas descritos por Nádia Farage[3] são impressionantes, tanto pela violência armada como pelo simples abandono das vilas portuguesas. Ao sul, a troca de territórios entre Portugal e Espanha, com a proposta do esvaziamento de sete missões jesuíticas, formadas por milhares de Guarani, encontrou a resistência armada desses indígenas, o que fez o conflito se arrastar por três longos anos.

Além de territórios, Portugal e Espanha também disputaram a vassalagem desses indígenas, como demonstram alguns registros de que o governo luso tentou convencer os Guarani a deixarem o território de litígio e viverem do lado português.

Por outro lado, o historiador Eduardo Santos Neumann[4] mostra que muitos Guarani preferiram recusar a ideia de que portugueses e espanhóis poderiam decidir os seus destinos. Assim, resistiram não só armados, mas também fazendo uso da escrita em uma intensa troca de cartas entre as missões. Esse, aliás, é um dos vários exemplos de que, apesar de raros, havia indígenas que dominavam a escrita e deixaram registros.

Se houve um movimento de recusa absoluta a esse projeto por parte de vários indígenas, ao mesmo tempo também é possível perceber o que tem sido identificado na literatura como *resistência adaptativa*. Em outras palavras, em meio a um cenário hostil e desfavorável, muitos indígenas mantiveram-se nas vilas criadas por Pombal e ali criaram gerações. Isso não significa que tivessem deixado de ser indígenas, ainda que sua identidade muitas vezes não se referisse mais a uma etnia específica e estivesse agora mais ligada a um território, como observado por João Pacheco de Oliveira[5], já pensando em situações mais contemporâneas – "índios de tal vila" é uma expressão comum nesse contexto.

3. Nádia Farage, *As muralhas dos sertões: os povos indígenas no rio Branco e sua colonização*, Rio de Janeiro: Paz e Terra, 1991.
4. Eduardo Santos Neumann, "A lança e as cartas: escrita indígena e conflito nas reduções do Paraguai – século XVIII", *História Unisinos*, São Leopoldo: maio-ago. 2007, v. 11, n. 2, pp. 160-72.
5. João Pacheco de Oliveira, *O nascimento do Brasil e outros ensaios: "pacificação", regime tutelar e formação de alteridades*, Rio de Janeiro: Contracapa, 2016.

Ainda no século XIX, a sociedade e o Estado constantemente lembravam esses homens da sua condição de indígenas, sobretudo quando recaíam sobre eles leis desfavoráveis, como a do trabalho compulsório. A despeito disso, cabe registrar que muitos deles casaram-se com brancos ou negros. Se vários eram constantemente recrutados para o trabalho compulsório por não terem ocupação fixa, alguns tornaram-se proprietários e até comerciantes. Na realidade amazônica, censos do final do XVIII já indicam indígenas oriundos da reforma de Pombal que eram donos de escravizados, algo incomum até mesmo para brancos nessa região. No Exército, os indígenas eram a base das tropas em lugares como o Pará, onde alguns chegaram ao posto de oficiais. Da mesma forma, é possível encontrar registros, tanto no século XVIII como no XIX, de que indígenas ocuparam cargos políticos em suas vilas, chegando a postos de vereador e juiz.

Portanto, às vésperas da independência, eram diversas as formas de ser indígena – parodiando o título do livro de Elisa Garcia[6]. No entanto, não é sem razão que a imagem do indígena no século XIX esteja frequentemente associada à ideia de grupos "hostis" e "isolados". Afinal, a vinda da corte portuguesa para o Rio de Janeiro, em 1808, marca a decretação de uma série de "guerras justas" contra grupos indígenas de várias capitanias, o que incluía São Paulo, Minas Gerais, Espírito Santo, Bahia, Goiás e Pará. Tais guerras – expediente utilizado na Europa contra os "infiéis" e adaptado durante toda a colonização contra os indígenas – permitiam o extermínio e a escravização em massa. A ânsia de abrir novos caminhos e ocupar terras no entorno da corte parece ter impulsionado a guerra aberta e acelerada. Tamanha agressividade pode ter convencido alguns historiadores de que o então regente, Dom João, estava revertendo a política indigenista mais assimilacionista em curso desde Pombal. Mas a verdade é que os dois lados da moeda – tentativas de assimilação e extermínio, bem como reconhecimento da liberdade e escravidão – sempre estiveram presentes na política portuguesa. Basta lembrar que o

6. Elisa Frühauf Garcia, *As diversas formas de ser índio: políticas indígenas e políticas indigenistas no extremo sul da América portuguesa*, Rio de Janeiro: Arquivo Nacional, 2009.

próprio Pombal nunca reconheceu a liberdade de certos povos amazônicos, como os Mura e os Mundurucu, que jamais se submeteram a sua política assimilacionista.

Com essa multiplicidade de situações, a condição de indígena muitas vezes era ressaltada ou negada, a depender do interlocutor e dos seus interesses. Como dito antes, era frequentemente lembrada quando do recrutamento de mão de obra compulsória, por exemplo. Em outros casos, a forte ligação com a sociedade envolvente era usada contra esses homens, alegando-se que não tinham certos direitos por não serem mais indígenas. O historiador John Monteiro[7] contou isso com maestria: logo no começo dos trabalhos legislativos de 1826, a Câmara dos Deputados mandou um questionário para as províncias, perguntando a situação dos indígenas em cada localidade. Era mais uma tentativa de esboçar uma política indigenista nacional e unificada, ação que se arrastou, no mínimo, até 1845, quando se criou o Regulamento das Missões. As respostas foram as mais variadas possíveis, mas chama a atenção que, em várias províncias de colonização antiga, especialmente no Nordeste, alegava-se que não existiam mais indígenas em seus territórios. Evidentemente, essa era uma informação irreal, não só pelos estudos que demonstram a forte presença indígena na região durante todo esse período mas também pela sua continuidade nesses territórios até hoje. A forma de "invisibilizar" os indígenas foi alegar que estavam misturados ao restante da população, como uma massa "degenerada". Em algumas ocasiões, fazendo menção concreta à passagem desses povos pelas vilas pombalinas, as autoridades usavam argumentos como a miscigenação, o uso da língua portuguesa e outras incorporações de costumes da sociedade envolvente para afirmar que essas pessoas não eram mais indígenas. Evidentemente, a defesa da ideia de que não havia, no começo do século XIX, indígenas em diversas partes do país prestava-se a objetivos mais concretos, como a apropriação de suas terras comunais, desejo de muitos grupos poderosos no país recém-criado.

7. John M. Monteiro, *Tupis, tapuias e historiadores: estudos de história indígena e indigenismo*, tese (Livre-docência em Etnologia) – Instituto de Filosofia e Ciências Humanas, Universidade Estadual de Campinas, Campinas: 2001, disponível em: <www.etnolinguistica.org/tese:monteiro-2001>, acesso em: 12 maio 2018.

Esse é, portanto, um contexto de silêncios e apagamentos sobre direitos e mesmo sobre a presença indígena nos novos Estados nacionais.

Os indígenas podem ser cidadãos nos novos Estados nacionais?

Como dito no começo do capítulo, há uma pergunta nova no início do século XIX: os indígenas seriam cidadãos dos novos Estados nacionais que se criavam por toda a América ibérica? As respostas foram diferentes em cada caso: enquanto algumas assembleias constitucionais reconheceram a necessidade de discutir a questão, em outras predominou o silêncio.

Tome-se como exemplo a diferença entre as assembleias da Espanha e de Portugal. A primeira experiência constitucional espanhola, entre 1810 e 1814, ficou conhecida como Cortes de Cádiz e teve grande influência no movimento revolucionário do Porto, uma década depois. A questão dos indígenas, no entanto, foi bem diferente nos dois contextos. Alguns historiadores apontam que os espanhóis da América tiveram interesse em forçar os espanhóis europeus a reconhecer os indígenas como parte da nação, para assim aumentar o número de cadeiras do Novo Mundo na corte constitucional. Embora essa não fosse a principal intenção dos espanhóis americanos, o debate em Cádiz teve consequências reais para os indígenas: em uma das primeiras medidas, os constituintes aboliram os tradicionais tributos indígenas, entre eles as formas compulsórias de trabalho, como a mita. Talvez ainda mais impressionante seja o argumento para essa decisão: se os indígenas eram cidadãos, não podiam ser obrigados ao trabalho. Ainda que alguns historiadores ponham em xeque a efetividade das medidas de Cádiz para os indígenas, seja pela sua curta vida, seja porque algumas partes da América foram se tornando independentes, não é difícil imaginar o impacto de uma medida desse tamanho. Já em 1811, a Junta das Províncias do Rio da Prata, uma parte importante do império espanhol na América, mandou publicar a proibição do trabalho indígena não só em espanhol, mas também em Guarani, Quíchua e Aymará, o que reforça a perspectiva de que esses povos foram agentes ativos nesse processo histórico.

A experiência constitucional portuguesa foi totalmente diferente. Instalados os constituintes a partir de 1820 em Lisboa, partiram da América cinco projetos que tratavam dos indígenas, todos eles vindos de províncias importantes: São Paulo, Pernambuco, Pará (que enviou dois projetos) e Bahia. Ressalte-se que o projeto vindo de São Paulo ficou famoso, posteriormente, por ter sido escrito por José Bonifácio e novamente apresentado, depois da independência, na Constituinte de 1823 e na Câmara dos Deputados, em 1826.

O projeto de Bonifácio, com clara influência pombalina, propunha o que ele imaginava como uma incorporação dos indígenas à nação após um estágio de adaptação, de "assimilação", no qual seriam submetidos ao trabalho e ao costume dos nacionais. Está claro, pois, que Bonifácio restringia suas preocupações aos indígenas que ainda estavam fora do contato regular com os brancos, sem nada falar daqueles que já viviam nas vilas e povoados. Assim, como em seu projeto para os escravizados, ele propunha uma condição de "cidadão" para o futuro dos indígenas que ainda seriam "descidos".

Outros projetos enviados para as cortes de Lisboa eram mais pragmáticos, como o do Pará, formulado por José Ricardo Zany, um imigrante italiano frequentemente envolvido em escândalos e acusações de uso ilegal da mão de obra indígena. O texto de Zany pretendia criar mecanismos que permitissem um uso ainda mais facilitado dessa mão de obra no Pará, sobretudo daqueles povos que viviam na floresta, fora das vilas portuguesas.

A Constituição portuguesa publicada em 1822, a despeito desses projetos, praticamente ignorou a existência de indígenas nas terras brasileiras. Isso só não é totalmente verdade porque no último artigo há um compromisso vago do Executivo com o esforço de "promover a civilização" dos indígenas, misturado a uma série de ações caracterizadas como "caridade". É uma redação muito semelhante à do projeto de Constituição elaborado, posteriormente, pela Assembleia Constituinte de 1823, no Rio de Janeiro, que acabou sendo dissolvida por Dom Pedro I. A Carta Constitucional brasileira de 1824, a única que vigorou por toda a existência do Império brasileiro, nem mesmo incorporou ao seu texto essa simples menção aos indígenas.

O silêncio dos textos constitucionais e de outras leis dos novos Estados nacionais em relação aos indígenas só torna as ações destes nesse período ainda mais significativas. Como no episódio que abre este capítulo – o levante para derrubar o intendente do Arsenal da Marinha do Pará –, parece claro que os indígenas estavam a todo momento incorporando e enfrentando as novidades políticas e criando novos significados que alargassem os seus direitos. Outro exemplo disso, também no Pará, foi o impacto da lei promovida pelas Cortes de Lisboa que proibia a prisão sem culpa formada, um dos cernes de todas essas reformas constitucionais. A lei ficou famosa por ter sido a base para libertar redatores de jornais do Pará que se opunham ao governador de armas da província e tinham sido encarcerados a seu mando. No entanto, no mesmo período, é possível localizar o relato de um juiz no interior da província, no qual consta que os indígenas, usando essa lei como argumento, estavam resistindo ao recrutamento para o trabalho forçado. A questão é que os indígenas eram frequentemente presos em cadeias e até amarrados em troncos para que os recrutadores atingissem o contingente mínimo de trabalhadores, o que demonstra a violência do processo. Ao dizer ao juiz do interior que ninguém mais podia ser preso sem culpa formada, os indígenas do Pará davam um significado novo à lei, para o qual ela não tinha sido planejada.

Para entender o lugar dos povos indígenas na formação dos Estados nacionais, não podemos nos prender, portanto, apenas a buscar compreender como as lideranças políticas os viam e o papel que lhes atribuíam na nação. É preciso perseguir também a interpretação dos próprios indígenas, algo que não guarda necessariamente correspondência com a lógica e as divisões políticas de ibero-americanos e europeus. Talvez os episódios que mais revelam a lógica própria dos indígenas sobre essa era das revoluções sejam as guerras de independência.

Por exemplo, o historiador João Paulo Peixoto da Costa[8] lembra que, no Ceará, em 1822, indígenas foram coagidos a participar das forças con-

8. João Paulo Peixoto da Costa, *Na lei e na guerra: políticas indígenas e indigenistas no Ceará (1789-1845)*, tese (Doutorado em História Social) – Instituto de Filosofia e Ciências Humanas, Universidade Estadual de Campinas, Campinas: 2016.

vocadas para sustentar a junta de governo compromissada em manter a união com Portugal no período que antecedeu a independência. Em contrapartida, no próprio Ceará, na região hoje conhecida como Maranguape, os indígenas iniciaram, em outubro de 1821, uma série de levantes que se estenderiam ao longo de um ano. Como estopim do movimento estaria um boato de que o objetivo da Constituinte portuguesa era escravizar os indígenas. Isso abriu caminho para que eles aumentassem sua indisposição contra europeus e, sobretudo, contra aqueles que controlavam sua mão de obra ou que estavam historicamente envolvidos com a tomada de suas terras. Assim, um ano depois do começo da revolta, em setembro de 1822, os indígenas de Maranguape invadiram as terras do diretor de índios e do juiz de fora. Segundo Costa, gritavam contra os europeus e a favor da liberdade dos escravizados.

Em Pernambuco, o histórico do posicionamento dos indígenas na série de conflitos que se abrem é extremamente revelador por demonstrar que cada grupo assumiu lados distintos nas guerras, conforme o seu interesse específico. Exemplo disso é a Confederação do Equador, em 1824. A historiadora Mariana Dantas[9] retoma a análise de frei Caneca que lamentava que os indígenas de aldeias como Barreiros e Jacuípe tivessem sido "seduzidos" a se juntarem às tropas da repressão de Dom Pedro I. Para ela, o termo "sedução" usado por frei Caneca indica algo muito comum na relação com os indígenas: certamente, alguns dos seus interesses pareceram ser mais bem atendidos pelo governo do Rio de Janeiro. Nesse mesmo contexto, enquanto se abria guerra entre confederados e as tropas de Dom Pedro I, os indígenas da vila de Cimbres eram acusados de rejeitar os dois lados e apoiar Dom João VI. Para Dantas, esse apoio estava baseado na ideia de que, desde o constitucionalismo português, tinha-se aberto uma série de iniciativas, lideradas por homens identificados com os liberais, que visavam pôr fim às suas terras comunais. De forma muito interessante, essa historiadora demonstra que os indígenas estavam atentos aos

9. Mariana Albuquerque Dantas, "Do discurso sobre o desaparecimento à participação política de indígenas na Confederação do Equador (Pernambuco e Alagoas, 1824)", em: Fábio F. de Souza e Luisa T. Wittmann (orgs.), *Protagonismo indígena na História*, Tubarão: UFFS, 2016.

acontecimentos políticos, mas seu alinhamento nos conflitos das guerras de independência não obedecia à mesma lógica dos brancos; assim, não se posicionavam especialmente a favor da independência, da Confederação do Equador ou do absolutismo. Em vez disso, sua aliança política atendia primordialmente aos seus interesses específicos, como a manutenção das suas terras ou a tentativa de se livrar da exploração da sua mão de obra.

As guerras de independência no Pará são outro exemplo revelador de como os indígenas se posicionavam na conjuntura política. Nessa província, os conflitos armados ganharam força em 1823, depois de o governo de Belém ter se alinhado a Dom Pedro I. A partir daí seguiu-se uma série de combates que, por mais de um ano, cobriram boa parte da província, chegando até próximo à região de Santarém. Em vários pontos, o domínio territorial pertenceu aos rebeldes por meses, dificultando até mesmo a circulação de mercadorias. A mola propulsora desses conflitos eram as próprias forças armadas, fosse o Exército, fossem as milícias, onde a presença de indígenas era muito significativa. E, diferentemente do que muitos acusavam, os rebeldes não se opunham necessariamente à independência: ao contrário, eram frequentes os relatos de que os insurgentes gritavam querer defender "a verdadeira causa da independência". Em comum com eventos semelhantes em outras províncias, o grito dos insurgentes demonstra como o projeto do novo Estado nacional estava em disputa: se para uns deveria preservar ao máximo o *status quo*, outros enxergavam nele a possibilidade de uma ruptura radical. Os documentos do período indicam que essa foi a leitura dos indígenas envolvidos nos conflitos no Pará, em grande parte motivados a pôr fim à exploração da sua mão de obra. A participação de indígenas e de africanos ou afrodescendentes entre os rebeldes fica patente na progressiva acusação que se fará de que essa era uma "guerra de raças" ou uma "guerra contra os brancos", argumento muito semelhante ao que será usado contra a Cabanagem dez anos depois. Somente no final de 1824 o governo de Belém restabeleceu o controle sobre os pontos mais críticos, mantendo intacto o sistema de trabalho compulsório a que os indígenas eram submetidos.

Os papéis desempenhados pelos grupos indígenas foram distintos porque a realidade desses povos era extremamente multifacetada ao longo do território e até mesmo no interior das comunidades. No entanto, é bastante significativa a dificuldade dos constituintes de 1823 em enxergar um lugar para os indígenas na nação brasileira. Parece claro que essa dificuldade estava relacionada com a ideia de que eram os cidadãos que participavam da criação das novas nações, algo distinto do sentido de pertencimento dos súditos aos antigos impérios. Os documentos, especialmente as atas da Assembleia Constituinte, deixam claro que não se associava o termo "índio" à ideia de "cidadão".

Fernanda Sposito ressaltou essa ideia em seu livro *Nem cidadãos, nem brasileiros*, título que sintetiza o que para ela foi a situação dos povos indígenas no Império do Brasil. Um dos pontos mais marcantes do livro é a descrição dos debates dos constituintes sobre quem seriam os cidadãos brasileiros: afinal, os portugueses que já moravam aqui na época da independência seriam cidadãos do Império do Brasil? Qual seria o lugar dos escravos ou dos libertos? Nessa conjuntura, algumas discussões revelam o que esses homens entendiam sobre ser "indígena" e como projetavam o lugar destes na nova nação. Talvez um dos apartes mais reveladores disso seja o do deputado Vergueiro, em 23 de setembro de 1823: "O que é índio, que não está ligado conosco; os filhos de estrangeiros, estes, não tratamos deles. A Constituição não é feita para eles, é para os membros da sociedade brasileira: dos outros não tratamos: não entram na nossa sociedade: a constituição não é para eles"[10].

A fala de Vergueiro associa diretamente a ideia de indígena a uma condição que não é a de cidadão. Sposito não indica que outros constituintes tenham feito afirmações opostas, mas aponta que alguns parlamentares conseguiam enxergar nuances entre os indígenas. O deputado Souza França, por exemplo, afirmava que "os índios que vivem nos bosques não são brasileiros enquanto não abraçam a nossa civilização"[11]. O ponto central é que Souza França destaca a exclusão dos que "vivem nos bosques", mas nada fala dos que já moram nas vilas. Parece ser o mesmo

10. Fernanda Sposito, *Nem cidadãos, nem brasileiros: indígenas na formação do Estado nacional brasileiro e conflitos na província de São Paulo (1822-45)*, São Paulo: Alameda, 2012, p. 31.

11. *Ibidem*, p. 24

artifício retórico usado pelo deputado baiano que assumiu o nome de "Montezuma". Apesar de se valer de um nome indígena, algo que gozou de prestígio durante as independências na América, o deputado tem um posicionamento duro:

> Os índios porém estão fora do grêmio da nossa sociedade, não são súditos do Império, não o reconhecem, nem por consequência suas autoridades desde a primeira até a última, vivem em guerra aberta conosco: não podem de forma alguma ter direitos, porque não têm nem reconhecem os deveres ainda os mais simples (falo dos não domesticados), logo: como considerá-los cidadãos brasileiros?[12]

Mesmo que constituintes como França ou Montezuma percebessem distinções nas relações dos indígenas com a sociedade envolvente, prevaleceu o pressuposto de que eles não participavam do pacto político da nação. O que novos estudos têm apontado, contudo, é que os indígenas que viviam nas vilas e povoados não foram excluídos da condição de cidadãos, mas o projeto de Constituição, assim como fará a Carta Constitucional de 1824, os privou de um reconhecimento diferenciado em relação ao restante da população. Era como se a condição de cidadãos brasileiros os excluísse, por consequência, da condição de indígenas.

Símbolos da nação, "caçados" no sertão

Como bem detalhado no capítulo "Presença e ausência dos indígenas na história do Brasil", que integra este livro, o romantismo transformou o indígena no símbolo da nação brasileira durante o século XIX. Várias manifestações artísticas, como óperas, romances e pinturas, tinham indígenas como os personagens centrais. Só para ficar em um exemplo da força dessa tradição, basta lembrar que ainda hoje, todos os dias, a música que dá início ao programa de rádio *A voz do Brasil* é uma ópera de Carlos

12. *Ibidem*, pp. 34-35.

Gomes escrita na segunda metade do século XIX: *O Guarani*, baseada no romance indianista de José de Alencar.

Vários autores insistiram na existência de um abismo entre os indígenas imaginados e transformados em heróis nas artes do século XIX e a condição real desses povos no Império do Brasil. Manuela Carneiro da Cunha[13], em uma das mais prestigiadas análises sobre os indígenas nos tempos imperiais, não escondeu o seu pessimismo: para ela, o século XIX foi um período ainda mais duro para os povos originários. Uma das razões para isso, no seu entender, é que os indígenas ficaram ainda mais desprotegidos na sua luta contra os grandes proprietários, especialmente no momento em que se puderam criar leis provinciais. A outra razão é que, naquele século, chegou-se até a questionar a humanidade dos indígenas, algo que já era ponto pacífico durante a colonização.

Ao contrário do que geralmente se supõe, os indígenas continuaram a ser um ponto de tensão no Império. Por um lado, evidentemente, mantinha-se o avanço da fronteira agrícola sobre as suas terras, mas por outro, tão importante quanto isso, havia o fato de que eram ainda uma mão de obra muito disputada em algumas regiões do Brasil.

Infelizmente, não restaram documentos de natureza fiscal, a exemplo dos disponíveis sobre a escravidão africana – como o registro de entrada nos portos ou testamentos –, que permitam dar maior precisão ao tamanho que a mão de obra indígena teve no Império. No entanto, trabalhos monográficos recentes têm mostrado que ela estava espalhada por todo o país e, em algumas áreas, era vital. Exemplo disso é o próprio vale do Paraíba, que virará símbolo da cultura do café e baluarte máximo da defesa do tráfico negreiro e da escravidão africana. Marcelo Sant'Ana Lemos[14] demonstra, para surpresa de muitos, que pouco tempo antes da explosão do café aquela era uma região em que a mão de obra em disputa era a indígena, especialmente dos Coroado. Cunha[15] também aponta que, ainda na

13. Manuela Carneiro da Cunha, *História dos índios no Brasil*, São Paulo: Companhia das Letras, 1992.
14. Marcelo Sant'Ana Lemos, *O índio virou pó de café? Resistência indígena frente à expansão cafeeira no vale do Paraíba*, Jundiaí: Paco Editorial, 2016.
15. Manuela Carneiro da Cunha, *História dos índios no Brasil*, *op. cit.*

metade do século XIX, há registros de venda de indígenas como escravos até na corte, o coração do Império.

Além da inexistência de documentos, outra dificuldade para se obter um número aproximado dos trabalhadores indígenas no Império tem a ver com a relação legal entre esses povos e o Estado. Muito comumente, joga-se tudo na conta da ilegalidade. Sem dúvida, os indígenas foram vítimas de muitas arbitrariedades, e a escravidão ilegal era uma prática disseminada, inclusive com registro de tráfico entre províncias. Mas o regime de trabalho compulsório a que ainda estavam sujeitos os indígenas no Brasil do século XIX era, com frequência, legalmente regulamentado.

Nesse campo, aliás, o que salta aos olhos é uma enorme sobreposição de leis. No Pará, por exemplo, nas décadas de 1820 e 1830, um dos maiores pontos de tensão era o recrutamento de mão de obra indígena amparado na Carta Régia de 1798, uma lei colonial. Também o decreto das "guerras justas", promulgado por Dom João em 1808 e que perdurou até 1831, possibilitava a escravização legal de povos indígenas considerados resistentes em diversas províncias, como São Paulo, Minas, Bahia, Espírito Santo, Goiás e Pará. Em outras províncias, como Ceará, Pernambuco e Alagoas, vigorou por muitos anos no Império o diretório pombalino, outra medida colonial que regulava a oferta compulsória de mão de obra indígena. Além dessas leis coloniais que continuaram a ser reconhecidas durante o Império, a partir do final da década de 1820 e, sobretudo, desde a metade da década de 1830, começaram a vigorar leis de âmbito provincial. A confusão era tamanha que em uma mesma província chegou a vigorar mais de um marco legal da política indigenista ao mesmo tempo.

Diante do mosaico de leis, ao longo do século XIX são vários os episódios em que os indígenas questionam a validade de sua convocação ao trabalho forçado. Nesse contexto, assiste-se em diversas partes a um esforço das elites provinciais em criar leis imperiais que dessem legitimidade a essa exploração. As leis provinciais que permitiam a tomada de terras ou a exploração do trabalho indígena são a maior demonstração de que isso não era uma herança colonial: ao contrário, era um alinhamento a práticas contemporâneas, a necessidades daquele momento. Uma simples observação de várias dessas leis mostra que, apesar de ecoarem sistemas de controle da mão de obra típicos do período colonial, já não há preocupações em privilegiar os indígenas na ocupação de postos ou reconhecer em parte o seu autogoverno, linhas evidentes em legislações como a pombalina.

Os indígenas eram assim, ao mesmo tempo, heróis da nação e "caçados" no sertão. Uma população que não existia na Constituição do Império, mas que estava em campos de batalha, escrevendo requisições e ocupando cargos. Não há dúvida de que o nascimento das nações teve o seu impacto também para os povos indígenas e que estes não assistiram a tudo sem participação e resistência.

Para saber mais

Almeida, Maria Regina Celestino de. *Metamorfoses indígenas: identidade e cultura nas aldeias coloniais do Rio de Janeiro*. Rio de Janeiro: Arquivo Nacional, 2001.

Amoroso, Marta. *Terra de índio: imagens em aldeamentos do* Império. São Paulo: Terceiro Nome, 2014.

Domingues, Ângela. *Quando os índios eram vassalos: colonização e relações de poder no norte do Brasil na segunda metade do século XVIII*. Lisboa: Comissão Nacional para as Comemorações dos Descobrimentos Portugueses, 2000.

Freire, José Ribamar Bessa. *Rio Babel: a história das línguas na Amazônia*. Rio de Janeiro: Ederj, 2004.

Guimarães, Manoel Luís Salgado. "Nação e civilização nos trópicos: o Instituto Histórico e Geográfico Brasileiro e o projeto de uma história nacional". *Revista Estudos Históricos*. Rio de Janeiro: 1988, n. 1, pp. 5-27.

Harris, Mark. *Rebellion on the Amazon: the Cabanagem, Race, and Popular Culture in the North of Brazil, 1798-1840*. New York: Cambridge University Press, 2010.

Kodama, Kaori. *Os índios no Império do Brasil: a etnografia do IHGB entre as décadas de 1840 e 1860*. São Paulo/Rio de Janeiro: Edusp/Ed. Fiocruz, 2009.

Larson, Brooke. *Trials of Nation Making: Liberalism, Race and Ethnicity in the Andes, 1810-1910*. New York: Cambridge University Press, 2004.

Machado, André Roberto de A. *A quebra da mola real das sociedades: a crise política do Antigo Regime português na província do Grão-Pará (1821-25)*. São Paulo: Hucitec, 2010.

______. "O Conselho Geral da província do Pará e a definição da política indigenista no Império do Brasil (1829-31)". *Almanack*. Guarulhos: ago. 2015, n.10, pp. 409-64. Disponível em: <www.scielo.br/scielo.php?script=sci_arttext&pid=S2236-46332015000200409&lng=pt&nrm=iso&tlng=pt>. Acesso em: 21 dez. 2017.

Mattos, Izabel Missagia de. *Civilização e revolta: os Botocudos e a catequese na província de Minas Gerais*. Bauru: Edusc, 2004.

Moreira, Vânia Maria Losada. "Deslegitimação das diferenças étnicas, 'cidanização' e desamortização das terras de índios: notas sobre liberalismo, indigenismo e leis agrárias no México e no Brasil na década de 1850". *Mundos do Trabalho,* Florianópolis: 2013, v. 4, n. 8, pp. 68-85.

Sampaio, Patrícia Maria de Melo. *Espelhos partidos: etnia, legislação e desigualdade na colônia*. Manaus: Edua, 2012.

Silva, Ayalla Oliveira. "Territorialização e trabalho: atuação dos aldeados de Ferradas no processo de ocupação e exploração territorial, no sul da Bahia (século xix)". *Mundos do Trabalho,* Florianópolis: 2014, v. 6, n. 12, pp. 131-52.

Souza, Telma Mirian Moreira de. *Entre a cruz e o trabalho: exploração da mão de obra indígena no sul da Bahia (1845-75)*. Dissertação (Mestrado em História Social) – Universidade Federal da Bahia. Salvador: 2007.

Ameríndia: temas para uma história indígena das Américas

José Carlos Vilardaga

Em 2010, um levantamento publicado pela Comissão Econômica para a América Latina e o Caribe (Cepal) alegava a existência de cerca de 45 milhões de indígenas na América Latina, representando 8,3% da população total da região[1]. Os dados, muito variáveis, espelham realidades bastante distintas, pois vão de 0,5% no Brasil e 2,4% na Argentina, passando por 15,1% no México e 41% na Guatemala, até 62,2% na Bolívia, só para citar alguns países. Nesses dois últimos, a presença indígena é notória. O Ministério da Cultura da Guatemala, por exemplo, lançou em 2010 um material didático para alunos de escolas públicas com o histórico e as orientações para a prática desportiva, em aulas de educação física, do jogo de pelota maia. Na Bolívia, desde 2009, ao lado da bandeira nacional tremula a famosa *Wiphala*: uma bandeira quadrangular em sete cores, cujo nome advém da língua aimará e que representa a diversidade de povos que vivem em solo boliviano. A Bolívia foi ainda um dos primeiros países a se assumir, constitucionalmente, como um Estado plurinacional, e a institucionalizar os territórios indígenas com governança autônoma dos próprios indígenas.

No Equador, país no qual a população indígena representa 7% do total, firmou-se uma Constituição em 2008 que prevê textualmente os

1. Cepal, *Los pueblos indígenas en América Latina: avances en el último decenio y retos pendientes para la garantía de sus derechos*, Santiago: 2010. Disponível em: <https://repositorio.cepal.org/handle/11362/37050>. Acesso em set. 2022.

princípios do *sumak kawsay* ("viver plenamente", em quéchua), baseado na cosmogonia andina, que, na contramão da máxima exploração do capitalismo, é defensora de ideias de harmonia e equilíbrio ambiental. O movimento liderado pelo Exército Zapatista de Libertação Nacional em Chiapas, no México – que reivindica, entre outras coisas, o reconhecimento dos direitos indígenas –, a Coordenação Arauco-Malleco, organização política Mapuche que luta pela recuperação do território ancestral e pela autodeterminação no Chile, e a inclusão do guarani como língua oficial do Paraguai em 2011, ao lado do castelhano, são alguns sinais evidentes do papel que as sociedades e culturas indígenas possuem na contemporaneidade da América Latina.

Tal ponderação é um ponto de partida importante em nossa discussão, já que, continuamente, parcelas significativas das sociedades latino-americanas, inclusive frações de sua intelectualidade, relegaram o indígena ao passado, ao imobilismo e à mera tradição num viés folclorizante. Com suas imagens congeladas nas antessalas dos museus, os povos nativos das Américas padeceram ao longo dos séculos de um apagamento que, além de físico – pois seus corpos foram alvos de violência desde a chegada do europeu ao continente –, foi também da memória. É imprescindível, portanto, compreender a dinâmica histórica latino-americana permeada pela ação e participação indígena em diversos níveis e esferas da vida social. Atuais, presentes e determinantes, os povos nativos americanos, nomeados "índios" desde o final do século XV, na esteira de um erro geográfico e de uma grosseira generalização, se apropriaram do termo e o investiram de outros sentidos, associando-o à sua presença anterior à formação dos Estados-nação e à hegemonia dos colonizadores e passando a mobilizá-lo politicamente em suas demandas e direitos.

É impossível fazer uma história geral dos indígenas nas Américas como um bloco homogêneo. O que me proponho a fazer aqui, então, é apresentar algumas questões gerais que sirvam de mote para eventuais investigações mais verticalizadas por parte dos leitores; todas elas refletidas, é importante dizer, de um lugar determinado: o olhar da sociedade não indígena sobre o indígena.

Dos "vencidos" aos "mestiços"

Para iniciar, retomemos o tema do apagamento da memória indígena, parte de um processo longo que podemos chamar, grosseiramente, de uma tentativa de "desindianização" das sociedades latino-americanas. Para tanto, observemos um dos temas mais clássicos da história colonial das Américas, o que ficou conhecido como "a Conquista", termo que veio carregado de múltiplos sentidos ao longo das últimas décadas. Em torno dele, debates a respeito do contato entre europeus e indígenas deram o tom das polêmicas, pois variou bastante a forma de se pensar no assunto: desde um encontro, passando por choque e trauma, até descobrimento, encobrimento e invasão.

Ainda no século XIX surgiria uma interpretação sobre esse tema marcada pela noção de superioridade do europeu sobre um indígena visto geralmente como dócil e passivo. O conquistador espanhol – representado por tipos paradigmáticos como Hernán Cortez e Francisco Pizarro – foi heroicizado e tornado modelo de valentia e virtude, que faria impor, por meio de seus atos, a civilização ocidental sobre um continente marcado pela selvageria e pelo primitivismo expressos pelos indígenas. Dessa forma, surgia, aos poucos, uma certa leitura enviesada da "vitória" espanhola como o feito de homens excepcionais, guiados pela Providência e pela razão, acompanhados de um punhado de soldados brancos que valorosamente teriam derrotado milhares e milhares de indígenas, ocupado cidades, derrubado impérios e submetido multidões. A noção de conquista, nessa leitura, foi positivada pelo triunfo do Ocidente e prevaleceu durante muito tempo, obscurecendo a presença indígena, tornada coadjuvante do avanço do homem branco.

Um dos primeiros grandes contrapontos a essa noção laudatória a respeito dos conquistadores e colonizadores europeus surgiu na esteira das lutas anticolonialistas da África e da Ásia na década de 1950. No campo intelectual, o trabalho marcante do franco-tunisiano Albert Memmi, *O Retrato do colonizado precedido do retrato do colonizador* (1957), impactaria os estudos acadêmicos também na América Latina[2]. Ele propunha uma leitura da realidade colonial na ótica do "vencedor" que se impõe sobre o "vencido" de diversas maneiras, das quais uma se expressava num dos comportamentos típicos do colonizado, que seria o de "amar" o colonizador e terminar por odiar a si mesmo. Dessa forma, o colonizado incorporava o discurso aviltante que acompanhava o projeto colonizador. Restaria ao colonizado, assim, se submeter ou se rebelar. A lógica da rebeldia e da luta contra as heranças coloniais entrava na pauta.

Na América Latina, algo parecido no campo interpretativo sobre a conquista da América surgiu no ano de 1959, quando o antropólogo e historiador mexicano Miguel León-Portilla lançou o livro *A visão dos vencidos*, no qual reunia testemunhos astecas sobre a invasão europeia do México[3]. O livro, grandemente impactante, trazia à tona os textos – e as vozes – dos indígenas diante da "conquista" da América, cujo relato, até então, fora marcado totalmente pela exaltação das virtudes dos europeus, pela grandiloquência e pelo suposto heroísmo dos "conquistadores" brancos. De fato, essa interpretação da história dos primeiros anos da presença europeia no continente, unilateral, sofreria nesse momento uma primeira guinada, pois invertiam-se os protagonismos, mesmo que a ênfase ainda recaísse no binarismo da relação vencedor *versus* vencido. Os registros reunidos por Portilla revelavam um mundo indígena marcado pelos presságios e pelas tentativas – desesperadas – de interpretar a chegada dos europeus aos seus territórios. Era a voz de um mundo que ruía diante da violência e dos impactos da conquista.

O olhar sobre a conquista das Américas pela lógica binária do vencedor e do vencido ainda prevaleceria até a década de 1980, mas já trazendo consigo noções fundamentais de resistência. No final dos anos 1970, o hoje ultrapassado conceito de *aculturação* foi trazido da teoria antropológica da época e aplicado à interpretação da história colonial latino-americana. O conceito colocava no centro dos debates as lógicas da resistência

2. Albert Memmi, *Retrato do colonizado precedido do retrato do colonizador*, Rio de Janeiro: Civilização Brasileira, 2007.

3. Miguel León-Portilla, *A visão dos vencidos: a tragédia da conquista narrada pelos astecas*, Porto Alegre: L&PM, 1985.

indígena à conquista e colonização do continente, buscando padrões para compreender os choques culturais desencadeados pela chegada do europeu na América. A ideia de aculturação tinha como pressuposto uma visão um tanto homogênea e reificadora de cultura, pois a entendia como uma *totalidade acumulada de padrões*, e dos encontros de culturas destacavam-se duas principais formas de relacionamento: a *integração*, quando o dominado incorporaria os valores e a simbologia do dominador por vontade própria e, sem renegar a própria cultura, se apropriaria seletivamente da cultura do outro; e a *assimilação*, quando se pensava na imposição vertical da cultura do dominador sobre a do dominado, podendo haver, nesse caso, não somente fusão como justaposição de culturas. A partir desse esquema, analisava-se um panorama muito amplo de relações entre indígenas e europeus, identificando-se processos de integração, como o exemplo da incorporação do cavalo pelos Mapuche, que resistiram à dominação até o século XIX, ou de assimilação, como o que teria acontecido no seio da sociedade inca, desestruturada desde o século XVI.

Nessa leitura da conquista, destacava-se o que seria um importante, e aparente, paradoxo, pois nela se fazia perceber como as sociedades mais centralizadas e estruturadas teriam perecido rapidamente, enquanto as sociedades indígenas seminômades teriam resistido por mais tempo. Nesses choques culturais, ocorreriam sincretismos variados, distintas formas de hispanização e inúmeros processos de resistência, estes muitas vezes alinhados com uma visão de cultura homogênea e tradicional que resiste ao longo do tempo por meio da preservação de determinadas qualidades "originais" linguísticas, materiais, simbólicas etc. Mesmo que muito mais reativo que ativo, o indígena tornava-se, a partir de então, irremediavelmente um protagonista da história da colonização americana.

Uma outra forma de analisar a conquista da América surgiu na década de 1980, quando o linguista búlgaro Tzetvan Todorov utilizou o termo "alteridade", isto é, a descoberta que o "eu" faz do "outro", para analisar o que ele considerava um dos casos mais paradigmáticos da história para se pensar no choque de duas culturas tão distintas[4]. Para essa linha de

4. Tzvetan Todorov, *A conquista da América: a questão do outro*, São Paulo: Martins Fontes, 1991.

análise, os acontecimentos desencadeados com a chegada de Colombo ao continente americano em 1492, assim como parte de seu eixo interpretativo, eram explicados pela ideia de que a "vitória" dos espanhóis foi o resultado de uma melhor capacidade dos europeus de entenderem os signos da cultura do outro.

De todo modo, essa tendência inovava ao recusar as tradicionais explicações sobre o "sucesso" da conquista, empreendimento mitificado e tornado obra de alguns punhados de conquistadores brancos contra milhares e milhares de indígenas. Seu enfoque, que costurava desde a superioridade técnica das armas europeias, passando pelas epidemias, até as alianças indígenas, repousava sobre a radical diferença dos valores e da cultura dos agentes em jogo: indígenas e espanhóis. Da oportuna capacidade de um compreender melhor a "novidade" do que o outro, resultaria a vitória. Dessa forma, os derrotados, os indígenas, o teriam sido essencialmente por um problema de comunicação.

Na década de 1990, fruto das comemorações em torno do quinto centenário da viagem de Colombo, diversas obras foram produzidas no sentido de analisar o significado daquela viagem, da presença europeia no continente e das implicações do uso de termos como "descoberta" e "conquista". Tal movimento atingiu, inclusive, o cinema, que produziu também alguma filmografia sobre o tema da descoberta/conquista, como o épico *1492: a conquista do Paraíso* (Ridley Scott, 1992).

Dentre as interpretações surgidas nesse contexto, ressaltem-se as que um grupo de intelectuais latino-americanos, mais tarde autodenominados Modernidade/Colonialidade, elaborou sobre a conquista. Composta por nomes como Enrique Dussel, Aníbal Quijano, Walter Mignolo, Maria Lugones e Ramón Grosfroguel, essa corrente de análise busca demonstrar como a América foi essencial para a construção da modernidade europeia e para a formação do ego europeu, conquistador e dominador. Na verdade, como parte de um processo de formação de um sistema capitalista mundial, o que teria ocorrido foi o *encobrimento* das outras culturas, e não um descobrimento. Assim, capitalismo, colonização, modernidade, patriarcalismo, machismo, racismo e heteronormatividade fariam parte de uma mesma estrutura hierarquizante – um projeto eurocêntrico de dominação – que agiria sobre as condições objetivas, como a exploração da mão de obra que resultou nos mais diversos processos de trabalho compulsório, mas também sobre as subjetividades, atuando no universo dos valores, da linguagem e dos desejos. Dessa forma, seria fundamental empreender um *giro decolonial*, denunciando as bases dessa modernidade que se pretende universal, mas que é no fundo capitalista e europeia, e fazer valer outras vozes e outros protagonismos, organizados e estruturados em distintas culturas, grupos e sociedades periféricas ou marginais. As vozes dos indígenas das Américas seriam parte fundamental desse movimento.

Ainda na lógica atinente ao choque de culturas nas Américas, mais recentemente surgiram novos paradigmas de abordagem. Reiterando e reforçando a experiência traumática que resultou da conquista da América, muitos autores debatem as formas de reconstrução de um mundo posto abaixo pela violência, de todos os níveis, acionada pela expansão europeia no continente americano. Não se trata mais de encontrar uma autenticidade cultural preservada ou perdida, mas de avaliar três séculos de um processo efetivo de dominação e colonialismo, tentando, porém, descobrir as dinâmicas dos conjuntos de culturas postas em jogo – as tensas relações entre permanências e mudanças mediante seleção e assimilação, mescla ou mestiçagem.

Dessa forma, mesmo vivendo sob relações assimétricas de poder, os indígenas tornam-se agentes ativos, exercendo certo poder e utilizando estratégias que, criativamente, lhes permitiram penetrar no mundo espanhol sem renegar suas raízes. Nesse sentido, o empreendimento colonial espanhol, cristianizador e ocidentalizante, ancorado na edificação de réplicas da Europa em solo americano, torna-se apenas um modelo ideal, distinto e distante da realidade, na qual a população indígena, vista como parte da colonização espanhola, se mostra como o pilar da sociedade colonial ao atuar criativamente na ressignificação dos modelos. O indígena, ao se ver diante da necessidade, ou obrigação, de reproduzir os modelos europeus, promoveria uma interpretação, reunindo processos de combinação, justaposição, amálgama e interpenetrações que resultam nas chamadas *mestiçagens* americanas, um hercúleo esforço de recomposição de um universo desagregado e um arranjo local dos novos quadros impostos pelos conquistadores.

Outras leituras atuais sobre o processo de conquista da América também se organizam na desconstrução de alguns "mitos" que persistem em torno do tema. Longe de ter sido um movimento protagonizado exclusivamente pelos europeus, o processo de invasão espanhola só se efetivou, num primeiro momento, por meio de uma rede de alianças sistemáticas com os grupos indígenas rivais, na qual o espanhol era, no fundo, mais um aliado nas próprias lutas entre os grupos indígenas. Além disso, não se visualizam mais os chamados "marcos" da conquista da América – como a tomada de Tenochtitlán, centro do mundo asteca, no atual México, em 1521, ou de Cusco, centro da sociedade inca, no atual Peru, em 1533 – como o fim da "conquista" e, muito menos, como o fim da história indígena. Por fim, não se pode mais conceber que o europeu possuísse alguma superioridade sobre o indígena na lógica moral, tecnológica, comunicativa etc. Ao se questionar esse modelo que glorificou o espanhol e reduziu o indígena a um coadjuvante pronto para submergir diante do poder europeu, posicionou-se ativamente o indígena no processo e se mostrou sua vitalidade na história da chamada conquista e colonização do continente americano: um processo irregular, heterogêneo, incompleto e muito mais transcultural do que já se fez crer.

O indígena e o Estado nacional na América Latina

Da mesma forma que do México, nos estertores da década de 1950, surgiu a voz clamando pela visão dos vencidos, foi também nas terras mexicanas que surgiu, no contexto imediatamente posterior à Revolução Mexicana (1910), uma corrente conhecida como *indigenismo*. Sob a lógica integracionista e produzido essencialmente por não indígenas, o indigenismo buscava conciliar os projetos de Estado-nação e a nacionalidade com a questão indígena, e alguns de seus princípios já seriam incorporados na Constituição mexicana de 1917. Um certo amadurecimento do indigenismo desembocou na criação do I Congresso Indigenista Interamericano, realizado em Patzcuaro, México, em 1940. Nele se estabeleceu, aliás, a data de 19 de abril como o "Dia do Índio", a ser comemorado em todo o continente americano.

Além do México, onde o indigenismo praticamente se tornou uma política de Estado, no Peru ele foi uma corrente de pensamento com profundos diálogos com as artes plásticas e a literatura ainda na década de 1920. E isso se deu através da pena de um dos mais importantes pensadores latino-americanos, José Carlos Mariátegui, que introduziu a necessidade de se pensar o destino da nação peruana sempre articulado à questão indígena: "sem o índio não há peruanidade possível", dizia ele[5]. Em suas proposições para uma sociedade socialista, o indígena era o elemento-chave de qualquer proposta emancipadora. Outros autores vieram na sequência, como Luis Valcárcel.

Contudo, parte desse indigenismo, marcado por uma concepção revolucionária que previa a ação de vanguardas, pode ser acusada de certa idealização do passado indígena, naturalizado e tornado promotor de uma espécie de "comunismo primitivo". Além disso, parcelas dessa corrente terminaram por retirar dos indígenas quaisquer protagonismos, ao entendê-los como vítimas passivas, sem direção, de uma sociedade opressora. Assim, visto de fora, o indígena, em vez de um ativo participante dos processos de desenvolvimento dos Estados nacionais e das sociedades latino-americanas, tornava-se um sujeito amorfo, uma parte a ser conduzida e integrada. Tornou-se, nesse imaginário, uma massa de manobra presa a pequenas e irrelevantes lutas de cunho local. Por outro lado, o grande mérito do indigenismo foi dar importância à temática, sempre diluída e apagada, do indígena nas sociedades latino-americanas, tanto nos debates políticos quanto na sua condição como elemento identitário de nacionalismos que se debatiam com a modernidade universalista. Diante da busca de uma modernidade cada vez mais global e homogeneizadora, os regionalismos e nacionalismos construíam um contraponto de especificidades. No México pós-revolução de 1910, o indígena foi aos poucos fazendo parte desse imaginário nacional.

5. José Carlos Mariátegui, *Por um socialismo indo-americano: ensaios escolhidos*, seleção de Michael Löwy, Rio de Janeiro: Editora UFRJ, 2005, p. 87.

Nas décadas imediatamente anteriores, ou seja, na virada do século XIX para o XX, o que se assistiu na América Latina foi a um acentuado processo de *desindianização* no imaginário das elites dos diferentes países, fruto de um novo momento do capitalismo no continente, no qual o pacto econômico pós-colonial (1870-1930) mobilizou uma forte expansão agrícola, o crescimento das cidades e a incorporação entusiasta, pelas classes dominantes latino-americanas, dos discursos de defesa do progresso tecnológico e dos valores da civilização ocidental, inclusive em seu conteúdo racial.

Para os indígenas, foi mais um período de mudanças profundas e adversidades no que diz respeito a direitos diferenciados, que resultaram na diminuição populacional e na redefinição de identidades. Dentre essas mudanças destacam-se: a ampla chegada de imigrantes a determinadas regiões, especialmente ao Cone Sul da América meridional, e a subsequente pressão sobre a terra; a gradativa perda de importância econômica da produção das comunidades indígenas e da sua tributação; as migrações internas; e os chamados "sumiços burocráticos" dos indígenas, apagados intencionalmente pelas estatísticas oficiais produzidas por Estados "envergonhados" em tempos de teorias darwinistas. Tais elementos foram os principais responsáveis por esse processo de *desindianização*, denotando um indígena claramente excluído dos projetos dos Estados nacionais.

Além disso, no discurso do "progresso", afeito à urbanização, a associação índio-campo ligou-se ao par pobreza-atraso, conjugando a etnia com a posição de classe. Na América Latina, entre 1870 e o começo do século XX, as estatísticas derrubaram a população indígena de 36% para 21% da população total. Como exemplos localizados, na Guatemala, de 96% para 60%; no México, de 30% para 10%[6]. Gradativamente, a associação do indígena ao trabalhador do campo, o campesino, promoveu tanto seu ocultamento na realidade social quanto um problema metodológico aos investigadores. De fato, a maioria dos indígenas da América Latina

6. Galo Ramón Valarezo, "Pueblos indígenas y movimientos campesinos", em: Enrique Ayala Mora (dir.), *Historia general de América Latina*, v. VII, Paris: Unesco/Trotta, 2008, pp. 285-309; p. 289.

tem algo de camponês, mas nem todo camponês pode ser considerado ou considerar-se um indígena. Nesse sentido, como perceber quando estamos diante de uma luta indígena ou de uma luta camponesa? Ou mesmo: essa diferenciação faz sentido ou apenas reflete nossa tendência culturalista a delimitar fronteiras identitárias? As pautas se misturam e se afastam. Até 1910, data da Revolução Mexicana, cerca de sessenta revoltas consideradas camponesas nas décadas anteriores, no México, hoje são compreendidas como camponesas e indígenas.

De todo modo, se os indígenas foram invisibilizados nos discursos, não o foram na realidade. Tem ficado cada vez mais claro aos investigadores que o protagonismo indígena se fez de diversas maneiras ao longo do período de formação dos Estados nacionais na América Latina. Em alguns lugares, resistiram mais, inclusive mudando projetos de Estado. Até a década de 1870, considera-se que o grosso das lutas indígenas se fez na defesa da manutenção de pactos já estabelecidos com os Estados e contra os abusos dos poderes locais; já depois de 1870, a luta se estruturou na defesa das terras comunais – cada vez mais ameaçadas – e dos territórios. Ou seja, mudanças de larga escala estiveram em curso, inclusive com propostas de governos indígenas, pauta que se concretizaria somente na Bolívia no século XXI. No México, às vésperas da revolução de 1910, depois de décadas de avanço agrícola, desamortizações e confiscos, somente 5% das terras agricultáveis ainda estavam em mãos de comunidades indígenas. Esse processo não foi pacífico, nem os indígenas assistiram passivamente a isso. Os integrantes dos *pueblos* – comunidades de origem indígena formadas a partir de reduções promovidas desde o período colonial – reagiram contra a destruição dos *ejidos*, as terras comunais, contratando advogados, aproveitando-se das distensões políticas, movendo processos, produzindo petições etc. Em suas ações, reuniram a defesa de tradições por meio dos recursos e dos discursos da modernidade.

Claro deve estar, por outro lado, que não há uma identidade indígena latino-americana unívoca e que a atuação, a participação e a agência indígena na formação dos Estados nas Américas foram bastante variáveis. Naturalmente, onde existiam mais indígenas, mais os Estados e suas elites foram obrigados a negociar com eles. De todo modo, em várias partes das

Américas, os indígenas foram ativos nas lutas antifiscais, fizeram variados pactos com os governos, lutaram contra os abusos locais e pela defesa de suas terras e foram os pioneiros nas lutas pela reforma agrária, o que contraria uma versão muito difundida de que seriam intrinsecamente avessos à modernidade política.

É certo que a força das comunidades indígenas não estava apenas na resistência ou nas alianças com a sociedade envolvente, mas também na riqueza de suas próprias redes de relações e conhecimentos. Mas, como os Estados-nações se apossaram de todo o continente, reuniram, continuamente, a questão nacional com a étnica, promovendo uma espécie de "etnização" da política, resultado simetricamente proporcional à violência do Estado e aos fracassos dos projetos de incorporação. Nos últimos anos, uma vertente de estudos que podemos chamar de "pós-colonial" passou a entender os indígenas como agentes não só ativos, mas transformadores dos Estados latino-americanos desde seus nascedouros, ainda em princípios do século XIX. Dessa forma, foram incorporando e dando novos sentidos ao vocabulário político daquelas décadas, como representação, cidadania, república e voto. Esses estudos abriram novas searas na compreensão das sociedades indígenas.

Na independência política dos países latino-americanos, processo longo e heterogêneo que cobriu as primeiras décadas do século XIX, chegando a 1898 no caso de Cuba, os indígenas atuaram de formas as mais distintas. Foram muitas vezes percebidos como massa de manobra dos defensores da independência ou como *realistas*, conservadores e leais à realeza. Para além de uma visão estreita do próprio processo de independência, muito mais complexo do que o binarismo patriotas *versus* realistas poderia compreender, as lealdades e lutas indígenas refletiram muito mais suas próprias questões, seus interesses locais e sua percepção a respeito das forças em jogo. Eles podem ser vistos nos dois lados do conflito e em nenhum. Em algumas realidades, ocuparam um espaço importante na retórica nacionalista das elites *criollas* (termo que identifica os descendentes de espanhóis nascidos na América), próceres das independências. No Chile, por exemplo, o líder Bernardo O'Higgins se remetia aos Mapuche e à sua resistência aos espanhóis, desde o período colonial, como o grande exemplo da liberdade chilena. O quase mítico líder Lautaro chegou a tornar-se nome de loja maçônica. Transformados em símbolos das lutas de independência, os Mapuche foram, contudo, aos poucos, sendo chamados de bárbaros, covardes e vingativos, à medida que o Estado chileno se consolidava e as terras ocupadas por eles eram cobiçadas. Além disso, no discurso nacionalista, o indígena instaurava a diversidade de culturas em projetos de Estado que, de modo geral, são profundamente homogeneizadores. Entre 1859 e 1883, o território indígena conhecido como Araucania foi ocupado militarmente, e um discurso acusatório de que eram covardes, ociosos e atrasados foi produzido por intelectuais como o chileno Benjamín Vicuña Mackenna. Glorificou-se o indígena histórico, mas não o real.

O mesmo aconteceu no Peru, onde o passado inca foi recuperado pelas elites *criollas* para a exaltação do peruano, mas o indígena do presente, relegado a segundo plano. Mesmo as políticas republicanas para os indígenas foram enormemente contraditórias. Inicialmente aboliu-se o tributo que recaía exclusivamente sobre os indígenas e que vinha do período colonial, mas em 1826 ele foi retomado, significando em 1840 quase um quarto da riqueza toda do Peru. Foi abolido novamente em 1854 e restaurado em 1876, para ser finalmente abolido em 1895. Os indígenas chegaram a chamar, quase ironicamente, esse tributo de "imposto da República". Na Guerra do Pacífico (1879-1884), que envolveu o Peru e a Bolívia contra o Chile, os indígenas dos Andes partiram para a luta, inicialmente, sob a bandeira nacionalista para, aos poucos, fazerem valer suas demandas étnicas, mantendo a região em estado de revolta até 1902.

A partir da década de 1850, uma série de governos liberais se instaurou na América Latina, implantando reformas que, de modo geral, atingiram em cheio as terras comunais indígenas e as formas de relacionamento com a mão de obra. Nesse processo, assim como nos demais, os indígenas agiram de maneiras distintas, integrando, resistindo, negociando, autonomizando-se, mas foram, como dissemos, ativos na construção das nacionalidades, de um modo ou de outro.

A inclusão ou exclusão do indígena das sociedades nacionais foi um dos grandes temas republicanos das nações latino-americanas independentes. Na Argentina, a fronteira interior que se formou entre o Estado nacional e os indígenas dos pampas foi palco de tensões, investidas e pequenos conflitos, mas também de trocas comerciais e intercâmbios cotidianos ao longo de boa parte do século XIX. Naquele espaço, formou-se um longo corredor que articulava as populações indígenas da Araucania chilena ao território argentino e pelo qual circulavam muito gado e mercadorias sob controle das confederações indígenas. Os primeiros ataques sistemáticos do Estado argentino aconteceram sob o governo do ditador Juan Manuel de Rosas, em 1833, e resultaram em milhares de mortos e numa série de acordos de paz que duraram até o final da Guerra do Paraguai (1865-1870), quando o discurso da unidade nacional e a chegada de imigrantes estimularam novas ofensivas. O presidente Julio Roca venceu, em 1879, a guerra instaurada por decreto em 1878 e que ficou emblematicamente conhecida como Campanhas do Deserto. Dos 30 mil indígenas envolvidos, 10 mil foram mortos e 15 mil foram aprisionados e espalhados pelo país.

Na Colômbia, onde a tributação indígena duraria até 1853, as terras comunais (*resguardos*) foram inicialmente transferidas às autoridades municipais em 1848 e depois, a partir de 1850, divididas como propriedades individuais. Sob o discurso da "liberdade" da propriedade privada individual e do "direito" de dispor livremente da sua propriedade, as comunidades indígenas se viram despidas de suas terras comunais, um valor cultural da máxima importância. Seus integrantes terminaram fragilizados diante das ofensivas do grande capital interessado em adquirir as terras. No México, o processo foi parecido. O presidente Benito Juarez, de origem Zapoteca e que fora advogado dos indígenas desde a década de 1830, empreendeu uma ampla reforma liberal a partir da década de 1850 na qual se propunha o fim das terras comunais.

Ao longo do século XIX e de grande parte do XX, os indígenas foram predominantemente vistos como elementos de atraso e arcaísmos, de divisão na nacionalidade e empecilho ao progresso. Foram por isso alvos de tentativas sistemáticas de apagamento, tanto na realidade física das guerras como na burocracia e na memória, que perpetuou na produção acadêmica esse mesmo processo. Nos últimos anos, atuações indígenas constantes, intensas e contemporâneas em seus usos, discursos e recursos têm se revelado para rever, para a sociedade latino-americana, o lugar que o indígena ocupa nela. Desmentindo as teses de que fossem massa de manobra das lutas de independência do século XIX ou das lutas revolucionárias do século XX, os indígenas demonstram como atuaram conforme as próprias intenções, interesses e projetos, tanto de âmbito local quanto global. Sujeitos da própria história e da história das sociedades latino-americanas.

O PILAR DA SOCIEDADE COLONIAL

Já se disse aqui que o indígena foi o pilar da sociedade colonial na América. Nos ombros dos indígenas ergueu-se o gigantesco projeto de colonização implantado pela Espanha em terras americanas e que durou do século XVI ao princípio do XIX. Passadas as incertezas iniciais do tempo de Cristóvão Colombo e tendo compreendido que estavam diante de um continente e de gente realmente desconhecidos para os europeus, os espanhóis partiram para o processo de conquista e colonização. Centrados nos dois principais núcleos demográficos, urbanos e econômicos dos tempos pré-hispânicos, os Andes e a Mesoamérica, organizaram um complexo sistema legal-burocrático, socioeconômico e religioso que ordenou o mundo colonial americano conforme a lógica da exploração dos recursos humanos, naturais e espirituais. Do Conselho das Índias, em Madri, aos vice-reinos do Peru e da Nova Espanha, passando pelas audiências, capitanias e os citadinos *cabildos*, a institucionalização da colonização passou a abrigar uma população cada vez maior. Esta compunha-se de colonos europeus, mestiços de toda ordem, negros escravizados e livres e a imensa população indígena. Em contraste com as demais, as populações indígenas estiveram sempre em decréscimo demográfico em consequência da exploração sistemática do trabalho e das epidemias que se abateram sobre seus sistemas imunológicos ainda despreparados para o amontoado de vírus e substâncias que adentraram com os forasteiros nas Américas.

Na catastrófica experiência inicial de colonização (1492-1519) nas ilhas caribenhas, milhões de indígenas padeceram de fome, peste e guerra diante da ânsia, ganância e violência dos colonos espanhóis. Conforme a experiência colonial foi avançando continente adentro, a Coroa espanhola buscou regular as relações entre europeus e indígenas. A partir de 1519, quando Hernán Cortez pisou no México e partiu para o interior até tomar a capital asteca Tenochtitlán, em 1521, a colonização foi se espraiando sobre o continente. E continuou se expandindo à medida que novas levas de colonos que sonhavam em ser conquistadores chegavam às áreas já estabelecidas e partiam, eles mesmos, rumo a novas terras e populações. Desde muito cedo, ficou claro que, para além da riqueza mineral eventualmente encontrada, a verdadeira riqueza e fortuna dos colonos espanhóis estaria na dominação e no controle da mão de obra indígena.

A escravidão indígena, primeira forma de exploração praticada na América pelos europeus, foi efetivamente proibida somente com as chamadas Leis Novas, de 1542, feitas já sob o efeito das denúncias de vozes isoladas sobre a violência perpetrada de modo descontrolado sobre os indígenas. As vozes, que tiveram no frei dominicano Bartolomé de las Casas a sua principal representação, serviram para regular, mas não para extinguir a exploração. O primeiro debate, ainda na década de 1550, girou em torno da natureza servil ou livre do indígena, ali associada a seu estatuto de humanidade. A vitória da liberdade natural, sempre mediada pela vassalagem e desigualdade de uma sociedade do Antigo Regime, foi efetivamente uma trégua, mas não o fim de um longo processo de exploração que passou por várias formas de trabalho compulsório: *encomienda, repartimiento, reparto mercantil, peonaje*. Esses modelos, frutos de experiências espanholas e pré-hispânicas, resultaram em formas absolutamente novas e originais, com diferenças e nuances conforme a região colonial.

A *encomienda*, modo predominante no século XVI e em parte do XVII, resultava na concessão de comunidades – grandes ou pequenas – a colonos como uma espécie de recompensa pelos serviços prestados. Cabia, ironicamente, ao colono zelar pela fé católica e pela proteção dos indígenas em troca da prestação de tributos, em espécie ou trabalho, ao *encomendero*. Preocupada, com razão, com a possibilidade de que esse modelo gerasse pequenos tiranos pretensamente enobrecidos na América, a Coroa buscou extinguir a *encomienda* e implantar o *repartimiento*, um processo parecido, mas mediado por um corregedor, um oficial nomeado pela Coroa ou pelas autoridades nas colônias. O *repartimiento*, estruturado a partir do Peru para a disciplinarização do trabalho nas minas de prata de Potosí – descobertas em 1545 –, durou até o século XVIII. Então formas novas foram estabelecidas, como o *reparto mercantil*, uma tentativa forçada de transformar as comunidades indígenas em consumidoras e usuárias de moeda. Outra forma foi o modelo conhecido como *peonaje*, em que indígenas, em sua maioria já vivendo fora de aldeias, trabalhavam nas *haciendas*.

Mas não foi só por meio da exploração direta do trabalho que o indígena foi incorporado ao sistema colonial espanhol. Os chamados *pueblos de índios*, reduções formadas nas proximidades das vilas espanholas, foram uma forma fundamental de sustentação da lógica colonial. Os *pueblos* funcionavam conforme as estruturas administrativas espanholas e tinham igrejas, mas mantinham o poder do cacique e as terras comunais. Grande parte desses povoados deu origem a uma infinidade de cidades na América Latina. Dali vinham a mão de obra dos *repartimientos*, tropas para a defesa da região e, sobretudo, os víveres que abasteciam as cidades. O sistema de *pueblos* dava sentido à chamada "República dos índios", que deveria ser necessariamente apartada da "República dos espanhóis". As duas deveriam se conectar, mas não se misturar, conforme as Ordenações de 1573, de Felipe II. Era uma maneira de "proteger" os súditos indígenas e, ao mesmo tempo, promover a dinâmica de sustentação do empreendimento colonial.

Claro deve estar que, como outras idealizações, isso não passou de um modelo, pois, na prática, as mestiçagens, transgressões e intercâmbios cotidianos minaram a separação das repúblicas. De todo modo, fica evidente que o projeto de colonização espanhol não prescindia da atuação e presença indígenas. Mesmo as cidades espanholas, muitas delas organizadas em tabuleiro e conforme planejamentos urbanos bem estabelecidos, eram atravessadas por ressignificações dos espaços e da circulação pela presença de muitos bairros indígenas.

Além da base econômica e institucional sob a qual os indígenas viviam nas colônias, a estrutura religiosa também se fez presente. Em verdade, a catequese dessa enorme população, inicialmente rotulada de maneira genérica como "gentia", era a grande base de legitimação da posse espanhola sobre as terras americanas. Como possuidora do privilégio do padroado, à Coroa cabia mandar erguer igrejas, nomear bispos e padres e administrar os dízimos. Nesse sentido, a Igreja católica foi um importante instrumento de conquista e colonização dos indígenas. A cruz e a espada se alternaram no processo de submissão e controle dessa população que pretendiam tornar cristã por meio de inúmeros mecanismos de educação, convencimento e punição. Os tribunais eclesiásticos vigiavam a fé e as heresias indígenas, já que a Inquisição não tinha jurisdição sobre a população indígena. O amplo processo conhecido como "extirpação das idolatrias", que atuou sobre os indígenas nos séculos XVI e XVII, promoveu verdadeira caça às bruxas – perseguição às práticas culturais e modos de vida dos indígenas – e aplicou inúmeros castigos exemplares e humilhantes. As reduções e missões religiosas adentravam territórios variados, fronteiriços, tentando realizar a conversão integral dos sujeitos, modificando suas formas de vida, de concepção de tempo e espaço, de organização familiar e vida social. É certo, contudo, que esses processos foram muito mais fluidos, mestiços e negociados do que pretendiam os colonizadores. A profusão de representações que associavam a Virgem Maria a visagens indígenas e de mesclas variadas com a cosmogonia pré-hispânica é um exemplo disso.

No século XVIII, um amplo processo de reformismo atingiu a Espanha e suas colônias. O chamado reformismo bourbônico buscou mexer nas bases da organização administrativa, militar e financeira do império sem, contudo, alterar os fundamentos econômicos. O objetivo era modernizar a estrutura e resgatar um antigo brilho imperial. Dentre as medidas, algumas atingiam em cheio as populações indígenas. De um lado, uma política de assimilação que buscou diluir o indígena colonial no tecido social e incorporar o "índio de fronteira", visto como bárbaro; de outro, o esforço de transformar os indígenas em consumidores de mercadorias vendidas – não necessariamente produzidas – por comerciantes espanhóis.

O peso desse sistema está por trás das variadas revoltas indígenas que sacudiram o Peru e o Alto Peru (Bolívia) no último quartel do século XVIII. A mais famosa delas, liderada pelo *kuraka* (cacique) de origem inca

Túpac Amaru II e sua companheira, Micaela Bastidas, esteve à beira de tomar Cusco. A revolta foi reprimida com violência, e seus líderes, executados, mas sua memória alimentou tanto o imaginário das nações peruana e boliviana nos séculos XIX e XX quanto o de vários projetos de revolução social na América Latina no século XX. Também exemplifica que a população indígena agiu e reagiu em relação ao sistema de exploração colonial de diversas formas, inclusive violentamente.

Seja como for, o processo de conquista, colonização, formação dos Estados nacionais e organização das políticas nacionais na América espanhola e latina entre os séculos XVI e XXI só se efetivou por dinâmicas estabelecidas com a população indígena. Esta, longe de vivenciar uma "crônica de desaparecimento", se revelou em toda a sua vitalidade e protagonismo num movimento que sempre foi, sim, assimétrico em termos de poder e equilíbrio de forças, mas não ausente de negociações e formas de resistência e defesa de seus próprios interesses, que, não poucas vezes, representavam o interesse de grande parte de um tecido social explorado e subjugado.

Algumas palavras sobre a América pré-hispânica

A opção deste texto foi pela abordagem das sociedades hispano-americanas postas num determinado movimento a partir da chegada dos europeus em 1492. Falar das sociedades pré-hispânicas demandaria um novo capítulo. Contudo, creio que vale a pena fazer algumas ponderações genéricas sobre as populações aqui encontradas no final do século XV.

Independentemente da teoria sobre a chegada de grupos humanos à América, controvertida em todos os campos (quem, quando e como?), por ora ainda podemos dizer, em comum acordo com o antropólogo mexicano Pablo Martinez del Río nos anos 1940, que nas Américas a população é alóctone e a cultura autóctone[7]: ou seja, vindos de outras partes há milhares de anos, esses povos desenvolveram suas próprias soluções culturais e se diversificaram linguística, cultural e socialmente de modo

7. Pablo Martínez del Río, *Los orígenes americanos*, Ciudad de México: Porrúa, 1943.

bastante evidente. Uma imensa população, organizada sob variadas formas, com muitas singularidades, e algumas delas conectadas por redes de relações e intercâmbios. Por isso mesmo, reiteramos o grosseiro equívoco por trás do termo "índio". De todo modo, essa ampla diversidade cultural e étnica padeceu também de análises profundamente reducionistas.

Quando os europeus "redescobriram" a América nos séculos XIX e XX, por meio dos viajantes que adentraram o território em busca de ruínas e de conhecimentos sobre a geografia, a fauna e a flora, o fizeram num contexto no qual a régua de si mesmos, do orgulho dos progressos da civilização ocidental, se aplicaria a todos os cantos do planeta. Ao encontrarem as ruínas dos povos mesoamericanos e andinos, ficaram maravilhados com o que seria uma inimaginável capacidade criativa de populações indígenas vistas, naquela altura, pelas teorias raciais europeias, como entre as menos evoluídas do mundo. Teorias pretensamente sérias, sobre comunicações diretas da Antiguidade oriental com a América, e caricatas, sobre comunicações com extraterrestres, participam, no fundo, de uma mesma ideia básica: a extrema valorização, por parte do Ocidente, de seus próprios pressupostos e tecnologias, conciliada com a incapacidade de aceitar que, no continente chamado de América, se produziram universos culturais com qualidades singulares.

No campo científico, no século XX, constituiu-se o que o antropólogo brasileiro Carlos Fausto chamou de a "sombra do Inca"[8] – já que o interesse por esse povo obscurece os demais –, o que também é aplicável ao mundo asteca, que acaba homogeneizando a totalidade da Mesoamérica e elidindo outras culturas. Essa ideia exemplifica uma hierarquia das sociedades americanas que foi marcada pela régua do Estado, da produção agrícola e/ou da urbanidade no topo. As sociedades centralizadas em Estados, encarados aqui equivocadamente como o destino inevitável dos povos, ocupariam o topo de uma escala na qual suas "brilhantes" cidades, tecnologias e produção agrícola sedentária e extensiva dariam o tom pelo qual as outras sociedades passariam a ser posicionadas e valorizadas, ou não, conforme seu grau de "desenvolvimento" político e suas formas de

8. Carlos Fausto, *Os índios antes do Brasil*, Rio de Janeiro: Zahar, 2000.

assentamento. Estado, cacicado, tribo e bando; sedentários, semissedentários, não sedentários; alta cultura e baixa cultura – são todos mecanismos de classificação hierarquizantes e evolucionistas que pouco nos ajudam na compreensão dessas sociedades.

Nesse sentido, abordar as sociedades e culturas chamadas de pré-hispânicas demandaria algumas ressalvas. A primeira é escapar da armadilha de analisar a América com base na "santíssima trindade" dos astecas, maias e incas. Isso implica pensar os processos temporalmente longos de desenvolvimento das culturas como redes de relações, e não como fronteiras étnicas nos espaços mesoamericano e andino, e, também, estender essa abordagem para as sociedades caribenhas, da América do Norte, amazônicas, do litoral atlântico etc.

Em segundo lugar, é preciso questionar firmemente os padrões de análise restritivamente marcados pela valoração dos aspectos materiais, pois estes podem induzir à reiteração de hierarquias. A riqueza e complexidade cultural dos povos não pode ser mensurada apenas por construções de pedra e cal, pois há uma infinidade de conhecimentos imateriais ou invisíveis aos olhos dos não indígenas. Nessa linha, creio que vale a pena questionar sempre o papel que o Estado parece representar nas análises dessa América pré-hispânica, como fim inevitável de sociedades vistas como evoluídas.

Um terceiro aspecto, fundamental, é o cuidado com as palavras e os conceitos. Os riscos do anacronismo e da "tradução" dos modelos conceituais e classificatórios ocidentais para as sociedades ameríndias são enormes. Vale a pena lembrar, por exemplo, que a palavra "religião" expressa um universo conceitual que a concebe como uma esfera específica da vida, de maneira muito diferente do que acontece em boa parte das coletividades indígenas, para as quais os aspectos espirituais ou xamânicos são onipresentes, não sendo relegados ao domínio das "representações". Daí o uso cada vez mais corrente de "cosmologia" ou mesmo "ontologias".

Mais um aspecto que considero relevante é o cuidado com as fontes. O uso sistemático das fontes coloniais para a interpretação das sociedades pré-hispânicas exige a crítica de uma visão, de modo geral, bastante distorcida pelas questões que eram próprias aos narradores, fossem eles conquistadores em busca de fama e honra, fossem padres imersos na fatalista luta de Deus contra o Diabo. As fontes indígenas posteriores à conquista carregam as marcas da presença europeia e, portanto, espelham também uma realidade contemporânea ao relato. Além disso, temos as fontes pré-hispânicas, textos em códices, murais e estelas, por exemplo, que vêm sendo amplamente utilizadas e devem compor um olhar mais ampliado, pelo menos sobre essas sociedades que também produziram escrita.

Por fim, como último aspecto, creio ser imprescindível conceber o processo da chegada dos europeus ao continente na perspectiva da dinâmica histórica, portanto não como o fim de uma história indígena, mas como uma nova orientação e uma nova e decisiva variável de uma história que continuaria a acontecer. Por isso mesmo, optei aqui por fazer uma história retrospectiva – da força e presença indígena do presente à força e presença indígena do passado. Um ciclo que não se encerrou e que espelha a crônica de uma permanência.

Para saber mais

Arcuri, Marcia M. "Tribos, cacicados ou Estados? A dualidade e centralização da chefia na organização social da América pré-colombina". *Revista do Museu de Arqueologia e Etnologia*. São Paulo: 2007, v. 17, pp. 305-20.

Azevedo, Cecília; Raminelli, Ronald (orgs.). *História das Américas: novas perspectivas*. Rio de Janeiro: Editora fgv, 2011.

Bernand, Carmen; Gruzinski, Serge. *História do Novo Mundo*. v. 1. São Paulo: Edusp, 1997.

Bethell, Leslie (org.). *História da América Latina*. 6 v. São Paulo/Brasília: Edusp/Fundação Alexandre Gusmão, 1998-2005.

Bittencourt, Libertad B.; Rocha, Leandro M. *Indigenismo e participação política na América Latina*. v. 1. Goiânia: Universidade Federal de Goiás, 2007.

Boccara, Guillaume (org.). *Colonización, mestizaje y resistencia en las Américas*. Lima/Quito: Instituto Francés de Estudios Andinos/Abya Yala, 2002.

Bonilla, Heraclio. *Os conquistados: 1492 e a população indígena das Américas*. São Paulo: Hucitec, 2006.

Brading, David. *Orbe indiano: de la monarquía católica a la República criolla (1492-1867)*. Ciudad de México: Fondo de Cultura Económica, 1991.

Clastres, Pierre. *A sociedade contra o Estado: pesquisas de antropologia política*. São Paulo: Cosac Naify, 2003.

Dussell, Enrique. *1492: o encobrimento do outro*. São Paulo: Brasiliense, 1992.

Florescano, Enrique. *Etnia, Estado y nación*. Ciudad de México: Taurus, 2000.

Gil, Antonio C. Amador. *O lugar dos indígenas na nação mexicana: tensões e reconfigurações da identidade nacional mexicana no século xx*. Vitória: Aves de Água, 2013.

Gruzinski, Serge. *O pensamento mestiço*. São Paulo: Companhia das Letras, 2001.

Guerra, François-Xavier. *Modernidad e independencia: ensayos sobre las revoluciones hispánicas*. Ciudad de México: Fondo de Cultura Económica/Mapfre, 1992.

León-Portilla, Miguel (org.). *A conquista de América Latina vista pelos índios: relatos astecas, maias e incas*. Petrópolis: Vozes, 1984.

Lockhart, James; Schwartz, Stuart. *A América Latina na época colonial*. Rio de Janeiro: Civilização Brasileira, 2002.

Mallon, Florencia. "Las sociedades indigenas frente al nuevo orden". v. 6. Em: Vazquez, Josefina Z.; Grijalva, Manuel M. (dir.). *Historia General de America Latina*. Paris/Madrid: Unesco/Trotta, 2003, pp. 250-71.

Navarrete, Federico. "Las relaciones interétnicas antes y después de la conquista española." Em: ______. *Las relaciones interétnicas en México*. Ciudad de México: unam, 2004.

Pagden, Anthony. *La caída del hombre: el indio americano y los orígenes de la etnología comparativa*. Madrid: Alianza Editorial, 1988.

Passetti, Gabriel. *Indígenas e* criollos*: política, guerra e traição nas lutas no sul da Argentina (1852-1885)*. São Paulo: Alameda, 2012.

Reina, Leticia (coord). *La reindianizacion de America: siglo xix*. Ciudad de México: Siglo xxi, 1997.

Restall, Matthew. *Sete mitos da conquista espanhola*. Rio de Janeiro: Civilização Brasileira, 2006.

Santos, Eduardo Natalino dos. "Fontes históricas nativas da Mesoamérica e Andes: Conjuntos e problemas de entendimento e interpretação". *Clio Arqueológica*. Recife: 2007, n. 22, v. 1, pp. 7-49.

Serulnikov, Sergio. *Conflitos sociales y insurrección en el mundo colonial andino*. Buenos Aires: Fondo de Cultura Económica, 2006.

Valarezo, Galo Ramón. "Pueblos indígenas y movimientos campesinos". Em: Mora, Enrique Ayala (dir.). *Historia general de América Latina*. v. vii. Paris/Madrid: Unesco/Trotta, 2008, pp. 285-309.

Wachtel, Nathan. *Los vencidos: los indios del Peru frente a la conquista española (1530-1570)*. Madrid: Alianza, 1976.

Os autores

André Roberto de A. Machado é professor do Departamento de História da Universidade Federal de São Paulo (Unifesp). É graduado e doutor em História pela Universidade de São Paulo (USP) e realizou pós-doutorados no Centro Brasileiro de Análise e Planejamento (Cebrap), na Universidade Brown e na Universidade Harvard. Suas pesquisas e publicações estão concentradas na história do Brasil no século XIX, com especial destaque para o processo de formação do Estado e da nação e, mais recentemente, para o estudo da manutenção de sistemas de trabalho compulsório de indígenas no mesmo período.

Antonio Simplicio de Almeida Neto é professor do Departamento de História da Universidade Federal de São Paulo (Unifesp), onde atua no Programa de Pós-Graduação em História (acadêmico) e no ProfHistória (mestrado profissional em ensino de História). Possui bacharelado e licenciatura em História pela Pontifícia Universidade Católica de São Paulo (PUC-SP) e mestrado e doutorado em Educação pela Faculdade de Educação da Universidade de São Paulo (Feusp).

Augusto Nalini Aigner de Paula é mestrando pelo Programa de Pós-Graduação em História da Universidade Federal de São Paulo (Unifesp). É bacharel e licenciado em História (2018) pela mesma universidade. Sua área de pesquisa envolve a história do Brasil do século XVIII, desejando compreender os diversos papéis sociais ocupados pelos indígenas, suas possibilidades de sobrevivência dentro do sistema colonial e o modo como as negociações entre índios, funcionários régios, colonos e missionários eram conduzidas. Neste livro, colaborou com os organizadores na edição de textos.

Cláudia R. Plens é professora associada de Arqueologia Histórica do Departamento de História da Universidade Federal de São Paulo (Unifesp), professora do Programa de Pós-Graduação em História da Unifesp e criadora e coordenadora do Curso de Especialização em Antropologia Forense e Direitos Humanos na mesma universidade. É bacharel em Arqueologia na Universidade Estácio de Sá (Unesa), mestre e doutora em Arqueologia pela Universidade de São Paulo (doutorado sanduíche na Universidade de York, bolsa Alban). Responsável pelo Laboratório de Estudos Arqueológicos (LEA/Unifesp) e membro do Centro de Antropologia e Arqueologia Forense (CAAF/Unifesp), atua em pesquisas sobre os períodos pré-colonial (processo de formação de sítios arqueológicos, arqueologia da alimentação e bioarqueologia) e histórico (arqueologia do colonialismo, pós-colonialismo, territorialidade, questões indígenas, ditadura militar e ciências forenses). Publicou os livros *A arqueologia da São Paulo oitocentista: Paranapiacaba* (Annablume/Fapesp, 2016) e *Objetos, paisagens e patrimônio: arqueologia do colonialismo e as pessoas de Guarulhos* (Annablume/Fapesp, 2017).

Cristina Pompa, mestre em Antropologia e doutora em Ciências Sociais pela Universidade Estadual de Campinas (Unicamp), é professora no Departamento de Ciências Sociais da Universidade Federal de São Paulo (Unifesp). É autora de *Religião como tradução: missionários, Tupi e Tapuia no Brasil colonial* (Edusc, 2003) e de numerosos artigos em revistas nacionais e internacionais nas áreas de antropologia e história das religiões, história indígena e das missões e dos movimentos messiânicos.

Fernanda Sposito é pós-doutora pelo Programa de Pós-Graduação em História da Universidade Federal de São Paulo (Unifesp) e pela Universidade Brown, Estados Unidos. Possui licenciatura e bacharelado em História pela Universidade de São Paulo e, pela mesma instituição, mestrado e doutorado em História Social. Vem lecionando em instituições públicas e privadas, do ensino básico ao superior, há quase duas décadas. No mestrado estudou a temática indígena durante a formação do Estado nacional brasileiro, entre as décadas de 1820 e 1840, trabalho que resultou em livro publicado. No doutorado pesquisou as dinâmicas da colonização do Novo Mundo, analisando as relações entre espanhóis, portugueses e indígenas na América meridional entre os séculos XVI e XVII, abordando especialmente os temas das bandeiras e das missões jesuíticas. Em seus textos mais recentes, vem analisando a construção das políticas indigenistas de Portugal e Espanha entre os séculos XVI e XVIII, relacionando-as com as políticas ameríndias.

Ilana Seltzer Goldstein é mestre em Antropologia Social pela Universidade de São Paulo (USP) e doutora em Antropologia Social pela Universidade Estadual de Campinas (Unicamp). Atualmente, é professora do Departamento de História da Arte e membro do Programa de Pós-Graduação em História da Arte da Universidade Federal de São Paulo (Unifesp). É cocoordenadora da Cátedra Kaapora, vinculada à Pró-Reitoria de Extensão e Cultura da Unifesp, cuja missão é promover diálogos entre a universidade e os saberes tradicionais e não hegemônicos. Suas pesquisas e publicações giram em torno da interface entre as ciências sociais e as artes.

José Carlos Vilardaga é professor de História da América no Departamento de História da Universidade Federal de São Paulo (Unifesp). Doutor em História pela Universidade de São Paulo (USP, 2010), possui experiência docente em ensino fundamental, médio e superior. Estuda os impérios coloniais ibéricos no período moderno, com especial ênfase nas conexões luso-castelhanas na América meridional. Atualmente, desenvolve um trabalho de pesquisa em torno da formação da espacialidade colonial platina entre os séculos XVI e XVII. Autor dos livros *Lastros de viagem: expectativas, projeções e descobertas portuguesas no Índico (1498-1554)* (Annablume, 2010) e *São Paulo no império dos Felipes: conexões na América meridional (1580-1640)* (Intermeios, 2014).

Lavinia Santos de Souza Oliveira é enfermeira formada pela Escola de Enfermagem da Universidade de São Paulo (EEUSP), especialista em saúde pública pela Escola Nacional de Saúde Pública Sérgio Arouca (ENSP/Fiocruz-RJ), mestre e doutora em saúde pública pela Faculdade de Saúde Pública da Universidade de São Paulo (FSP-USP). Desde 1999 é coordenadora de Recursos Humanos do Projeto Xingu, programa de extensão da Universidade Federal de São Paulo (Unifesp) em parceria com a Sociedade Paulista para o Desenvolvimento da Medicina (SPDM). Atua como docente e pesquisadora da Unidade de Saúde e Meio Ambiente do Departamento de Medicina Preventiva da Escola Paulista de Medicina (EPM-Unifesp), com ênfase na formação profissional de indígenas e não indígenas para o trabalho de saúde, especialização em saúde indígena, saúde da mulher indígena, epidemiologia dos serviços de saúde e processos educativos em saúde indígena. Tem experiência prática nas áreas indígenas do Xingu, do rio Negro e dos Guarani, no estado de São Paulo.

Luiz Weymilawa Suruí, do povo Paiter Suruí, possui licenciatura em Educação Básica Intercultural e mestrado em Educação Escolar pela Universidade Federal de Rondônia (Unir). É professor e morador na Terra Indígena Sete de Setembro, em Cacoal (RO). Em 2016, recebeu o prêmio "Educador Nota 10" da Fundação Victor Civita, com o projeto "Lap Gup: Nossa casa, nosso lar", voltado para alunos do ensino fundamental II da aldeia Ĝapĝir.

Marcos Pereira Rufino é professor do Departamento de Ciências Sociais da Universidade Federal de São Paulo (Unifesp). Graduou-se em Ciências Sociais pela Universidade de São Paulo (USP), onde também realizou o seu doutorado em Antropologia Social, em que tratou da atuação missionária católica contemporânea junto aos povos indígenas. Atuou no Centro Brasileiro de Análise e Planejamento (Cebrap) e no programa Povos Indígenas no Brasil do Instituto Socioambiental (ISA) e lecionou na Fundação Escola de Sociologia e Política de São Paulo (Fesp-SP). Atualmente, pesquisa a apropriação de temas, categorias simbólicas e bandeiras políticas do movimento ambientalista pela Igreja católica e algumas de suas pastorais sociais.

Maria Cristina Troncarelli é educadora do Projeto Xingu, programa de extensão da Universidade Federal de São Paulo (Unifesp) em convênio com a Sociedade Paulista para o Desenvolvimento da Medicina (SPDM Saúde Indígena), onde atua na formação de profissionais de saúde indígenas e não indígenas. Cursou Comunicação Social no Instituto Metodista de Ensino Superior de São Bernardo do Campo e Aperfeiçoamento em Prática de Tutoria: Ações Educativas em Ambientes Virtuais de Aprendizagem, na Unifesp. Atuou como professora no Parque Indígena do Xingu (Funai, 1984-1988) e na formação de professores indígenas de Rondônia (Instituto de Antropologia e Meio Ambiente/Iamá, 1993-1995). Coordenou o Projeto Urucum/Pedra Brilhante, bem como a formação de professores indígenas do Parque Indígena do Xingu para o Magistério (Instituto Socioambiental, 1996-2005) e a formação no ensino fundamental de agentes indígenas de saúde (Projeto Xingu/Unifesp, 2006-2011).

Poty Poran Turiba Carlos, do povo Guarani, possui licenciatura no curso de formação universitária do professor indígena para educação infantil e séries iniciais do ensino fundamental da Faculdade de Educação da Universidade de São Paulo (Feusp). É moradora da Terra Indígena Jaraguá e é membro do Fórum de Articulação dos Professores Indígenas do Estado de São Paulo (Fapisp). Foi uma das coordenadoras do curso de extensão "Por uma licenciatura indígena no Estado de São Paulo", ministrado na Universidade Federal de São Paulo (Unifesp) em 2018 e 2019.

Rodrigo Barbosa Ribeiro é bacharel em Ciências Sociais pela Universidade Estadual Paulista Júlio de Mesquita Filho (Unesp, 1997). Realizou seu mestrado (2001) e seu doutorado (2008) em Ciências Sociais (área de concentração em antropologia) pelo Programa de Estudos Pós-Graduados em Ciências Sociais da Pontifícia Universidade Católica de São Paulo (PUC-SP). Atuou em diversas instituições de ensino públicas e particulares, tendo ministrado cursos de graduação de várias áreas do saber, tanto em bacharelados como em licenciaturas, ensinando disciplinas das ciências sociais (sociologia, metodologia de pesquisa e do trabalho científico e antropologia). Atualmente é docente da Escola de Filosofia, Letras e Ciências Humanas da Universidade Federal de São Paulo (Unifesp), *campus* Guarulhos, atuando na subárea de antropologia do Departamento de Ciências Sociais. Tem experiência de pesquisa na área de antropologia, com ênfase em etnologia indígena e em teoria antropológica, atuando principalmente nos seguintes temas: povos autóctones (Kaingang, Krahô e Maxakali), colonialismo, violência e uso de bebidas alcoólicas.

Valéria Macedo é professora na área de antropologia na Universidade Federal de São Paulo (Unifesp), vinculada ao Departamento de Ciências Sociais e a seu programa de pós-graduação. Concluiu mestrado e doutorado no Programa de Pós-Graduação em Antropologia Social da Universidade de São Paulo (USP), bem como pós-doutorado na Universidade da Califórnia, Berkeley. É pesquisadora associada ao Centro de Estudos Ameríndios (CEstA) da USP. Atua nas áreas de etnologia indígena e antropologia do corpo. É uma das coordenadoras da Cátedra Kaapora (Unifesp), voltada para diálogos com conhecedores indígenas, tradicionais e de coletividades contra-hegemônicas. Publicou diversos artigos em livros e periódicos; em parceria com Dominique Tilkin Gallois, organizou o livro *Nas redes Guarani: saberes, traduções e transformações* (Hedra, 2018).

Fontes Arno e Scala Sans | *Papel* Pólen Natural 80 g/m² | Supremo 250 g/m²
Impressão Eskenazi | *Data* Dezembro 2022

MISTO
Papel produzido a partir de fontes responsáveis
FSC® C004416
FSC www.fsc.org